155
新知
文库

XINZHI

The Monkey and the Inkpot:
Natural History and Its
Transformations in
Early Modern China

THE MONKEY AND THE INKPOT:

Natural History and Its Transformations in Early Modern China

by Carla Nappi

Copyright © 2009 by the President and Fellows of Harvard College

Published by arrangement with Harvard University Press

Through Bardon-Chinese Media Agency

Simplified Chinese translation copyright © 2022

by SDX Joint Publishing Company Ltd.

ALL RIGHTS RESERVED

本草

李时珍与近代早期中国博物学的转向

[加] 卡拉·纳皮 著

刘黎琼 译

生活·讀書·新知 三联书店

Simplified Chinese Copyright © 2022 by SDX Joint Publishing Company.
All Rights Reserved.
本作品简体中文版权由生活·读书·新知三联书店所有。
未经许可，不得翻印。

图书在版编目（CIP）数据

本草：李时珍与近代早期中国博物学的转向／（加）卡拉·纳皮著；
刘黎琼译．—北京：生活·读书·新知三联书店，2022.11
（新知文库）
ISBN 978-7-108-07314-3

Ⅰ.①本… Ⅱ.①卡…②刘… Ⅲ.①李时珍（1518-1593）－人物研究
②《本草纲目》－研究 Ⅳ.① K826.2 ② R281.3

中国版本图书馆 CIP 数据核字（2021）第 230044 号

责任编辑	赵庆丰　丁立松	
装帧设计	刘　洋	
责任校对	曹秋月	
责任印制	张雅丽	
出版发行	生活·讀書·新知 三联书店	
	（北京市东城区美术馆东街 22 号 100010）	
网　　址	www.sdxjpc.com	
图　　字	01-2019-6516	
经　　销	新华书店	
印　　刷	三河市天润建兴印务有限公司	
版　　次	2022 年 11 月北京第 1 版	
	2022 年 11 月北京第 1 次印刷	
开　　本	635 毫米 × 965 毫米　1/16　印张 14.5	
字　　数	170 千字　图 11 幅	
印　　数	0,001－5,000 册	
定　　价	42.00 元	

（印装查询：01064002715；邮购查询：01084010542）

新知文库

出版说明

在今天三联书店的前身——生活书店、读书出版社和新知书店的出版史上，介绍新知识和新观念的图书曾占有很大比重。熟悉三联的读者也都会记得，20世纪80年代后期，我们曾以"新知文库"的名义，出版过一批译介西方现代人文社会科学知识的图书。今年是生活·读书·新知三联书店恢复独立建制20周年，我们再次推出"新知文库"，正是为了接续这一传统。

近半个世纪以来，无论在自然科学方面，还是在人文社会科学方面，知识都在以前所未有的速度更新。涉及自然环境、社会文化等领域的新发现、新探索和新成果层出不穷，并以同样前所未有的深度和广度影响人类的社会和生活。了解这种知识成果的内容，思考其与我们生活的关系，固然是明了社会变迁趋势的必需，但更为重要的，乃是通过知识演进的背景和过程，领悟和体会隐藏其中的理性精神和科学规律。

"新知文库"拟选编一些介绍人文社会科学和自然科学新知识及其如何被发现和传播的图书，陆续出版。希望读者能在愉悦的阅读中获取新知，开阔视野，启迪思维，激发好奇心和想象力。

生活·讀書·新知三联书店
2006年3月

目 录

致　谢　　　　　　　　　　　　　　　　　　　　　　　　1

前　言　嗜墨：好奇的天性　　　　　　　　　　　　　1
　《108签》　　　　　　　　　　　　　　　　　　　　　3
　超自然的历史　　　　　　　　　　　　　　　　　　　5
　本土性的认识论　　　　　　　　　　　　　　　　　　10
　生命的周期循环：对本次研究的概述　　　　　　　　　14

第一章　孕育：一位博物学家的诞生　　　　　　　　17
　一位意外从医的医生之死　　　　　　　　　　　　　　17
　蕰所馆诗人　　　　　　　　　　　　　　　　　　　　20
　玄晏先生　　　　　　　　　　　　　　　　　　　　　22
　《本草纲目》小传　　　　　　　　　　　　　　　　　26
　作为自然史的《本草纲目》　　　　　　　　　　　　　30
　事物的秩序　　　　　　　　　　　　　　　　　　　　32

博学与格物	38
建立本草学传统	42

第二章 生成：博物学家如何剖析世界   50

经验与博物学家的身体	51
如何看	55
建立可信度	62
不可信赖之徒	65
权威文本	68
认识曼陀罗	71

插　曲　"龙在这里"：《本草纲目》巡游指南   73

序　言	74
插　图	76
专题讨论	77

第三章 变化之根本：《本草纲目》中的五行   93

变　化	94
五　行	96
正统与特异	99
整体与局部	102
常态与变态	104
无毒与有毒	107
如何对待例外情况	110

第四章 变化之萌蘖:《本草纲目》中的植物与"服器"   113
   命　名   115
   诗歌作为证据   117
   叙　述   123
   染　色   126
   焚　烧   128
   死　亡   129

第五章 变化的身体:《本草纲目》中的昆虫   131
   处子螺蠃   134
   可见的黑暗   138
   虫与变形   144
   虫与人类   150

第六章 变化中的万物:《本草纲目》中的兽与人   152
   一只植物羊的长途旅行   152
   分类和定位   154
   魅惑的眼神   159
   胃肠结石   161
   交配与死亡   163
   看见事物   165
   人　傀   167
   野　人   169
   食用"两脚羊"   177
   "不美羹":步入婉词的历史   183

终　论　死亡与重生：李时珍在后世的接受史　　　　186
　　李约瑟的穿山甲　　　　186
　　李时珍的猫头鹰　　　　189
　　赵学敏的爬虫　　　　192
　　现代中国的赤脚医生　　　　201
　　博尔赫斯的猴子　　　　203

附录一　李时珍：历代诸家本草　　　　206
附录二　《本草纲目》内容架构　　　　209

致　谢

由于这本书最后是以一系列身体部位的展现结束，所以以类似的方式开启也是合适的。这本书的血液和骨骼是在一小群思想深邃、为人慷慨的朋友、同事、师长和机构的帮助下建立起来的。它肌体上存在的任何瑕疵都只是本人的问题，但它的诞生全程以及我本人都确凿无疑地从诸多挚爱的朋友那里受益匪浅。下面我将献出我的所有，以呈现并见证他们给予的指导和支持。

从项目一开始就给予我鼎力支持的几家研究机构，为这本书的诞生提供了舞姿轻盈、装备精良的双足。感谢普林斯顿大学历史系和东亚研究项目及国家科学基金会为我的早期研究提供资金支持。我在"中央研究院"历史与语言研究所度过了收获颇丰的一个学期，特别感谢李建民的热情款待，感谢梁其姿慷慨地提供了她自己收藏的安徽赤脚医生手册的副本。感谢李约瑟研究所提供给我的资助，并短期地给了我一个积极向上、振奋人心的"家"；我在那里从事了一学期的研究并且卓有成效，还可以观赏麋鹿嬉戏，尽情享受众多游戏带来的乐趣；特别感谢莫弗特（John Moffett，他帮助我鉴定并确认了本书最后一章中李约瑟的笔迹）、罗维前（Vivienne

Lo)、劳埃德（Geoffrey Lloyd）爵士、古礼克（Christopher Cullen）和苏·贝内特（Sue Bennett）。斯坦福大学科学技术史与哲学项目资助我在它那美丽怡人的校园里待了一年，这期间得到了杰西卡·里斯金（Jessia Riskin）的帮助和芬德伦（Paula Findlen）的指导，对此我心怀感激。

那些甚至更多的帮助这本书从最初在头脑中酝酿到最终付诸笔头成为书稿的机构和个人，则如同肠胃一般为我整个研究工作提供了丰富的营养。罗格斯大学历史分析中心支持我度过了愉快且充满变革性的一年。特别要感谢安·费边（Ann Fabian）、杰克逊·李尔斯（Jackson Lears）、保罗·克莱门斯（Paul Clemens）、蒂姆·埃尔夫（Tim Alves）和林恩·山科（Lynn Shanko）。蒙大拿州立大学在书稿准备的最后阶段提供了支持，我将永远感谢部门女神戴安·卡特雷尔（Diane Cattrell）和黛德丽·曼里（Deidre Manry）的帮助。普林斯顿大学、罗格斯大学、康奈尔大学和蒙大拿州立大学的馆际互借天使们对该项目给予了极大的帮助，特别感谢普林斯顿东亚图书馆的博物学家马丁·海德拉（Martin Heijdra）和蒙大拿州立大学拥有无限耐心和海量资源的玛丽·古斯米勒（Mary Guthmiller）。康奈尔大学东亚计划在书稿编辑的最后阶段让我感受到了家一般的融洽关系，给予了大力支持。第五章中一些尚存缺陷的文字蒙《致力》（Endeavor）杂志惠允以另一种形式获得发表，感谢杂志社同意我在本书中继续使用。美国国会图书馆亚洲部允许我复印他们1596年版《本草纲目》刻本中的图像，我要感谢朱小姐指导我顺利完成这一过程。

在过去几年中给予我大量教导和帮助的老师和同事们，赋予了我持续推进这项研究所需的好奇与求知欲。已故的斯蒂芬·杰·古尔德（Stephen Jay Gould）鼓励我这样一个任性的古生物学专业学生转向自然科学史与哲学这个新的研究领域，并指导我如何开展研究（同时也没收了我最爱的软心豆粒糖）。我对历史上稀奇古怪的动植物一以贯之的关注，很大程度上要归功于他早期的支持，归功于道格·艾尔文（Doug Erwin）和安德鲁·诺尔（Andrew Knoll）的智慧指导和提供给我的大量化石。从一开始，这个项目就受益于格雷厄姆·伯内特（Graham Burnett）、安吉拉·克雷格（Angela Creager）、本杰明·艾尔曼（Benjamin Elman）、汤尼·格拉夫顿（Tony Grafton）、韩嵩（Marta Hanson），尤其是韩书瑞（Susan Naquin）等诸位友朋耗费了大量时间给予的指导和建议。感谢格雷厄姆首先建议我看看黄永砯的展览，感谢韩嵩和马尔孔（Federico Marcon）慷慨地分享他们尚未发表的著作。已完成的手稿也得到了蒙大拿州立大学的同事们的支持，尤其是吉姆·阿拉德（Jim Allard）、普拉桑塔·班迪奥帕德西（Prasanta Bandyopadhyay）、罗布·坎贝尔（Rob Campbell）、克里斯汀·因特曼（Kristen Intemann）、蒂姆·莱肯（Tim LeCain）、米歇尔·马斯基尔（Michelle Maskiell）、玛丽·墨菲（Mary Murphy）、迈克尔·雷迪（Michael Reidy）、鲍勃·赖德尔（Bob Rydell）、琳达·塞克森（Lynda Sexson）、迈克尔·塞克森（Michael Sexson）、比利·史密斯（Billy Smith）和布雷特·沃克（Brett Walker），他们给予了我很好的建议。雷尼·达斯顿（Raine Daston）在佛杰研究所（Folger Institute）主持的那场精彩纷呈的周末研讨会，帮助我重新评估了手稿的一部分关键内容。能与这样一群才华横溢的学者和同行一道，共同推进这项工作，我深感荣幸。

本书中由闪亮的牙齿和坚硬的骨骼构成的惊奇陈列，则承蒙蒙大拿州立大学科罗娜团队的成员们惠为提供。他们慷慨地与我分享了无数个时辰的灵感、美好的友情和美味的饼干。能被这群学术探险者敞开胸怀接纳并给予如此有力的支持是我的幸运,和他们在一起度过的每一个下午都让我受益良多。

我在罗格斯大学和蒙大拿州立大学的学生们提供了善于倾听的耳朵和敏于嗅探的鼻子,他们有着如此旺盛的好奇心、饱满的学习热情和求知欲,时时提醒着我对工作持续投入热忱。

我深深地感激前辈学者们的贡献与提携,我将他们视为这本书的有力臂膀和提供生息空间的强大肺部,他们探索和开拓出的道路,为后续对中国科学和医学的研究指明了方向。如果没有席文(Nathan Sivin)、文树德(Paul Unschuld)和本杰明·艾尔曼提供的奖学金,这本书就不可能是现在的样子。早期我从他们的研究成果中获取创作的灵感,且至今仍时时返回、重读他们的作品。特别要将感谢送给席文,在我这项工作刚刚起步之时,他即为它贡献出一个很棒的名字,并于此后不懈地多方支持我的研究工作。

勤勉的编辑们是将这本书带到世上的勤劳双手,他们将一堆纸和故事变成现在你正在看的书。在手稿从无到有一步步成形的过程中,安·唐纳-哈泽尔(Ann Downer-Hazell)和凡妮莎·海耶斯(Vanessa Hayes)倾注了她们的心血,而伊丽莎白·诺尔(Elizabeth Knoll)、马修·希尔斯(Mathew Hills)和谢丽尔·林肯(Cheryl Lincoln)则共同见证了手稿的完成。特别感谢提姆·布鲁克(Tim Brook)、宝拉·芬德伦、阮思德(Bruce Rusk)、琳达·塞克森、席文、文树德以及哈佛大学出版社的一位匿名读者,他们的评论和建议极大地完善了手稿。我要特别向阮思德致谢,感谢他如此细致入微和深思熟虑。同时,我也要感谢蒙大拿州立大学奖学金和创造力奖的评审们,他们的认可使得本书的完成成为可能。

那些以友谊、信任和令人捧腹的YouTube链接推动着我在写作和研究过程中保持昂扬斗志的友人,无疑为本书的面世提供了有力的双臂，而我也要用这双臂去拥抱艾米丽·布洛克（Emily Brock）、诺亚·范斯坦（Noah Feinstein）、科林·克莱恩（Colin Klein）、雷吉·杰克逊（Reggie Jackson）、阮诗诗（Thi Nguyen）、莎罗娜·珀尔（Sharrona Pearl）、萨拉·普里查德（Sara Pritchard）、琳达·塞克森和格蕾丝·沈（Grace Shen）。与如此才华横溢的艺术家、天资卓越的学者和温暖美好的人们分享欢笑、友谊和美酒，并偶尔去斗牛犬餐厅（El Bulli）享受一顿顶级大餐，于我是一种意想不到的祝福。

而这本书跃动的心脏，则归属于我的家人，他们给我的爱和支持，让我得以用欢笑面对世界，同时保持清醒的理智。我要对我的父亲母亲、瑞秋（Rachel）和西弗（Shiv），还有已故的祖父，献上最芬芳、最甜蜜的谢意，而我的祖父在我最需要的时候，给了我完美的建议。在过去几年里，我的猫咪哈比娜（Habibna）总是偎依在我的身边，慷慨地奉献了她的信任与支持，虽然我不得不删除她的大部分编辑和修改，同时对她吃掉手稿几处关键页的边角表示不予计较。最后，我衷心地感谢阮思德——我最好的朋友，我最具批判性和洞察力的读者，我永远愿意与之共赴每一场冒险的探险家，我在灵魂、身体和思想各个方面的伴侣。尽情地摇滚吧，我的至爱。愿你醒来的每个早晨都有美味的奶酪和肉丸恭候着你，愿你度过的每个下午都为音乐所充盈，都为柔软的毛毯所包裹，愿你生命中的每个夜晚都有圣马扎诺斯美酒相伴，都能展现你的性感。

前 言
嗜墨：好奇的天性

吃墨水的猴子

这种动物常见于北方，身长四五英寸，眼睛呈猩红色，皮毛乌黑，如丝般光滑，如枕头般柔软。它有一种奇怪的本性——嗜饮印度墨水。当一个人坐下来写字时，猴子就蹲坐在旁边，一只前爪叠在另一只前爪上面，一直等到此人将字写完，它便开始饮用剩下的墨水，喝光后仍如前蹲坐，安静而满足。（王台海，1791）

——J. L. 博尔赫斯《想象的动物》

且停一会儿，请从这本书上移开，抬起头，闭上你的眼睛。

如果可以，试着回忆一下你第一次被带到自然历史博物馆的情景。它也许只是一个小型的地方博物馆，也许是众多庞大的博物馆之一：它的门口有威严的大象雕塑矗立守卫，天花板上盘旋着巨型的乌贼。回忆一下你在其中驻足流连时的情形：你的手拂过装满河豚的玻璃柜，抬头一眼撞见一只巨大的树懒，心里暗自揣测着下一个拐角会发现什么虫子或野兽。

现在可以睁开眼睛继续刚才的想象旅程：你忽然不无惊奇地发现，这个博物馆里存在着许多奇异的生物，它们全都来自神话故事、童话电影和你夜晚躲在被窝里偷偷打开的幻想故事集。翻开豪尔赫·路易斯·博尔赫斯的《想象的动物》一书，扑面而来的是这样一种感受，你像是走进了一座存在于纸页上的奇幻动物园，这真是一种既梦幻又迷惘的体验。① 在这怪物和神话的混合之阵中，从哪里开启阅读之旅呢？是先打开凯米拉的笼子，还是先驻足欣赏音乐蛇？是先和海怪一起泡个澡，还是停下来端详一个小精灵？当你独自在博尔赫斯的书籍里艰难跋涉时，要随时有心理准备，你会在每一页上发现新的怪物。其中之一就是身形瘦小的吃墨水的猴子，一种来自中国北方令人讨厌的动物，正耐心地坐在学者的桌子上，等待机会喝光残存的墨水。②

这只淘气的猴子是博尔赫斯动物寓言集里为数不多的几个"中国居民"之一。中国作为一个词语、思想和奇异生物的集合体，博尔赫斯对其倾注了格外的兴趣，但这并不仅仅是因为它代表了一种地理上和概念上遥远而缥缈的乌托邦。博尔赫斯着迷于探索和试图理解与他熟悉的地域截然不同的另一个世界的可能性（或不可能性）。他专注于探寻生物和语言在创造这些外邦世界中起到的作用，而他辑录的"吃墨水的猴子"就是一个对于具体词语的完美转喻：在品味墨汁的过程中，猴子的身体同时吞噬消耗了语言特有的可能性。后来，福柯将博尔赫斯在另一部作品中引用的一本中国百科全书描述为"异托邦"（heterotopia），认为它是一种非常荒谬的元素

---

① Jorge Luis Borges (with Margarita Guerrero), *The Book of Imaginary Beings*, trans. Norman Thomas di Giovanni (London : Vintage, 2002 [1969]).
② 猴子的故事，同上，第 101 页。

集合，实际上根本不存在：① 中国是一个不存在于任何地方，但同时又无处不在的梦幻世界，它的自然景观中充满了看似不可能的怪异猴子和普通草药。中国自然知识在魔幻与现实之间的想象性存在，将继续占据着学者和艺术家们的心神，驱使他们努力给这个乌托邦式的动物寓言王国重新定位。

《108签》

20世纪50年代，博尔赫斯坐在图书馆里，对一则比他的时代早了几个世纪的中国故事惊叹不已。20世纪90年代初，艺术家黄永砅坐在自己的工作室里，想象着现代西方读者将会如何看待一部创作于400年前的中国医学百科全书。② 黄永砅考虑了两者之间发生碰撞时的各种可能性，其中包括将其娱乐化看待和完全不知所云的两种极端。随后，在他的手里，诞生了福柯关于异托邦理念的实际例证——这就是《108签》，签纸上糅合了这样两种内容：一种来自1578年诞生的中国药物学著作《本草纲目》对植物的描述，另一种则是一幅当代西方艺术生产出的图像。

在第56号签纸上，黄永砅将贝纳通广告中一个为公众所熟知

---

① 关于福柯和中国百科全书，本书在后面还会有更详细的论述。在包括博尔赫斯和福柯的作品在内的西方视野里，中国是一个神话般的乌托邦，这一看法在近期激发了越来越多的论述。如 Zhang Longxi, "The Myth of the Other: China in the Eyes of the West," *Critical Inquiry* 15.1 (Autumn 1988): 108–131; Haun Saussy, *Great Walls of Discourse and Other Adventures in Cultural China* (Cambridge, MA: Harvard University Asia Center, 2002); and Eric Hayot, Haun Saussy, and Steven G. Yao, eds., *Sinographies: Writing China* (Minneapolis: University of Minnesota Press, 2008)。

② 关于黄永砅对博尔赫斯中国百科全书思想的呈现及该思想在福柯著作中的体现，参见 Doryun Chong, "Huang Yongping: A Lexicon," in Philippe Vergne and Doryun Chong, eds., *House of Oracles: A Huang Yongping Retrospective* (Minneapolis, MN: Walker Art Center, 2005), 102–103。

图1 黄永砯,《108签》(1993)。来源:Philippe Vergne and Doryun Chong, eds., *House of Oracles: A Huang Yongping Retrospective* (Minneapolis, MN: Walker Art Center, 2005), 33

的新生儿形象与一种将人类胎盘作为配方的《本草纲目》药方搭配在一起。在第52号签纸上，黄永砯采用了皮耶罗·曼佐尼（Piero Manzoni）那张著名的艺术家粪便罐的图片，来说明《本草纲目》中一种用人类粪便制成的药剂的配方。黄永砯制作的这全套签纸，将他认为是"碎片化的知识"具象化了，就如同是杜尚的足部石膏模型上一只苍蝇尸体的图像，与充斥着阴、阳和气等概念的文本世界狭路相逢一样，迫使观众去思考它们在时间和地理空间上存在着的认识论上的不连续性和断裂感。

《108签》引出了存在于所有历史研究中的一个最基本和最困难的问题：理解一个与自己所处的时代或地理空间遥相分离的世界是否有可能？下面几章将通过考察中国知识创造史上的一个重要时刻来探讨这个问题，这个时刻激发了黄永砯的灵感，使得这108张签纸得以诞生。

超自然的历史

黄永砯的签纸和博尔赫斯的猴子，共同指向了理解自然史的几个核心问题：位置的重要性、好奇心的功能，以及语言与现实世界在文本、实体和感知上的联系。关于这些问题，一直以来都有大量讨论文献，近年来更是越来越多，它们始终关注自然科学历史传统的出现和发展，为方便起见，我们可以将这些文献归属的世界统称为西方世界。虽然《本草纲目》的作者李时珍（1518—1593）对欧洲语言写就的作品并不了解，但他对西方世界中生物和药物的有关记述却十分着迷。后来，他的研究成果逐渐被全球众多学者接受，包括法国耶稣会士、日本博物学家以及查尔斯·达尔文等。鉴于自然史领域的学术研究最初诞生在西方国家，并一直在西方国家蓬勃发展，我们可能会好奇李时珍对于自然世界的学习方式（及他的作品所建立和改造的传统）与更熟悉科学史的近代早期欧洲博物学家们有何不同。比如，我们不妨去探究一下近代中国和欧洲的博物学家各是以怎样的方式去获得关于龙这种生物的知识的，而龙将在我们后面的故事中高昂着长角的头颅闪亮登场。

如果在16世纪或17世纪的欧洲，有人报告说发现了龙的踪迹，当时的博物学家可以利用如下几种资源开展研究。① 首先，他们会根据报告人的社会地位和人际关系网络来判断最初报告的可信度。② 其次，他们有可能在自己或某位有钱的熟人那儿的标本陈列柜里直接接触到实物标本，将所获得的相关知识记载直接与标本进行比对。这些实物收藏是随着文本收藏的繁荣慢慢出现的，乌利塞·阿尔德罗万迪（Ulisse Aldrovandi, 1522—1605）和卡西亚诺·德尔·波佐（Cassiano dal Pozzo, 1588—1657）等学者就拥有大量文本，他们可以从中筛选、收集关于龙的故事，并拿来解释私人博物馆中收藏的实物。③ 他们可以委托艺术家绘制出龙的图像以便于比较，④ 可以在当地或私人的图书馆里查询经典文献中对蛇的描述，以辅助

---

① Paula Findlen, *Possessing Nature: Museums, Collecting, and Scientific Culture in Early Modern Italy* (Berkeley: University of California Press, 1994), 17-31. 文中对 16 世纪意大利乡村中龙的出现及其在乌利塞·阿尔德罗万迪作品中引起的共振进行了精彩的描述。
② Steven Shapin, *A Social History of Truth: Civility and Science in Seventeenth-Century England* (Chicago: University of Chicago Press, 1995). 虽然沙宾关注的是近代早期的英国，但他的结论可能（正如他在书中所建议的那样）更广泛地涉及近代早期欧洲的学术网络。
③ 卡西亚诺·德尔·波佐拥有的大量文本，参见 David Freedberg, *The Eye of the Lynx: Galileo, His Friends, and the Beginnings of Modern Natural History* (Chicago: University of Chicago Press, 2002)。迄今为止，哈维·米勒出版社已经出版了几卷《卡西亚诺·德尔·波佐作品集》，更多的内容后面还会陆续出版。
④ 关于艺术家在创造现代早期自然知识中的作用，参见 Sachiko Kusukawa, "The Uses of Pictures in the Formation of Learned Knowledge: The Cases of Leonhard Fuchs and Andreas Vesalius," in S. Kusukawa and I. Maclean, eds., *Transmitting Knowledge: Words, Images, and Instruments in Early Modern Europe* (Oxford: Oxford University Press, 2006), 73-96。

了解龙作为一种预兆、奇迹或有价值的商品所具有的潜在意义。

如果现存的记载是可信的，那么中国16世纪的一位博物学家也有可能无意间发现了龙的标本。即使他不是那少数幸运的人之一，没能亲眼看到一条真实的活龙困缠于一场战斗或被欲望鼓噪而蜿蜒游摆，他也有可能间接观察到这种生物。无论他是注意到人们的祈雨行为带来了雨龙的降雨，还是在河的源头发现了龙骨，抑或是从贩卖药品的人那里买了一袋昂贵的龙骨粉末，我们的这位近代早期的博物学家都很可能会查阅当时的文献资料或人工制品，爬梳对于这种生物的认知历史，从而将观察放置到更广阔的知识背景里，并从中学习如何正确使用他所购买到的物品。晚明时期，印刷市场出现大繁荣，知识传播的格局与景观得以大幅改变，自然科学知识也不例外，它们同样得到更广泛的传播、接受和理解。这一时期，新的书籍与文本大量涌现，并以在耶稣会传教士利玛窦（1552—1610）眼里"荒谬的超低价格"，被提供给有文化的公众。① 像李时珍这样出身于名门望族的人，有足够的机会去研究有钱朋友的藏书，或者被任命为公职人员，这样他就可以在大城市的图书馆自由地借阅书籍。② 假如他身边存在这么一个图书馆，他可能会去那里

---

① 晚明的出版业情况，见 Lucille Chia（贾晋珠），*Printing for Profit: The Commercial Publishers of Jianyang, Fujian (11th-17th Centuries)* (Cambridge, MA: Harvard University Asia Center, 2002); Lucille Chia, "Of Three Mountains Street: The Commercial Publishers of Ming Nanjing," in Cynthia Brokaw（包筠雅）and Kai-wing Chow（周启荣），eds., *Printing and Book Culture in Late Imperial China* (Berkeley: University of California Press, 2005), 107–151; and Joseph P. McDermott, *A Social History of the Chinese Book: Books and Literati Culture in Late Imperial China* (Hong Kong: Hong Kong University Press, 2006)。关于利玛窦的引文，摘自 Louis Gallagher, ed. and trans., *China in the Sixteenth Century: The Journals of Matteo Ricci, 1583-1610* (New York: Random House, 1967), 21。利玛窦还描述了中国的自然资源（Gallagher, *China in the Sixteenth Century*, 10–18），经常提到当地动植物产品的相关成本。

② 关于李氏家族的社会关系，参见 Kenneth J. Hammond, "Li Shizhen: Early Modern Scientist," in Kenneth J. Hammond and Kristin Stapleton, eds., *The Human Tradition in Modern* （转下页）

从各种学术笔记、诗歌评论或经典文学作品中查阅关于龙这一形象的叙述或描述。但如果并没有这样的机会，或者他手头仅有少量的藏书，那么作为一种补充方式，一个有研究兴趣的学者可能还会参考一些典籍的翻刻本、广泛流传的通俗年历中的信息，或者充斥明末市场的廉价百科全书中的引文。由于龙骨是中国医学文献中最早记载的本草类药材之一，他可能还翻阅了此前大量描述本草类药材属性的文献材料，以了解过去的草药专家对龙骨所具属性的评判。①除了可以接触到更多有用的文本外，由于贸易往来频繁以及和邻国朝贡关系紧密，加之当时的人们对新奇的事物充满了无边无际的探索欲，医学典籍和文学著作中也开始出现更多新的研究对象。明末学者的书房里可能收藏着少量的文物、文房用品和颇具鉴赏价值的物件，欧洲文艺复兴时期的艺术馆和珍宝馆与之差可比拟；而这些学者很可能会将这些收藏向自己的朋友和同僚开放，这些朋友和同僚一直在孜孜以求成为一名鉴赏家需具备的精确的感官知识和作为一名学者需具备的在文本档案中巡游的优良技能。②这位博物学家也许能够四处游历寻访，收集整理当地关于龙的趣闻逸事，并与他的观察结果进行比较。无论如何，将所有这些资料（文字和实物标本、图像和故事、自己的亲身经历和其他人的言说）进行比较甄别，将是了解龙及其历史的重要方法。

与近代早期的欧洲一样，中国近代早期的自然史也是在各种不

（接上页）*China* (Lanham, MD.: Rowman & Littlefield, 2008), 8。关于李氏家族的小传，由李时珍交往甚笃的一位顾氏友人之孙所写，参见顾景星《白茅堂集》（普林斯顿大学东亚图书馆藏，1685 年版序言），卷 45。

① 医学文献对晚明南京出版界的重要性，参见 Lucille Chia, "Of Three Mountains Street," 135–136。

② 关于晚明器物鉴赏、收藏与文学，参见 Craig Clunas（柯律格），*Superfluous Things: Material Culture and Social Status in Early Modern China*, 2nd ed. (Honolulu: University of Hawaii Press, 2004)。

同来源的材料和证据之间反复比较和折中使用中产生的。在《本草纲目》中，李时珍对这些材料和证据进行了整合和转化，他试图将评注这一认知实践方法应用在理解和利用自然界的物种上，毕竟自然界里的物种缺乏恒常性和稳定性，其不断的演进变化不利于对其进行系统分类。尽管在16世纪中叶的中国，自然历史与医学的联系并不像当时的欧洲那样紧密，但李时珍的努力正在改变这一状况。[①]他的这部巨著后来被认为是现代科学的先驱，这部巨著诞生时的中国社会，文化已经足够成熟到支持李时珍将鉴赏家的感受力、学者的判断力和宏富学识、收藏家对不断涌现出来的文本资料博采群收的能力一径打通，并将其悉数融入作为一名医生他所希望达成的宇宙和物质变化和谐统一这一研究。变化是自然界运转的基本前提，了解它的过程和表现，对于掌握植物或动物什么时候可以用于医疗，以及如何将它们转化成药物来治愈或滋养人体，是至关重要的。许多博物学家为李时珍的研究铺平了道路，但李时珍的重要贡献在于，他从极其复杂和广泛的现实证据里提纲挈领，抓住了某种关键概念，这一概念能告诉我们自然中什么样的变化才是具有普遍性和一般性的，同时帮助我们将可能会被称为神秘事件（不同寻常但仍是客观存在的）和超自然事件的现象区分开来，将可信事件与荒谬事件区分开来。[②]李时珍有效地创造了一种观念，有效地解释了

---

① 有关近代欧洲早期医学和自然史之间的比较，请参阅 Harold J. Cook, "Physicians and Natural History," in Nicholas Jardine, James Secord, and Emma Spary, eds., *Cultures of Natural History* (Cambridge: Cambridge University Press, 1996), 91–105.关于自然历史作为一门学科在近代欧洲的出现，参见 Paula Findlen, "The Formation of a Scientific Community: Natural History in Sixteenth-Century Italy," in Anthony Grafton and Nancy Siraisi, eds., *Natural Particulars: Nature and the Disciplines in Renaissance Europe* (Cambridge, MA: MIT Press, 1999), 369–400, and Brian W. Ogilvie, *The Science of Describing: Natural History in Renaissance Europe* (Chicago: University of Chicago Press, 2006)。
② 关于好奇心和超自然现象的讨论，参看 Lorraine Daston and Katharine Park, *Wonders and the Order of Nature, 1150-1750* (New York: Zone Books, 2001), 120–122。

寻常自然物体是如何在充满了生生不息的变化和变迁的自然宇宙中流转运行的。本书将重点关注一个崭新的自然史是如何从李时珍对自然变迁规律的努力把握中诞生的，尤其会揭示他在自然认识论上的艰难突破对绘制中国近代早期科学景观是何等重要。

本土性的认识论

李时珍在写作《本草纲目》时，将所能看到的大量探讨自然物的文献，放置在医学语境中予以审视和利用，还从文学作品中摘引论据来证明他的医学主张。这反映了晚明时期对物品商品化的关注、印刷品的日益普及，以及对一度是神圣不可侵犯的某些领域进行祛魅、还诸真实的努力。本书对《本草纲目》一书进行了深入解读和分析，展示了这个对自然充满丰沛好奇心的知识宝库里洋溢着的作者对知识的信仰与热情，揭示了他收集和存储材料的方法，辨析了可靠的和不可靠的知识来源，并最终确认了他观察和体验事物的基本原则。

我的方法最终并不是要从《本草纲目》一书中归纳或识别出一个完整统一的认知系统，而是要展示其在制造知识的整个过程中的脉动和机制，以及它的矛盾、抵牾之处和给人的启示。这与许多中国科学研究和医学研究（尤其是其前现代史）中所采用的方法有着显著的差别，后者常常采用"中国"逻辑或方法来了解世界。① 如今，《本草纲目》经常被当作了解中国自然观的权威著作，

---

① 一些文学作品遵循李约瑟的思路，明确地设定了"中国"的逻辑模式或科学推理模式。Robert Wardy, *Aristotle in China: Language, Categories, and Translation* (Cambridge: Cambridge University Press, 2000) 的前半部分，记载了许多历史学家、人类学家和语言学家试图（在某些情况下仍然继续）通过简单地分析"汉语"的某些理想化特点，来粗略地拟制他们称之为"中国逻辑"或"中国思想"的草图。渗透在逻辑和（转下页）

李时珍也经常被文学研究者和医学研究者视作可供征引的权威学者，是中国近代以前医生和博物学家在行动和信仰上的典范，是动植物鉴定与利用的先行者。① 对许多人而言，《本草纲目》基本上已经成为诞生于近代早期世界的一本汉语知识词典。

但是，我们能否在某种特定的历史或文化语境里重新发现并确立一种更贴合研究对象的逻辑模式，或者开拓出一种更广义的论证模式？某种程度上说，答案是肯定的。在科学史和医学史上，似乎至少存在几项以此为前提展开的比较研究，它们探讨了多个自成一体的知识体系在不同规则下运行的可能性。② 即使在未做更深入的比较分析的情况下，我们也能看到有些研究试图通过描述一种本土化的认知模式并以此为基础去探索更多的推论方式或论证系统。这类研究最习惯于分析数字系统、语言形式或论证模式在非西方（特别

（接上页）语言中的"中国古代思维方式"（第 2 页）如何塑造了科学，更多细节可以参阅 Christoph Harbsmeier, *Science and Civilisation in China*, vol. 7.1, *Language and Logic* (Cambridge: Cambridge University Press, 1998)。Joseph Needham's *Science and Civilisation in China*, vol. 2, *History of Scientific Thought* (Cambridge: Cambridge University Press, 1956), 专门阐述了"本土自然主义者"发展的中国科学思想的原则（第 216 页）。我在这里想说的是，在中国／西方、非理性／科学性及本土化／殖民化的二元对立知识体系之外，还有其他进入和理解对象的途径。

① 例如可参见 Edward H. Schafer（薛爱华）, *The Golden Peaches of Samarkand: A Study of T'ang Exotics* (Berkeley: University of California Press, 1963), 90, and footnotes throughout, and David R. Knechtges, *Wen Xuan, or, Selections of Refined Literature*, 3 vols. (Princeton: Princeton University Press, 1982–1996)。

② 参见 Geoffrey Lloyd and Nathan Sivin, *The Way and the Word: Science and Medicine in Early China and Greece* (New Haven: Yale University Press, 2002), and Shigehisa Kuriyama（栗山茂久）, *The Expressiveness of the Body and the Divergence of Greek and Chinese Medicine* (New York: Zone Books, 1999), 此两例说明学界对希腊与中国早期认识世界与身体的比较研究日益增多。Roger Hart, "Beyond Science and Civilization: A Post-Needham Critique," *East Asian Science, Technology, and Medicine* 16 (1999): 88–114 概括了对文明做比较研究的危险，这些危险包括将双方（如文明、语言、文化）假定为静态的存在并置于二元对立的框架中。此外，参阅 Lloyd and Sivin, *The Way and the Word*, 也有助于我们了解比较研究的潜在陷阱和好处。

是非洲和亚洲)文本中是如何发挥功用的,它们通过剖解事先假定的文本构成成分(如语言、数字、言说规则或决策机制)来辨析其潜在的逻辑或论证模式。① 其中有那么一些研究,它们做出的解释和推论具有时间或空间的限定,引发了势力强大的普遍主义者(他们认为不存在多重维度的真理)和相对主义者(他们认为多重维度的真理是可能的)之间的争论。② 学术人文主义者目前正处在重新思考地方逻辑、本土智慧或真理的关键时刻,因为公共话语的日益全球化,这个看似枯燥的学术问题在理解我们生活的世界并与之交流磋商及在评判个人和机构代表我们的意志做出的决策等问题上,变得至关重要。这一系列问题是在我阅读《本草纲目》的过程中、在评判这

---

① Helen Verran, *Science and an African Logic* (Chicago: University of Chicago Press, 2001),以约鲁巴数学教育为例挑战了以数字表达某种普遍逻辑的观点,同时含蓄地挑战了"普遍逻辑"这一概念本身的内在一致性。

② 在此,我仅对一系列哲学问题做了最简短的说明,这些问题具有深厚的学术渊源,并与其他多个学术领域存在广泛的关联。对于相对主义哲学文献的概要论述,感兴趣的读者可以从此文入门:Chris Swoyer, "Relativism," in Edward N. Zalta, ed., *The Stanford Encyclopedia of Philosophy* (Winter 2008), http://plato.stanford.edu/archives/win2008/entries/relativism/(accessed December 12, 2008)。对于知识毫无疑问代表了自然世界这一观点的经典探索和反驳,参见 Richard Rorty, *Philosophy and the Mirror of Nature* (Princeton: Princeton University Press, 1980)。另有几篇关于相对主义思想的颇具启发性的文章,参见 Richard Rorty, *Objectivity, Relativism, and Truth: Philosophical Papers* (Cambridge: Cambridge University Press, 1991)。关于理性风格的概念,包括其背后的一些史学背景,参见 "'Style' for Historians and Philosophers," and "Language, Truth, and Reason," both reprinted in Ian Hacking, *Historical Ontology* (Cambridge, MA: Harvard University Press, 2002)。关于历史和自然科学史的相对主义问题及其相关的哲学辩论,参见 Richard J. Bernstein, *Beyond Objectivism and Relativism: Science, Hermeneutics, and Praxis* (Philadelphia: University of Pennsylvania Press, 1983)。最近,许多哲学家都参与了这场旷日持久的辩论。夸梅·安东尼·阿皮亚(Kwame Anthony Appiah)试图用他的"世界主义"概念,在相对主义和普遍主义两个极端立场之间创造一个中间位置。保罗·鲍格西恩(Paul Boghossian)最近的作品则是另外一种富有洞察力和论证严密的介入,他驳斥了强烈的相对主义理念,这种相对主义在后殖民时期试图重新解读或颠覆科学史和医学史,如今又在科学历史学家和人类学家那里再次流行。参见 K. A. Appiah, *Cosmopolitanism: Ethics in a World of Strangers* (New York: Norton, 2006), and Paul Boghossian, *Fear of Knowledge: Against Relativism and Constructivism* (New York: Oxford University Press, 2006)。

本巨著在近代自然史上的地位的过程中逐渐形成的。我希望这本医学百科全书能给读者带来一个全新的视角，帮助他们从历史、文学和历史认识论的角度展开探索，而不只是简单地把它当作一个前现代中国思想体系的代表。

李时珍当然认为自己是学者谱系中的一员，这个学者谱系拥有大量研究自然界的工具。在宋朝（960—1279）和明朝（1368—1644），自然史的特点是学者们使用类比法和比较法来测量和识别自然物，并试图在更广阔的宇宙学框架中定位他们识别和观测的结果。尽管这些学者并不一定共享单一的推理方式，但那些参与我所说的"自然史"的近代早期学者确实共享了某些有助于形成一种历时性学术共同体的元素。引用文献的惯例，涉及某些特定文本的互文框架的构建，以及评论和辩论这些富有表征性的行为，都帮助构建了这种了解自然世界的研究模式。李时珍的工作也部分遵循了这些已然建立的公约，但他试图创建一个权威的、以广泛的学习和对宇宙变化的理解为基础的、医学和自然史的实践方法指南。

然而，若将李时珍视为某种学术共识或文化思潮的代表，那就从根本上误解了他的作品和方法。假如将一种自洽完整的推理模式赋予某一单独的文本（遑论一门学科或一个国家），那么该文本在对自然界形成观察结论并加以权衡判断时，如果呈现出几种不同（有时是互相矛盾）的方式，就会导致这一推理模式分崩离析，不攻自破。李时珍致力于搜集历代和同时代各类自然和医学知识并加以辨别和批判，对医学和文学文本中充斥着的各种彼此冲突的论述予以调和。龙会正常死亡吗？黄蜂有可能通过祈祷或吟唱把其他生物变成自己的同类吗？被鲨鱼吞食后又吐出来、漂浮在海面上的海龟精子，真的是传说中最有效的药物吗？这仅是引发学者们不休争论中的几个简单例子，《本草纲目》一书中使用了大量的笔墨去澄清这些疑问。因此，一种植物或动物的自然生长史，决定了它们能以何种方式被用来当作药物，对李时珍而言，还意味着这些疑问的答案将直接影响病人的生死。

本书后面的章节将探讨以上提出的问题，描绘一个学者在对自己和他人的观念进行检验勘别、构建一套解释自然世界的证据和权威规则的过程中，所做出的选择和遭遇的困境。另外，通过仔细研读李时珍在特定文本中使用的语言，也能够有力地揭示他的方法论，更好地理解他在自然史观念指导下的医学实践。当然，他的终极目标也是成为一名权威专家，（尽最大可能）解决那些在医学和文学研究中纠缠不清的种种争论。在李时珍去世数百年之后，如今我们再来研究他的这些努力所取得的成果，会发现把他树立成一个学界的偶像人物，实则从根本上违背了他的学术初衷。

生命的周期循环：对本次研究的概述

除非特殊情况，在接下来的章节中，我会尽量避免以在欧洲学术传统中形成的自然史研究文献为标准来衡量和评估李时珍的作品。尽管这二者的比较可能会很有启发性，毕竟用英语写作的关于《本草纲目》的研究著作大多数都是将其直接与自然科学家老普林尼、查尔斯·达尔文或者卡尔·林奈做对照进行阐发的。读者们，我请求你们能够追随我踏上一条不同的路径，这条路将打通并穿越李时珍亲手创造的文字的峰峦和庭院，至少是尽可能地去接近它们。中国近代早期关于自然世界的论述中渗透着"变"的思想，这一思想对《本草纲目》的认识论具有特别重要的意义，而它正是我们此次漫游的向导。本书章节是根据生成和转化的概念来组织的，这些概念构成了李时珍关于自然的许多观点的基础，并帮助他综合考量对世间各物论述的可信赖度，从而做出正确判定。

第一章将李时珍和《本草纲目》置于晚明自然史和医学史的语境中考察。为了更好地理解作为一名医生和学者的李时珍，本章介绍了他所处的社会环境和智识背景，并为探讨晚明自然史研究在概念上提供了广阔的基础，包括诗歌、笔记集、百科全书和专题著作、古典文献中关于动植物的论述，以及这些材料与医学文献发生的各种交集。第二章介绍了李时珍这位中国近代早期博物学家的认知方式和研究策略。这一章追随着引导他进行认识活动的个体感受、关注了他的受教育过程和影响他学术实践的文本引证史。紧随其后插入的一章，将引导读者巡游《本草纲目》，通过对一个样本条目的精细解读，剖析全书的内容和基本构成。

《本草纲目》的主体结构是根据自然事物的类型组织的，这些类型跨度很大，覆盖了从最基本的元素到最高贵的物种：基本物质如水、土和火，中间经由动植物的多个类群，最终抵达人类。这52卷书中囊括了11000多种药方，这些药方由几乎1900种天然物质或药物组成。受他所接触到的各类资源的影响，李时珍在对它们进行描述时，使用了不同类别的文本、引证类型和论证模式。在阐明基本物质的转化时，如转化成牡丹或木乃伊，需要从与其相关的各种争论中获取不同的证据。第三章到第六章是本书的核心部分，分门别类概括了《本草纲目》的结构。目的有二：首先，它让我们关注不同的观念构建模式，这些模式适用于描述不同的自然物。其次，它的功能是引导读者浏览明末自然史的文本景观和现实景观，介绍该景观中存在的关键人物，同时研究塑造了他们这些知识的认知方法。这些内容部分是围绕着案例研究来组织的，这些案例研究强调了贯穿于《本草纲目》和与之对话的文学作品中的主要认识论问题或批判性争论。

终论部分讲述了时代对李时珍和他的作品的重塑，包括18世纪由于清朝扩张而产生的对《本草纲目》的重新想象，以及20世纪将李时珍建构成一位赤脚医生和现代漫画偶像的再塑造过程。这里再次强调，《本草纲目》在中国文化思想史上拥有丰富的历史渊源，具有非常重要的意义。

黄永砯的签纸、博尔赫斯的动物寓言集和李时珍的文本汇编，都试图将在时间、空间或语言上相距甚远的知识与当下的读者、病人、医生或学者所具有的当代知识进行调和。就像黄永砯的签纸和博尔赫斯笔下的动物一样，李时珍作品中跃动的自然物并不总是与他所为之设定的分类完全相符。他很清楚，在他所处的宇宙中，变化始终在发生，而推动变化的力量会最终挫败任何想要对自然物进行系统分类的尝试，击败任何想要对自然界建立普遍标准的努力。但是，他仍然试图将这些变化转换为一种以自然史为依据的医学实践——一种可以将自然的变化与人体的变化加以调和贯通并帮助治愈人类的医学实践。为了做到这一点，他必须搞清楚那些充斥在他的感官世界和书架上、往往互相矛盾的信息和佐证材料。再其后，本书探索了语言、分类及其转变过程如何塑造了他对自然的看法，并最终将文本中的猴子与帮助创造它们的墨水瓶联系起来。

第一章
孕育:一位博物学家的诞生

一位意外从医的医生之死

这是1593年,李时珍的遗体冰冷地躺在床上。他的小屋里一片狼藉。蔼所馆,李时珍曾这样诗意地描述他暮年时栖居的家,而此时这个家中到处摆放着墨汁和刀子、书籍和兽皮、诗稿和胡椒籽。李时珍毕生以对博学多识的追求而自豪,这座坐落在河畔的小屋里堆满了书籍和物品,足以表明他尽最大可能地了解周遭世界的信念是何等坚决深彻。这些物品还揭示了李时珍执着的个性,他决意要将自己的名字镌刻在他毕生都在学习和实践的药理学和博物学的经典著作中。一直以来,李时珍都体弱多病,为了治病,他无疑尝试过堆放在货架上的许多草药。儿时的他备受多种奇怪的疾病的困扰,身体也日渐衰弱:一种由长期食用黑胡椒引起的眼疾,反复发作的流感,以及未曾公开的诸多隐疾,这些疾病直接导致了他在科举考试中多次铩羽而归,而这些考试本来可以保证他在文官队伍中获得丰厚的收入。①

从垂髫幼齿之时起，李时珍就一直接受着当时典型的教育，这些教育最终通向科举考试。他的童年是在一所又一所的私塾里度过的，他的全副精力悉数投入到当时必需课程的学习中，这些课程包括"四书"、"八股文"（或曰"制义"）、诗歌及其他的典籍和历史文献等。②学习的过程并不轻松：李时珍13岁时，就已经从父亲的反复训诫和强调中意识到，通过科举考试获取功名是光耀门楣的唯一途径。于是李时珍更加勤奋不辍刻苦向学，直到累得病倒。③幸运的是，他14岁时通过了黄州的地方考试，获得了秀才身份。而不幸的是，这是李时珍在科举考试征程中唯一的成功。经过三年多的紧张学习，李时珍奔赴省会武昌参加下一阶段的考试。那一年，他和大约95%的学子一起名落孙山。④在连续三次考试折戟后，由于身体每况愈下，李时珍终于得到父亲的允许放弃参加科举考试，开始从事家族生意。

李时珍的家族在家乡蕲州（今湖北省蕲春县）行医，生活优渥舒适。他的祖父曾是当时为数众多的"江湖医生"中的一员，被称为"铃医"，他摇着铃行街串巷，随时响应那些生病需要医治的人。这一类医生因为公然靠兜售自己的医术赚钱牟利而为世人所鄙薄，与当时的儒医形成了鲜明的对比。儒医既享有不受金钱利益影响的

---

① 《本草纲目》卷32，"胡椒·附录"。
② 这种典型的明代医学家的训练，为李时珍后来撰写论著奠定了古典学术的基础。参见 Robert Hymes, "Not Quite Gentlemen? Doctors in Sung and Yuan," *Chinese Science* 8 (January 1987): 9–76, 此文讨论了宋代的儒医。Benjamin Elman, *A Cultural History of Civil Examinations in Late Imperial China* (Berkeley: University of California Press, 2000), 对中国明清时期的士子为参加科举考试所接受的训练和所做的准备工作进行了全面的考察。
③ 唐明邦《李时珍评传》，南京：南京大学出版社，1991，第341页。
④ Benjamin Elman, *On Their Own Terms: Science in China, 1550-1900*, Cambridge, MA: Harvard University Press, 2005, 30.

学术声誉，通常也拥有支撑这种无须为稻粱谋的奢侈生活的经济手段。李时珍的父亲李言闻作为一名医学专家，享有相对更稳定长久的声誉，他在蕲州治病救人，同时也撰写一些论著，探讨行医诊断的方法，研究当地所产的如艾蒿和人参等草药。①李言闻在经济来源上显然比他的父亲更有保障，在他还年轻时，家里已经拥有了一些恒产——农田，行医并不是家中主要的收入来源。他通过了当地的考试，取得了执业资格，并且编著了至少五部医学著作：《四诊发明》《医学八脉注》《痘疹证治》《人参传》《蕲艾传》，均亡佚。

收子为徒后，李言闻一边传授儿子医学知识和技能，一边带着儿子四处游历寻访。李时珍从此便跟随父亲行医，并一度在北京的皇家医务所——太医院里担任一个政府职位：太医院判（官方医疗顾问）。之后，他花了30年时间遍游南方。在行医治病、求教当地农民和猎户以及尽可能博览群书的过程中，李时珍为他的医学百科全书搜集储备了大量的素材。1561年，疲惫不堪的李时珍已届中年，身心都渴望着更悠然的时光和更松弛的状态，于是他回到蕲州，开始写作生涯。

李时珍搬进了雨湖岸边一所带花园的房子，取了"濒湖"这个别号，以标识生活新阶段的开启，并游戏式地用《诗经》中他最喜欢的诗句给新居命了名。新宅取名为"蔍所馆"，正是对《诗经》中这首诗的一种恰如其分的致敬："考槃在阿，硕人之蔍。"②（他在山坡上建造了他的小屋。那个大个子，他的心是如此轻盈愉

---

① 参见唐明邦《李时珍评传》，第46页；Paul U. Unschuld（文树德），*Medicine in China: A History of Pharmaceutics* (Berkeley: University of California Press, 1986), 145-146。李言闻（字子郁，号月池）的生平简介，见顾景星《白茅堂集》（1685）卷45。《四诊发明》一部分保存在李时珍的脉诊著作《濒湖脉学》中。
② 这句话来自《诗经·卫风·考槃》。我的翻译大致是以理雅各（James Legge）的翻译为基础。阿瑟·威利（Arthur Waley）的翻译则彻底改变了这首诗的含义：（转下页）

第一章 孕育：一位博物学家的诞生

悦）或许李时珍是一个"大个子"，但是，很难想象他会如此轻松愉快。李时珍耗费30多年的心血用于写作、研究、实验和采访，终身致力于《本草纲目》的撰写，有史以来还没有任何人，更不消说由单纯一个作者，像他那样用中文写成如此广泛和渊博的药理学和博物学著作。

蔼所馆诗人

> 青锁名藩三十年，虫沙猿鹤总堪怜。
> 久孤兰杜山中待，谁遣文章海内传？
> 白雪诗歌千古调，清溪日醉五湖船；
> 鲈鱼味美秋风起，好约同游访洞天。①

成年后的李时珍磨砺和拓展了他年幼时所接受的古典教育，这位长居蔼所馆的诗人将自己的学术研究结成成果丰硕的医学著作。② 在为《本草纲目》做准备的研究过程中，他写了一部讨论蕲州地区特产白花蛇的论著和几本医学理论专著，但只有少数几篇得以幸存，且都是脉诊方面的文章。③ 对脉诊的研究一直是他父亲的专长

（接上页）"在河岸边击鼓跳舞，那个高个子男人多么精神抖擞啊！"见 Arthur Waley and Joseph Allen, trans., *The Book of Songs* (New York: Grove, 1996), 47。威利将"考槃"（字面意思是弯曲腿）理解为一种以这种动作为特征的舞蹈，而理雅各则理解为"建造一间小屋"。结合语境来看，李时珍对这首诗的解读很可能与理雅各的解读相近。

① 参见唐明邦《李时珍评传》，第109—118页，其中可见李时珍现存的另一首诗。
② 李时珍《蕲蛇传》的片段被保存在《本草纲目》中。
③ 见唐明邦《李时珍评传》，第74页，上面简要介绍了李时珍的作品及其在本草学传统中的地位。参见夏魁周等校注《李时珍医学全书》（北京：中国中医药出版社，1996），第1241—1272页，其中收录了重排的《濒湖脉学》（第1241—1250页）、《奇经八脉考》（第1253—1268页）和《脉诀考证》（第1271—1272页）。另可参见马继兴、胡乃长《〈本草纲目〉版本的考察》，《李时珍研究论文集》，武汉：湖北科学（转下页）

之一，李时珍把注意力集中在同样的话题上，很可能一方面是出于孝顺，另一方面则是为了树立起自身作为一名博学的医学专家的名声。李时珍的短篇作品有《濒湖脉学》和《奇经八脉考》。① 他还写了《脉诀考证》，篇幅很短，只有两三页，而且为了便于记忆，采用了押韵诗的形式。这部文稿延续了古人对《脉诀》一书的注释传统，是对《脉诀》历代注释的补充；《脉诀》是一部阐述脉理、脉法的著作，编成四言歌诀的形式，托名六朝时期（222—589）王叔和所作，但很有可能最早创作于宋代。在《四诊发明》中，李时珍的父亲匡正了《脉诀》文本中出现的讹误，李时珍则在《脉诀考证》里延续并扩展了父亲的这一遗产。

尽管为了编撰《本草纲目》，李时珍需要游历四方，但他没有忘记自己的家乡，也没有忘记湖北的朋友。上面这首诗是李时珍现存的两首诗之一，是献给他的好友吴国伦（1524—1593）的。② 诗名《吴明卿自河南大参归里》，是为了纪念吴明卿在官场任职30多年后辞官还乡退居湖北所作。李时珍以七言律诗来表达他的敬意，而七言律诗正是吴明卿所擅长并享誉在外的诗歌形式之一。这首短诗充满了文学典故，同《本草纲目》一样，展现了李时珍的博学多才。在诗的开头，李时珍讲述了吴明卿的仕途经历。在紫禁城，通往禁区的大门上挂的锁往往被漆成蓝绿色，称为青锁。诗句中说到

（接上页）技术出版社，1985，第115页。李时珍这三部作品的出版日期见钱远铭主编的《李时珍研究》，广州：广东科技出版社，1984，第13—15页。

① 1603年江西刻本《本草纲目》中收录了《濒湖脉学》和《奇经八脉考》，江西版是《本草纲目》的第二个主要版本，普遍认为它优于第一版。由于被1603年版的《本草纲目》收录保存，这两个文本得以被广泛使用。

② 回乡隐居后，李时珍将平生所作诗文编辑成册，名曰《蕲所馆诗集》。但现存仅余两首。另一首也是献给他当地一位朋友的，诗中充满了植物的意象；这位朋友名叫刘雪湖，是名艺术家，著有《梅谱》一书。《题刘雪湖所画梅花诗》全诗如下："雪湖点缀自神通，题品吟坛动巨公。欲写花笺寄姚浙，画梅诗句冠江东。"

的"虫沙猿鹤",我在此将之翻译成"在战场上""死亡",正是对他诗歌原意的引申和诠释。《太平御览》是李时珍最喜欢的百科全书之一,其中记载了这样一则传说:在一场发生在南方的军事战役中,周穆王(公元前976—前922年在位)全军覆没,他手下的贵族变成了猿猴和鹤,平民百姓变成了虫子和沙砾。① 李时珍深深着迷于此类故事中自然万物发生的各种变化,而类似周穆王这样的故事从根本上塑造了他对自然界及其发展变化的看法。李时珍博览群书,诸如百科全书、医学著作,以及涉及植物、动物、石头和人类发展变化的故事的诗歌作品,他均有涉猎。而这些,奠定了他撰写《本草纲目》的基础。

像《吴明卿自河南大参归里》这样的诗,并不只是为了颂扬吴明卿本人的广博学识,它还在现实中起到了更直接的作用。这些诗句在文化经济和社会资本中流通,为作者的任何作品(百科全书或其他形式)谋得经济赞助、征服印刷商和读者打下基础。在赞扬吴国伦时,李时珍可能是怀着别样心思的:吴明卿是王世贞(1526—1590)的好朋友,而王世贞是明代文坛的重量级人物,也是李时珍这部毕生心血之作得以付梓的最后希望。李时珍从生活中体悟到,在寻求自己作品出版的过程中,一个人应该很小心地处理好自己的冀图和企愿。

玄晏先生

这位蕲所馆的诗人直到晚年才终于得偿所愿。在72岁的暮年,

---

① "虫沙猿鹤"是一个成语,比喻战死的将士或死于战乱的人民。参《太平御览》,北京:中华书局,1998,第916卷,第4册,第4060页。《太平御览》引用了《抱朴子》中记载的这一故事。

李时珍终于迎来生命中更明媚些的日子。在繁华南京的书肆游说奔走的三年多光阴里，他曾多次希望他的劳顿和辛苦能早日结束：最初他想手稿如果能提前十年面世一切可能就会不一样，后来他转而希望能在自己被病痛击垮之前面世，而到最后，他只希望能在孙辈出生前问世。他携带着几百万字的沉重手稿，离开湖北老家已经近三年了，但仍然无法说服任何书商冒险出版它。时值春日，明末南京的刻书中心三山街的梅花在春光中吐蕊绽放，李时珍的奔波也终于迎来了转机。① 明末学者若要寻求突破，借力名声显赫的朋友通常是最有效的方法，李时珍也终于得到了这样一个名满天下的友人的襄助。1590年，李时珍再次奔赴太仓寻找最后的希望，他拜访了一位士大夫，一个朋友的朋友——王世贞，希望能最终说服他支持自己的作品出版。②

早在十年前，也就是1580年，当李时珍向王世贞求援时，王世贞所做的，是任何一位文学界名士在遇到一位来自乡下、名不见经传的医生出现在自家门口，突然抛出一本厚厚的药物学著作并恳请赐序时通常会做的事情。王世贞恪尽地主之谊，接待了他的客人，并含糊其词地答应为这部作品作序。但在随后的近十年时间里，他始终没有抽出时间写那篇序言。为了安抚李时珍，他特意为他写了一首诗：

---

① 关于晚明时期南京的印刷市场，参见 Lucille Chia, "Of Three Mountains Street: The Commercial Publishers of Ming Nanjing," in Cynthia Brokaw and Kai-wing Chow, eds., *Printing and Book Culture in Late Imperial China* (Berkeley: University of California Press, 2005), 107–151.
② 见唐明邦《李时珍评传》，第355页；见吴佐忻《李时珍生平年表》，《李时珍研究论文集》，第21—37页。有关李时珍和王世贞会面情形的简短讨论，见 Kenneth J. Hammond, "Li Shizhen: Early Modern Scientist"。文中说，1590年王世贞亲自将所写序言送给李时珍，而不是李时珍前往取回。研究李时珍生平的大多数学者都认为，李时珍实际上去过太仓两次。

> 李叟维肖直塘树，便睹仙真跨龙去。
> 却出青囊肘后书，似求玄晏先生序。
> 华阳真逸临欲仙，误注本草迟十年。
> 何如但附贤郎舄，羊角横抟上九天。①

诗作正式开始之前，有一行文字叙述了事情的原委，"寻出所校定本草求叙，戏赠之"；全篇诗句充满了经典的隐喻和医学典故。全诗以宋代诗人梅尧臣（1002—1060）开篇，而梅尧臣所作的诗文中触目皆是植物和动物的意象；以《庄子》中著名的一段话结束，在这段话中，一只大鹏鸟"抟扶摇羊角而上者九万里，绝云气，负青天"。②该诗的前两行将李时珍与华阳隐居的陶弘景（456—536）并举，建立了两人之间的关联性和一致性。这正是李时珍希望被塑造成的形象，而且毋庸置疑，这是王世贞对他的一种赞美。陶弘景那部享誉天下的《本草经集注》也耗费了他十多年的精力，他一边写作一边查漏补缺正误，是个缓慢推进的过程，王世贞在这里援引陶弘景，正是含蓄地暗示了李时珍在撰写《本草纲目》上漫长而艰辛的耕耘与劳作。③诗句中所言的池塘边的这棵树（"直塘树"），可能是在暗示李时珍晚年时给自己取的号"濒湖"。"青囊"（字面意思是蓝绿色的袋子）是古代医生旅行时用来装

---

① 关于这首诗的具体内容，见吴佐忻《李时珍生平年表》，《李时珍研究论文集》，第32页。这首诗被收录在王世贞所著《弇州山人四部稿》中。
② 此段参考 Burton Watson（华兹生），*The Complete Works of Chuang Tzu* (New York: Columbia University Press, 1968), 31。
③ "迟十年"还有另一种解读。两人的两次会面中间隔了十年，王世贞可能将这十年中李时珍增益修订《本草纲目》一书的事迹，与陶弘景隐居茅山约十年潜心撰写后来极大启发了李时珍的《本草经集注》相提并论。这种解读方式认为王世贞的这首诗完成于1590年，也就是李时珍第二次访问太仓那一年，而不是1580年第一次去太仓那年，虽然一般认为这首诗应该创作于1580年。如果属实，王世贞也可能自嘲十年来在撰写序言上的过失。

医学书籍的袋子,这些袋子被医生们夹在胳膊下,后来被引申为医生的象征,就像我们今天用听诊器来指代医生一样。① 王世贞在诗中将自己比作晋代(265—420)的医学家皇甫谧。皇甫谧是一位著名的隐士,他辞掉公职退居乡村,以玄晏先生的名字撰写针灸学文献。王世贞又继续将李时珍比作陶弘景和另一位著名的医生葛洪,这两个人在追求长生不老的过程中,都写过关于中草药的文章,亲口品尝过中草药。② 他们都以各自的药物研究闻名天下,可能更确切的说法是,他们都是著名的道教徒和道教文章家。

尽管王世贞在南京和太仓最后几年的大部分时间都消磨在同僚政治家的后花园中,但此时的他已经成为一个朋友的十几岁女儿昙阳子的虔诚信徒,她自称是道家仙人。李时珍第一次见到王世贞时,正是这个苦苦修行的昙阳子辞世那年,据说有人看到她羽化升天,也有人指控她即使死了仍在施展巫术。③ 王世贞诗中弥漫的道家意象,反映了他当时对道教的关注,也侧面反映出李时珍作品的本质。我们将看到,李时珍的研究正是建立在被王世贞视为道教徒的医学家的作品基础上,始终致力于揭露道家通俗艺术背后的欺骗性。④

---

① 葛洪著有《肘后备急方》。这个短语出现在《本草纲目》引用的两本著作的标题中,既是作为方剂的组成部分(将植物或种子放入药囊中,这是药物制备的一部分),也是作为医生的象征。
② 陶弘景被认为是《瘗鹤铭》石刻的作者。铭文上刻着"华阳真逸撰",而陶弘景自号华阳隐居。
③ 关于王世贞和昙阳子之间的交往,见 Ann Waltner, " T'an-yang-tzu and Wang Shih-chen: Visionary and Bureaucrat in the Late Ming," *Late Imperial China* 8:1 (June 1987): 105–133。Kenneth James Hammond, "History and Literati Culture: Towards an Intellectual Biography of Wang Shih-chen (1526–1590)" (PhD diss., Harvard University, 1994),也简要讨论了这种关系。
④ 这一关联在第二章中有更深入的讨论。

《本草纲目》小传

王世贞家是李时珍辗转奔波、不辞辛劳的十年里去往的最后一站。在得到王世贞写序的允诺和出版商胡承龙付梓的承诺后,李时珍得以返回湖北。虽然他的心血巨著终于能够出版,但他到底没能亲眼看见它的面世,李时珍于1593年抱憾辞世。李时珍的遗体静静地陈卧在蕲所馆里,与此同时,胡承龙在南京的书肆已经开始监督工人为印刷《本草纲目》制版。① 李时珍的撒手人寰,使得这部巨著的梓印成为全家族的事务,他的儿孙们深切缅怀着他,并开始着手推进这部巨著的出版工作。儿子们忙于校对和编辑文稿,安排印刷流程,监督整体制作过程。李建元在父亲生前曾陪伴着他四处寻访,在父亲殁后更将全副精力投入到父亲未竟的事业上。他和他的兄弟们翻遍了各种《本草》寻找插图,并临摹岩石、动物和植物的图像,给《本草纲目》一书配上插图,尽管父亲很可能从未打算为自己的著作配图。②

如果李时珍能活着看到他的作品出版,他未必会对儿子们的劳动成果感到欣慰。李时珍对配图一事非常在意和计较。他向来十分关注各种本草类著作中绘制的图像,并对其质量和效果给予了认真

---

① 在明末商业医学出版的历史背景下,胡承龙为何决定出版《本草纲目》,Lucille Chia, "Of Three Mountains Street"(135–136)一文提供了简要的讨论。关于《本草纲目》版本的历史,见马继兴、胡乃长《〈本草纲目〉版本的考察》,《李时珍研究论文集》,第113—144页。《本草纲目》的版本清单载于钱远铭主编的《李时珍研究》,第11—13页,但需要注意的是,钱远铭勘定版本的日期时,是以该版本中序言所写的日期为依据的。

② 据谢宗万介绍,第一版《本草纲目》中的1109幅插图有98幅似乎是直接从《证类本草》中翻刻来的。参见谢宗万《〈本草纲目〉图版的考察》,《李时珍研究论文集》,第191—193页。

谨慎的评价。图像是否能够有效帮助读者识别它所描述的对象？这是一个值得为之努力的理想。李时珍称赞了《蜀本草》和《救荒本草》中描绘的动物和植物的形态。①但植物的插图与文字描述总是相符吗？并非如此。例如，他抱怨说《图经本草》中的插图太少，而且那些插图经常与原本要配图的文字描述不一致。②李时珍非常关注作品中体现自然物时文字与图像的关系，所以我们完全有理由相信，他也会以同样的批判眼光和洞察力来看待自己的作品。他为自己的工作感到自豪，并利用一切机会宣传它所拥有的诸多特质。王世贞在为李时珍写的序言中也非常谨慎地概括了这部巨著所呈现出来的全貌，并颇费笔墨地描述了李时珍给他看的草稿的各个组成部分。事实上，无论是在李时珍的推介中，还是在王世贞的序言里，都没有提及任何插图的存在。这不太可能是一个疏忽。李时珍可能从一开始就没打算为他的著作配图，也没有任何证据显示他有在最后的定稿中添加图片的计划。从第一版《本草纲目》出版时插图和文字是分别印刷的这个事实就可以看出，配图一事应该是仓促决定的。也许他的儿子们或者出版商认为加上图片会使这本书更畅销。也许李建元或他的某个兄弟看到其他著名的药物学著作都是图文并茂，因而想要确保父亲的作品在各个方面都能超越它们。无论实际情形怎样，《本草纲目》最终配图出版的事实告诉我们，一旦从李时珍手里滑脱出去，这本书就落入众人之手，成为多人共同完成的著作了。

《本草纲目》如今已成为中国科学史和医学史上的一座丰碑，受到学生和学者们的集体颂扬，但它于1596年首次出版时，却没

---

① 见《本草纲目》卷1，"蜀本草"和"救荒本草"。
② 《本草纲目》卷1，"图经本草"。

受到什么关注。印刷完成后,李建元把第一套完整的《本草纲目》呈送神宗皇帝(1572—1620年在位),试图获得皇帝对推广该书的支持。① 神宗皇帝曾在1594年发布诏书,命令朝野向皇帝进献书籍,以为撰写国史之材料储备,而现存史料记载,1596年农历正月(1月或2月),李建元正是奉神宗的这次诏书旨意,向神宗进献了《本草纲目》。有说法认为,皇帝欣赏李时珍的作品,并下令在全国印刷和传播,以造福所有的学者。② 另有观点则认为皇帝对此不屑一顾,他把《本草纲目》随手交付给礼部官员,只在皇宫中保存了一部。③ 不管怎样,没有确凿的证据表明朝廷曾试图印刷、资助或广泛传播这部后来成为经典、泽被后世的皇皇巨著。

事实上,《本草纲目》的初刻本面世不久就被认为是一个较为简陋的版本。它被称为金陵版,以南京的古名命名,可能限量出售给相对富裕的专业人士。江西的一位印刷商兼政府官员夏良心④后来重刻刊行了《本草纲目》,并为自己推出新版《本草纲目》的做法而辩护,声称已经调查了当地官员对金陵版本的看法——官员们抱怨"字画漫漶",难以辨认,插图也不够精美准确,于是他们尽出所藏,以便重新刊刻。⑤ 夏良心与他的同僚张鼎思一起,花了六个月的时间,于1603年完成了江西刻本《本草纲目》。⑥ 他们声称,为了积累足够的文本素材完成新版本的刊刻,他们主要参考了1596

---

① 李建元的悼念铭文,见唐明邦《李时珍评传》,第332—334页。
② 这一信息包含在首次出版于1739年的《明史》所记载的李时珍的生平简史中。见《明史》卷299,北京:中华书局,1997,第7653页。
③ Joseph Needham(李约瑟)and Gwei-djen Lu(鲁桂珍), *Science and Civilisation in China*(以下简称 *SCC*), vol.6.1, "Botany", Cambridge: Cambridge University Press, 1986, 312fn.b.
④ 夏良心(1571年进士),江西巡抚。
⑤ 现存的刻本证明第一次印刷的质量参差不齐。例如,在美国国会图书馆亚洲医学系1596年出版的《本草纲目》中,许多插图的墨迹都不均匀,有一幅插图则一团漆黑。
⑥ 《重刻本草纲目序》,夏良心作。张鼎思(1543—1603),时任江西按察使。

年版的《本草纲目》。

到了17世纪中叶,李时珍的作品被多次编纂修订、重新配图和重印。① 清朝的版本开始在《本草纲目》的主体文本后附加李时珍的短篇医学著作。1871年,作为对李时珍文本的进一步补充和批评,赵学敏(1719—1805)出版了《本草纲目拾遗》。明朝末年,《本草纲目》传到了日本,并在那里被研究、翻译和再版。② 林道春(1583—1657)于1607年在长崎购买了一部《本草纲目》,并于同年将其赠送给德川家康。此后,该书一直参与塑造了近代日本自然研究的发展形态。③ 到了18世纪,李时珍的《本草纲目》传至韩国并被

---

① 关于金陵版(1596)、江西版(1603)、钱蔚起刊印版(1640)、味古斋版(1855)等版本的《本草纲目》,见马继兴、胡乃长《〈本草纲目〉版刻简录》,《中医杂志》,1984(08)。

② 在日本,《本草纲目》有坚实的研究基础,研究文献丰富且日益增加。关于《本草纲目》在日本和其他东亚国家的流传情况,参见潘吉星《〈本草纲目〉之东被及西渐》,钱超尘、温长路主编《李时珍研究集成》,北京:中医古籍出版社,2003,第46—71页。现存的数篇日本人对《本草纲目》的修改和评论,可见于《中国本草全书》,北京:华夏出版社,1999,卷308—356。关于《本草纲目》及其在德川日本本草学发展中的奠基作用,参见 Federico Marcon, "The Names of Nature: The Development of Natural History in Japan, 1600–1900" (PhD diss., Columbia University, 2007), 13–76. 该论文第46—51页简要概述了中国主要的本草学文献在《本草纲目》之前传入日本的情况,第64—65页则列出了《本草纲目》的主要日本版本。W. F. Vande Walle, ed. *Dodonaeus in Japan: Translation and the Scientific Mind in the Tokugawa Period* (Leuven: Leuven University Press, 2001),包含了许多关于日本本草学的发展历史和中荷两语间草药翻译的有趣信息。关于这一主题的研究,在日文文献中最为丰富。冈西为人,『本草概説』(大阪:创元社,1977)中有对中文本草著作(第1章)和日语本草著作(第2章)的详尽编年史。冈西为人收录了《本草纲目》主要中文版本(第220—229页)和日文版本(第229—233页)的注释。关于《本草纲目》在日本自然史和自然研究发展中的基础性作用,参见杉本つとむ『江戸の博物学者たち』(东京:青土社,1985)。关于林道春在日本自然史发展中的作用,特别是他对《本草纲目》的研究工作,见遠藤正治,『本草学と洋学—小野蘭山学统の研究』(京都:世纪阁书刊,2005)。关于东西方自然史传统的比较概述,包括日本早期关于《本草纲目》的学术研究,参见西村三郎,『文明のなかの博物学—西欧と日本』(东京:紀伊國屋书店,1999)。

③ 见 Marcon, "The Names of Nature," 17–18、21. 文中说,在1607年被正式引入日本之前,《本草纲目》已经在日本民间流传,而林道春声称其在1604年就已经读过该书。

学者研究参详，部分内容被杜赫德（Jean-Baptiste du Halde，1674—1743）翻译成了法文。①查尔斯·达尔文也把李时珍的著作称为"中国的百科全书"，他从这本书中挑选了几个古代中国人驯养家禽、养殖鱼类和培育其他动植物的事例为己所用。②

作为自然史的《本草纲目》

《本草纲目》是一部规模空前的作品，最早出版时就已呈现了体例宏大、覆盖深广的特点。王世贞在序言里称这本书"上自坟典，下及传奇，凡有相关，靡不备采"③。即便剔除序言中常会有的对作者及其作品大加赞扬的陈词滥调部分，王世贞的评论似乎仍是热情洋溢的，强调了李时珍作品的宽广度和多样性：

> 如入金谷之园，种色夺目；如登龙君之宫，宝藏悉陈；如对冰壶玉鉴，毛发可指数也。博而不繁，详而有要，综核究竟，直窥渊海。兹岂仅以医书观哉，实性理④之精微，格物之通典，帝王之秘箓，臣民之重宝也。李君用心，加惠何勤哉。⑤

---

① 关于韩国学者对《本草纲目》的研究，见潘吉星《〈本草纲目〉之东被及西渐》，《李时珍研究集成》，第56—57页。韩国本土研究中国本草文献的情况，见 Soyoung Suh, "Korean Medicine Between the Local and the Universal: 1600–1945" (PhD diss., University of California Los Angeles, 2006), 36–90。
② 达尔文引用的"古代日本百科全书"，事实上也大量基于《本草纲目》。参见潘吉星《查尔斯·达尔文的中国资料来源》，*Isis* 75.3（1984年9月），第530—534页。
③ 见《本草纲目·序》。"三坟五典"，是中国最古老的文献，记载了"三皇五帝"的历史。三皇：伏羲、燧人、神农；五帝：黄帝、颛顼、帝喾、尧、舜。
④ "性理"一词的翻译多种多样。李约瑟、鲁桂珍（*SCC*, vol.6.1, "Botany", 320）称之为"自然事物的有机原理"；Georges Métailié（梅泰理），"The *Bencao gangmu* of Li Shizhen," in Elisabeth Hsu, ed., *Innovation in Chinese Medicine* (Cambridge: Cambridge University Press, 2001), 223，称之为"自然与原理"。
⑤ 见《本草纲目·序》。

从李时珍的"自序"中，我们同样能明显感受到一种很自觉的愿望，即将这本书打造成规模宏大、意义深远、足以名垂青史的经典之作，而且他对自己所做的一切有毫不掩饰的自豪感。纵观中国本草学文献发展史，在历代人不断琢磨打造更完整、更精确、结构更优、条理更明的本草文献的征途中，李时珍当仁不让地将《本草纲目》一手锻造成其中的集大成者，几乎终结了这个琢磨与修订的漫漫征程。[1]李时珍在引用自己的文献时，跟他引用史上其他大名鼎鼎的权威作者和学者时所使用的语言形式如出一辙，他满心期待自己也能同他们一样享有同等的权威。

那么，李时珍究竟是如何评价自己的工作的呢？我们至少可以看看他绘制整个工作蓝图时所使用的颜料。这位学者用以著书的调色板上混合着医学和自然史的双重色彩，在介绍自己这部体制宏伟的作品时，他总结自己的贡献包括两部分："唐、宋本所无，金、元、我明诸医所用者，增入三十九种。[2]时珍续补三百七十四种。虽曰医家药品，其考释性理，实吾儒格物之学，[3]可裨《尔雅》《诗疏》之缺。"[4]《本草纲目》部分章节可作为这一说法的佐证：虽然书中很多地方讨论了病情和药方，但也有相当一部分内容涉及植物、动物和其他讨论对象在历史文献中的演进发展过程。李时珍的著作熔炼了诸多医学文献和自然史学的知识，铸造成一座不朽的丰碑，这座丰碑既标识着他本人的博学多才，也致敬了充满无穷丰富性的令人敬畏的自然界。

在中国，涉及人与动植物相互接触的文献十分广泛，包括食

---

[1] 参见《本草纲目·历代诸家本草》。
[2] 根据2002年华夏版《本草纲目》推算，正确的数字应该是43，而1596年版的《本草纲目》记录的数字是39。
[3] 儒医和儒学在李时珍的创作中举足轻重，后面还会详谈。
[4] 《本草纲目·凡例》。

谱、兽医手册、动物养殖和相面术方面的文献、养蚕和养金鱼指南、病虫害防治手册，以及大量零散的绘画、版画、散文和诗歌等各类素材。然而，晚明的自然史研究实践，虽然也与这些材料有关，并涉及了其中的一些内容，但它本身自成一体，已构成一种传统，这种传统体现在丰富的文本互动和大量的引证实践上，许多作者已明确意识到他们是在围绕某些关键文本展开对话。我从中辨识并得出这样一个看法，即中国近代早期的自然史研究已成为一项事业：（1）他们致力于对世间万物（为了方便起见，我一般将其理解为自然物，尽管在李时珍和其他人看来，它们还包括由石头、植物材料、骨头等组成的人造物）进行解释和阐发；（2）他们有意利用前人对"物"的处理方法来了解它们的性质和在当代世界的潜在用途。中国有悠久的注疏传统，晚明时期的这些探索和努力就从这一传统发展而来。① 最初只是一系列对古典文献中出现的动植物所作的注释，它们最终汇聚发展成为李时珍在《本草纲目》中对动植物名称、栖息地和生物特性的详细描述。为了了解中国的自然史是如何发展的，我们需要认识到这样一个事实，即有两本经典著作构成了中国学者阐释自然事物的基础，它们是中国最早的词典之一《尔雅》和中国早期诗歌选集、帝制时代中国文人必读的《诗经》。

事物的秩序

中国关于李时珍生平的记述有很多，大多数版本中都包含这样的一幕：年轻的李时珍仔细研读《尔雅》，反复揣摩其中的动植

---

① 关于中国文学史上注疏传统非同一般的重要性，可参见 John Henderson, *Scripture, Canon, and Commentary: A Comparison of Confucian and Western Exegesis* (Princeton: Princeton University Press, 1991)。

物名录，初步了解了那些使他兴味盎然并最终成就他一世盛名的动植物。①《尔雅》这部早期的百科词典是一套按主题编排的注释之书，内容涉及更古老的文本中的特定词语。其中篇幅最大的是草本植物（"草"）、树木（"木"）、昆虫和其他小爬虫类（"虫"）、鱼和其他有鳞的动物（"鱼"）、鸟类（"鸟"）、野兽（"兽"）和牲畜（"畜"）。②《尔雅》在自然史的演进过程中至关重要，不仅在于它的内容，还在于它对分类学的重视和对自然世界的特殊分类方式。这种对于生物的分类编排方式（草木重于鸟兽），在后来的自然史著作的标题中一直被延续下来，包括后世众多的《诗经》注疏之作。它对近代早期分类法也有重要影响。③

对《尔雅》的注疏延续了数个世纪，但均保留了词典的基本结构，同时扩充了注释并增加了更多的词条。李时珍在编撰《本草纲目》时对其有所借鉴，尤其关注那些侧重于讨论自然物的条目。④例如，张揖所著的《广雅》（创作于227—233年间），其植物和动物条目的数量几乎是原文的两倍。郭璞（276—324）的《尔雅注》是宋朝及以后几乎所有《尔雅》研究的基础，他强调如要更全面地理解《尔雅》中的动植物世界，须调用个人的经验给予翔实的描述，他的著作标志着《尔雅》文本研究史上一个质的转变。⑤他对《尔雅》

---

① 尽管作者和创作日期湮没无闻，《尔雅》很可能是一个在历史的推移中形成的复合文本，至少在一、二世纪《汉书》编撰时就以某种形式为人所知。有关《尔雅》的介绍，请参阅 W. South Coblin（柯蔚南），"Erh-ya," in Michael Loewe（鲁惟一），ed., *Early Chinese Texts: A Bibliographic Guide* (Berkeley: Society for the Study of Early China, 1993)。关于《尔雅》及其评论对自然研究的重要性，见 Elman, *On Their Own Terms*, 38–41。

② 关于《尔雅》中的动物，见 Roel Sterckx（胡思德），*The Animal and the Daemon in Early China* (Albany: SUNY Press, 2002), 30–32。

③ 关于明代的收藏和分类，见 Elman, *On Their Own Terms*, 24–60。

④ 有关《尔雅》及其四篇评论的合集，请参阅郎奎金辑的《五雅全书》，台北：商务印书馆，1973。

⑤ Coblin, "Erh-ya," 96–97.

动植物名称的注释包含了它们的栖息地、外观和分类，偶尔还声称自己看到过这些生物或现象。① 许多宋朝的学者都以他为榜样，出版了许多关于《尔雅》的注释文本，这些文本对明代的学者产生了深刻的影响。邢昺（932—1010）的《尔雅疏》对郭璞的《尔雅注》给予了实质性的扩充，并通过编写诸多与认识《尔雅》中自然物相关的本草书籍等新文本，及引用许多作者对动植物外貌和习性的论述，重塑了这一领域。郭璞在《尔雅》注疏这一领域中仍然是一座不可忽视的重镇，因此邢昺通过将自己的努力与上一代大师的努力做比较，来证明自己的修改是必要的：

> 所解经文，若其易了，及郭氏未详者，则阙而不论。其稍难解，则援引经据及诸家之说以证之。郭氏之注，多采经记，若其通见可晓者，则但指篇目而已。其或书名僻异、义旨隐奥者，则具载彼文以祛未寤者耳。②

在《尔雅》注疏的谱系中，有两部宋朝的文本接续了邢昺"祛未寤"的衣钵，并建构出一个被后世广泛引用的中国动植物学术语料库，它们是：大约1096年陆佃（1042—1102）著的《埤雅》③和1174年罗愿（1136—1184）著的《尔雅翼》④。这两本书都

---

① 后面将更全面地论述观察作为一种认知手段的重要性。参见《尔雅注疏》，郭璞注，邢昺疏，台北：中华书局，1965。
② 参见《尔雅注疏》卷1，"释诂"，第1、6页。关于宋朝学者对经典的考释注疏，可参 Benjamin Elman, *From Philosophy to Philology: Intellectual and Social Aspects of Change in Late Imperial China*, 2nd ed. (Los Angeles: UCLA Asian Pacific Monograph Series, 2001), 75–76.
③ 见陆佃《埤雅》，载任继愈主编《中国科学技术典籍通汇》，郑州：河南教育出版社，1993—1995，第3卷，第1册，第171—329页。
④ 参见罗愿《尔雅翼》，载任继愈主编《中国科学技术典籍通汇》第3卷，第1册，第345—614页。

辑录了大量关于《尔雅》中所涉自然物的评论，具有极高的自然史价值。在明清初期，《尔雅》的学术一脉得以复兴，并发展成为蔚为大观的动植物学研究。这些注本被18世纪刊行的《古今图书集成》一书在讨论动植物时所频繁引用，也常被明末清初学术笔记的相关讨论所引证。《尔雅》及宋人的评注文献也是《本草纲目》中引用次数最多的非医学文献，李时珍确凿引用《尔雅》的次数超过330次。①

如果说《尔雅》及其相关注疏构成了自然史传统的经线，那么《诗经》则构成了自然史传统的纬线。《诗经》是305首诗歌的合集，传统上认为它由孔子编纂而成，尽管它更可能是在历史的长河中经由许多人的参与最终汇总成书的。②《论语》中有一篇著名的文章，讲孔子敦促学生学习《诗经》："小子何莫学夫诗？诗，可以兴，可以观，可以群，可以怨。迩之事父，远之事君；多识于鸟兽草木之名。"③虽然"名"通常被翻译成"名称"，但在这里，它更可能意味着"应该知道的事"或"众所周知的事"。这一训诫促成了《诗经》考据学的产生，这一考据传统认为对动植物名称的训诂是唯一的或主要的研究内容。陆玑的《毛诗草木鸟兽虫鱼疏》是早期训诂

---

① 这个数字是我自己计算的。相比之下，《诗经》被引7次，《列子》被引12次，《庄子》被引27次，《荀子》被引9次，《淮南子》被引50次，"葛洪"约75次，《搜神记》约10次。这些都是正式的引用，李时珍经常在没有直接引用的情况下提及的还有很多。在《本草纲目》的参考书目中所列的《尔雅》系文本有：张揖的《广雅》、孔鲋的《小尔雅》、曹宪的《博雅音》、罗愿的《尔雅翼》、陆佃的《埤雅》以及《埤雅广义》。
② 《诗经》题名中的"诗"常被译为"诗""颂歌"或"歌"。简介参见 Michael Nylan（戴梅可）, *The Five "Confucian" Classics* (New Haven: Yale University Press, 2001), ch. 2。Pauline Yu（余宝玲）, *The Reading of Imagery in the Chinese Poetic Tradition* (Princeton: Princeton University Press, 1987), and Steven Jay Van Zoeren（范佐伦）, *Poetry and Personality: Reading, Exegesis, and Hermeneutics in Traditional China* (Stanford: Stanford University Press, 1991), 也提供了有趣的理论解读。
③ 《论语·阳货》。参见杨伯峻主编《论语译注》，北京：中华书局，1980，第185页。

学中最重要的文本。① 这部著作成书于245年左右②，是以毛亨及其侄子毛苌校订编纂的《诗经》（"毛诗"）为版本基础而撰写的——"毛诗"是流传至今唯一的完整版本。陆玑的注疏覆盖了《诗经》所提及的所有动植物，记录了每种动植物的名称，并为它们提供了翔实的注释，包括别名、外观和习性，是否可食用或药用，及历史上其他作者的相关记载。陆玑的文本在后世引发了诸多评注，其中最著名的是毛晋（1599—1659）的《毛诗草木鸟兽虫鱼疏广要》，该书写于1639年，并在明清时期出版了多个插图版本。③

尽管人们对《诗经》作为动植物贮藏资料库的重要性做了大量的论述，但这个问题实际上比最初看起来要复杂得多。《诗经》中许多植物、动物和岩石的名称中都包含了一些图形构件，这些构件将该名称标识为特定种类的自然物：某种鸟的名称中通常包含"鸟"的构件，某种植物的名称中常包含"草"（通常省写为"艹"）的构件，等等。然而，也有许多名称并没有包含这些构件，因此对于非专业读者来说，不容易将其识别为植物或动物。不同的《诗经》注疏者对动植物名称的阐释有细微的差异，并据此构建起自己的注疏体系，这在过去和现在都是可能的。即使是《诗经》的现代译本，在对动植物的识别上也有所不同，这一定程度上取决于译者在创作时所依赖的注疏版本。④ 总的来说，陆玑的文本和各种训诂、

---

① 见陆玑《毛诗草木鸟兽虫鱼疏》，载任继愈主编的《中国科学技术典籍通汇》第3卷，第1册，第25页。
② 见李约瑟、鲁桂珍，SCC, vol. 6.1, "Botany"。见 Sterckx, *The Animal and the Daemon in Early China*, 23–24 and fn. 39。
③ 见毛晋《毛诗草木鸟兽虫鱼疏广要》，载《丛书集成新编》，台北：新文丰出版社，1985，第612—658页。
④ 例如，理雅各翻译的《诗经》中对动植物名称的翻译，部分参考了蔡卞（1058—1117）约于1080年所作《毛诗名物解》。而阿瑟·威利翻译时参考的文献被收录在 *The Book of Songs: The Ancient Chinese Classic of Poetry* (New York: Grove, 1996), 324–325，其中就并未包括《毛诗名物解》。某种程度上讲，现代评论家在植物和动物（转下页）

多篇论述《诗经》自然物的评论,与《诗经》一道,为后来的自然史学者提供了一个重要的争论焦点。《尔雅》《诗经》及其相关的注疏,不仅作为知识的来源,而且作为一种模式,对中国早期自然史的形成起了至关重要的作用。这些文本开创了一种鼓励异见和交锋的注疏风格,《诗经》及其相关的训诂成为对其他涉及自然物的

(接上页)鉴别上的差异是可以预见的。例如,比较高本汉(斯德哥尔摩:远东古物博物馆,1950)、理雅各(纽约:佳作图书重印公司,1967)和阿瑟·威利的《诗经》译本,你会发现,每位作者在翻译《诗经》所描述的动植物时,进入方式都是不同的。下面的图表比较了作者前 11 首诗的译文,并提供了相关名词的译文页码:

诗歌	词汇	高本汉	理雅各	阿瑟·威利
1	雎鸠	ts'ü—kiu bird(2)	fish hawk(1)	Osprey(5)
	荇菜	hingwater plant(2)	duckweed(1)	water mallow(5)
2	葛	ko creeper(3)	dolichos(2)	cloth-plant(6)
	黄鸟	yellow birds(3)	orioles(2)	oriole(6)
3	卷耳	küan—er plant(3)	mouse-ears(4)	cocklebur(7)
	犀	rhinoceros(horn)(3)	rhinoceros' horn(4)	horn(7)
4	葛藟	ko creepers and lei creepers(4)	dolichos' creepers(5)	cloth-creeper(7)
5	螽斯	locusts(4)	locusts(6)	locusts(8)
6	桃	peach-tree(4)	peach tree(6)	peach-tree(8)
7	兔	hare(5)	rabbit(7)	rabbit(9)
8	芣苢	plantain(5)	plantains(8)	plantain(9)
9	翘翘错薪,言刈其楚	Tall-rising is that mixed firewood, we cut the(leaves of)the wildthorn(6)	Many the fagots bound and piled; the thorns I'd hew still more to make(9)	Tall grows that tangle of brushwood; let us lop the wildthorn(10)
10	鲂鱼	bream(7)	bream(10)	bream(11)
11	麟	lin(7)	lin(10)	unicorn(11)

在比较三种译文时,这种对植物等生物识别的差异反复出现。然而,当我们意识到译者有时会将一组字符识别为不同的植物或动物时,问题就更加复杂了。这不仅是《诗经》的现代翻译家所面临的问题,也是中古和近代中国的文本评论者所面临的问题。

第一章 孕育:一位博物学家的诞生

诗集进行评注的典范。《尔雅》的写作形式启发并建立的自然秩序（草木居前，鸟兽随后，虫鱼最后），在此后许多的自然史文本中延续下来。这些文本明确地提请学者注意，命名自然是认识和理解自然的一个重要步骤。最后，这两种文本共同支持了在历史上绵延不绝的一个学者群体，他们从各种资源出发，借助各种形式，在原始经典著作的骨架上添加新的血肉，致力于更充分地理解、识别和区分文本中的动植物群。它们中的一部分为我们讨论《本草纲目》的动植物史提供了进一步的资料来源。

博学与格物

在引据书目中，李时珍列出了932种图书，这些书大致可分为三类：重要的本草类汇编书籍、医学文献（其中大部分为药方汇编）和非医学著作。[1] 非医学文献涵摄颇广，包括哲学和史学书籍、笔记、诗歌、百科全书、志怪[2]、字典、关于动植物的谱录和游记。[3] 为了显示《本草纲目》一书的深广渊博，王世贞将李时珍与张华

---

[1] 见《本草纲目》中"引据古今医家书目""引据古今经史百家书目"。这两个列表和此前的《历代诸家本草》一道，构成了李时珍的参考书目。

[2] 关于志怪类型，参见 Robert Ford Campany（康儒博），*Strange Writing: Anomaly Accounts in Early Medieval China* (Albany: SUNY Press, 1996)。

[3] 这一类别被翻译成"科学专著"，是一种时代造成的错误，最好将其理解为"关于自然物的专著"，包括植物（欧阳修的《洛阳牡丹记》、戴开之的《竹编》）、动物（傅肱的《蟹谱》、师旷的《禽经》），器具（晁贯之的《墨经》、洪刍的《香谱》）、食物（陆羽的《茶经》）等，不胜枚举。其中许多已被收集并刊印在现代书籍中。例如，任继愈主编的《中国科学技术典籍通汇》第3卷，台湾出版的《丛书集成新编》第44卷。关于"谱录"文学的更多的论述，参见 Martina Siebert（马君兰），*Pulu: "Abhandlungen und Auflistungen" zu Materieller Kultur und Naturkunde im Traditionellen China* (Wiesbaden: Harrassowitz, 2006)。

（232—300）①等学者并列，张华是百科全书《博物志》的作者，也是典型的博物学家：

> 纪称：望龙光，知古剑；觇宝气，辨明珠。故萍实商羊，非天明莫洞。②厥后博物称华，辨字称康，析宝玉称倚顿，亦仅仅晨星耳。楚蕲阳李君东璧，一日过予弇山园，谒予，留饮数日。③

在以萍实和商羊的记载开始他的援引举证时，王世贞就将李时珍比作孔子，因为他们都善于识别不寻常的动植物并理解它们的重要性。商羊是一种单腿的鸟，在齐国，其现身预示着暴雨将至：孔子遂警告齐国的使者，使得齐国免于遭遇特大洪水的侵袭。楚王发现萍实漂浮于江河之上，孔子则准确地判断其为美味佳肴，并且预兆着楚国将在政治局面上赢得先机，他告知楚王可以直接将其切开并品尝其蟹状的甜美果肉。一首歌谣就可以唤起孔子的知识储备，助其辨识出现实中两个不寻常的自然物，而李时珍对诗歌和自然史的深刻了解，也赋予了他本人洞察万物的力量。④

王世贞将李时珍比作张华和其他对自然物有特殊见识的学者，这让他在文学谱系上与先贤建立起联系，李时珍被认为是独辟蹊

---

① 《博物志》经常出现在宋明关于植物和动物的作品中，事实上，李时珍引用了超过70次。另一个经常被引用的文本是相关的注疏，《续博物志》，宋代李石撰，明代吴琯（作于1585—1586年）辑补。康熙年间标点评注本《博物志》，见《丛书集成新编》，第536—556页。《续博物志》也在同一卷，第557—574页。
② "萍实"（吉祥的果实）和"商羊"（报雨之鸟）都在刘向的《说苑》"辨物"一节中讨论过。
③ 见《本草纲目·序》。东璧是李时珍的字。
④ 关于孔子通过回忆诗歌内容来识别征兆的记录，见 David Schaberg（史嘉柏），"Song and the Historical Imagination in Early China," *Harvard Journal of Asiatic Studies* 59.2 (December 1999): 342–343。

径、自成一家的博物学者，从而树立了他作为博物学家、博学之士和医生的声誉。18世纪的清代百科全书《古今图书集成》再次确认了李时珍在博物学家群体中的历史地位。这部百科全书的动植物部分，其中较大的一个类目被称为"博物"（包括植物、动物、各种手工艺和职业、鬼神和宗教等），会经常引用《本草纲目》来充实这一版块的内容。19世纪翻译欧洲著作的翻译家们，很多人会把《本草纲目》作为翻译西方动植物作品的比较性标准，并用"博物学"来对译西方的"自然史"。①这个术语在现代学术界仍被坚持使用，用以指称动物学、植物学、岩石学、矿物学以及其他致力于研究自然物的现代科学学科在内的一组学科，它出现于明代，而李时珍则是这一学术源流的开创者。②

然而，渊博的学识和显赫的出身并不足以使一位学者成为卓越的博物学家。要成为一位伟大的博物学者，还必须致力于"格物"的事业，即投身于"对事物的考察"③。王世贞在《本草纲目·序》中称赞该书为"格物"必须参详的著作，李时珍在自己的序言中也

---

① Fa-ti Fan（范发迪）, *British Naturalists in Qing China: Science, Empire, and Cultural Encounter* (Cambridge, MA: Harvard University Press, 2004), 105。

② 关于李时珍作为中国和日本现代本草学和博物学的奠基人，参见杉本つとむ『江戶の博物学者たち』，第31—54页，西村三郎则在「文明のなかの博物学」一文中对《博物志》与老普林尼的《自然史》进行了更细致的比较，涉及更广泛的东亚和欧洲自然史的比较史。由于"博物"在现代汉语中的意思是"博物馆"（博物馆或博物苑），这个短语也与自然物和文物的特殊性联系在一起，"博物学"现在通常被翻译为"自然史"。

③ Métailié, "The Bencao gangmu," 223. Willard Peterson, "Confucian Learning in Late Ming Thought," in Dennis Twitchett（崔瑞德）and Frederick Mote（牟复礼）, eds., *The Cambridge History of China*, vol. 8, "The Ming Dynasty 1368–1644", pt.2 (Cambridge: Cambridge University Press, 1998), 710，将其翻译为"调查事物"。Daniel K. Gardner, *Learning to be a Sage: Selections from the Conversations of Master Chu, Arranged Topically* (Berkeley: University of California Press, 1990)，将这句话理解为"领悟事物的原理"。Bruce Rusk, "Not Written in Stone: Ming Readers of the Great Learning and the Impact of Forgery," *HJAS* 66.1（June 2006）: 189-231，将其翻译成"接近事物"。Elman, *On Their Own Terms*, 3–9，则在宋明理学的学术背景下对"格物"问题进行了精彩的论述。

有类似的说法。这个短语起源于公元前5世纪至前3世纪的《礼记》一书中的《大学》一章。新儒家学者朱熹（1130—1200）在一篇很有影响力的评注中讨论了这个问题，而朱熹的著作对明代学者阐释古代经典影响巨大。①李时珍《本草纲目》的标题设置反映了他对宋代作品的熟稔和关注：朱熹的《通鉴纲目》是对史学家司马光（1019—1086）《资治通鉴》的一部评注，很可能启发了李时珍将全书分为大类（"纲"），同时在每一类下分别设有具体的条目或内容（"目"）。②

李时珍对"格物"一词的使用，标志着他将理学中批判性文本研究正式引入医学研究领域。他偶尔引用这个术语来鼓吹它的好处：当一位"博物"学家开展研究时，"格物"行为是没有限制的（"无穷"），他有无尽的自由去探索宇宙的奥秘。李时珍批评当代的医生不从事"格物"活动，同时赞扬古代的学者致力于此。李时珍在书中引用了诗人和学者苏轼（1037—1101）记载的一则故事，故事赞扬了一名宋代的医生张肱，他发现并成功治愈了一个病人，根源在于他理解了事物背后的"理"，并正确运用枳椇，有效地解决了病人饮酒过度的问题："吁！古人重格物，若肱盖得此理矣，医云乎哉？"③但李时珍对"格物"一词的援引和使用，并不表示李时珍已自觉采取了一种系统的治学方法。他并没有对这个词本身的意义表达出一种连贯的哲学立场。在他看来，格物的论述代表了一种学术理想：即使是医学学者，也应该对各种方剂中涉及的动植物进行广泛的了解，不拘文献是医学的还是非医学的，这样才能充分

---

① 关于朱熹对明代文人格物话语的重要性，参见 Elman, *On Their Own Terms*, 5—9。
② 关于李时珍有可能从《通鉴纲目》中获取了标题和概念，参见郑金生《试论〈本草纲目〉编纂中的几个问题》，《李时珍研究论文集》，第81—82页。
③ 《本草纲目》卷31，"枳椇"之"实"。

掌握对象本身及其作为药物的功用。于是,"格物"使自然史成为医学的一部分。

建立本草学传统

随便浏览一下《本草纲目》的某些部分,你会看到李时珍致力于广开见识和深入调查研究的有力证据。我们的维吉尔(Virgil)带领着我们从昆仑山的雪峰出发,穿越蛇虫出没的南方,直到大海,一路指指点点,提示着我们关注这种或那种野草或鸣禽,警告我们留神哪些有毒,并最终指引我们走向灵丹妙药。《本草纲目》是一个组织严密的自然知识帝国,李时珍既是建造者又是管理者。

我的这部文稿也希望能对本草类历史文献所构建的知识体系添砖加瓦。"本草"一词在英语中常被译为"药典"①"药物学"②"自然史总论"③"药物学文献"④和"百科全书",而所有这些译名所指向的文本,都大致有这样一种共性:它虽然种类繁多,但基本都在解释医学药方所使用的各类自然物质。⑤《本草纲目》包含了大量药物

---

① 有关使用该术语可能出现的问题的讨论,请参阅 Unschuld, *Medicine in China: A History of Pharmaceutics*, 4-5。在文树德看来,"药典"一词限于描述官方药典,第一部《药典》直到1936年才在中国出版。
② Bernard Read(伊博恩), *Chinese Materia Medica: Dragon and Snake Drugs* (Peking Natural History Bulletin: 1923–1931, reprinted 1982 by Southern Materials Centre, Taipei); Métailié, "The *Bencao gangmu*"; and Nathan Sivin, "Li Shih-chen (1518–1593)," in *Dictionary of Scientific Biography*, vol. 8 (New York: Scribner, 1973), 391。
③ 见李约瑟、鲁桂珍, *SCC*, vol. 6.1, "Botany"。
④ Unschuld, *Medicine in China: A History of Pharmaceutics*, 7。
⑤ 要了解中国本草学的起源和发展的详细编年史,请参山田庆儿,『中国古代科学史論』(京都,1989),第451—567页。另一篇对于本草作为文本传统的描述,见 Marta Hanson, "Why Were The *Pen-Ts'ao* (Chinese Materia Medica) Written?"(未发表论文,1992年5月被授予杰里·斯坦纳德纪念奖)。韩嵩通过对七篇《本草纲目》序言的细读,来理解这一体裁在新儒家伦理语境中的意义。

的背景信息，包括味道（"味"）、功效或毒性（"毒"）、热性、外观、季节性和生长习性等特征，并据此对药物进行分类。《本草纲目》还包括了每种药物的文本发展史和自然演变史，包括了它们各种异名和名称的演变，因此是研究中国植物、动物和矿物等自然史的宝贵资料。李时珍把《本草纲目》作为一种文本体裁，并把他认为最重要的作品放在自己的书目中。① 附录一《历代诸家本草》提供了这些文献的清单。② 显然，他的作品与其中一些文本联系密切，但他从未亲眼见到过他所参考的某些本草文献，而更多的是从前辈作者的序言和引文中来获得它们，他并不放弃从那些已经遗失在时间中或无法获取的作品中寻找证据。

在李时珍的观念里，本草传统始于《神农本草经》（以下简称《本草经》）。③ 长髯神农氏是一个传奇人物，他被举世推认为中国药物学的祖先，以及耕犁和市场的发明者。④《本草经》，现在被认为是一部公元前2世纪或前1世纪的文献汇编，它将药物分为三类⑤：第一等（"上品"）或曰"君"，包括120种即使长期大量服用也不会造

---

① 参见《本草纲目·历代诸家本草》。李时珍给出了每一篇本草著作的名称，后面跟着一篇简短的介绍，偶尔会涉及以前医学作者的历史记载。
② 正如李时珍在声明中所说，该列表所提供的日期和署名反映了他个人的观点。在某些情况下，他可能弄错了，我会在附录一的注释中提供解释，并在必要时更正日期。现代学者关于本草类著作的重要文本给出的最新书目，见关培生、江润祥编著《本草研究入门》，香港：香港中文大学出版社，1999，第6—12页。
③ 该文本有许多版本可供选择。我这里采用的是《神农本草经辑注》，马继兴主编，北京：人民卫生出版社，1995。
④ 最早将神农与药物联系在一起的是《淮南子》，书中称神农亲口尝试了几种药物，以识别有毒植物，从而避免其他人误食。关于神农文学典籍的早期历史，见 Unschuld, *Medicine in China: A History of Pharmaceutics*, 11—17。在孟子（约公元前372—前289）的著作和《易经》的"系辞传"中，神农是典型的农民。
⑤ Joseph Needham and Gwei-djen Lu, *SCC*, vol. 6.1, "Botany", 244, and Métailié, "The *Bencao gangmu*," 224. 这与附录一中的文本提供的时序相反，附录一（包括附录中提供的其他数据）反映了李时珍对《本草经》出现时间的理解。

成伤害的药物;而中等类别("中品")或曰"臣",则包括另外120种药物,这些药物的危险程度取决于药物的剂量和配伍使用的其他药物。较低级别的("下品")或辅助性的药物("佐使"),包括125种毒性很强的药物,但若谨慎使用,则可以促使药物发挥惊人的效用。尽管《本草经》被认为是最早出现的药学文献,但直至陶弘景的《本草经集注》问世,《本草经》才渐为世人所知。陶弘景修改了原文的三分结构,在自然物质的基础上细分为玉石、草、木、果菜、米食和虫兽等类。每一类又进一步细分为君、臣和佐使。在陶弘景开辟的道路上,后世许多作者又印行了《本草经》的注疏和修订本。①

李时珍对陶弘景的著作非常熟悉,在许多讨论中,都把陶弘景的《本草经集注》作为主要的对话者。他也很尊重其他诸多本草作家:苏敬(创作期在656—660年)、陈藏器(创作期在8世纪)、苏颂(1020—1101)、唐慎微(创作期在1086—1093年)、寇宗奭(创作期在1111—1118年)。他们一次又一次地出现在李时珍的文本世界里,李时珍与他们就自然万物及其在医学上的应用展开了长久的辩论。《新修本草》由苏敬(后称苏恭)和他的合作者所著,是中国第一部由政府资助的药物学著作。② 该书编纂于657年至659年间,刊行于659年,全书54卷,完整地保留至今。在所描述的850种药物中,包含了30种来自外国的药,如胡椒粉、安息香和橡树瘿,它们都是通过丝绸之路进入中国的。

唐朝时,中国与邻国之间贸易往来频繁,各种物品和医药用品

---

① 有关明末清初《本草经》部分注释和修订本的目录和简要说明,请参阅 Unschuld, *Medicine in China: A History of Pharmaceutics*, 183—204。
② 苏敬等《新修本草》,上海:上海古籍出版社,1995,第619—709页。关于这项工作的详细讨论可以在 Unschuld, *Medicine in China: A History of Pharmaceutics* 一书中找到(第44—50页)。

交易广泛，此间编纂出版了诸多医学著作，苏敬这部书就是其中之一。唐朝时期的中国开拓了一个药材、药品和香料的新兴市场。[1] 经济的迅速发展和航海技术的进步扩大了贸易的范围，交易的物品从唐朝以前的老鹳草、橡树瘿、孔雀石、大马士革钢和纺织品等，扩展到芳香材料如沉香木、玫瑰水和龙涎香，颜料如靛蓝，以及重要的香料如小豆蔻、丁香和肉豆蔻，其中许多成为药方的常规成分。前往中国的佛教僧侣还促进了"圣物"的贸易，如熏香和香木、象牙、檀香木佛塔和雕像，以及用于宗教仪式的玻璃器皿。[2] 许多这样的物品也被当作医药用品进行交易。

鉴于越来越兴盛的跨欧亚贸易，许多文集、随笔、诗歌和典志以及志怪故事中越来越多地出现了来自海外或境外的自然物和药物的记载，而这些文学上的记载也被学者挖掘出来汇编为外国药物信息。[3] 但目前几乎所有这些文献都已亡佚：有些仅存书名，另一些则以"引文"的形式存在，如幽灵般徘徊在后世本草类书籍中。现已失传的《胡本草》，据说其中有7卷记载了8世纪搜集到的"胡地"药草。[4] 公元923年李珣编纂的《海药本草》，原文已佚，只能

---

[1] 王赓武《南海贸易：南中国海早期华人贸易史研究》，新加坡：时代学术出版社，1998。
[2] 关于佛教活动导致的梵文医学术语和实践的汉化，参见陈明《殊方异药：出土文书与西域医学》，北京：北京大学出版社，2005。佛教活动在物质文化塑造中的相关性，参见 John Kieschnick, *The Impact of Buddhism on Chinese Material Culture* (Princeton: Princeton University Press, 2003)。
[3] 李约瑟、鲁桂珍, *SCC*, vol. 6.1, "Botany", 355–439，专论了柑橘类水果、竹子、牡丹、菊花、兰花、玫瑰和其他观赏植物。
[4] "胡"一字通常泛指与中国西部或西北部边境有接触或定居在此的外国人或中亚人。对中国药物和地名中"胡"一字的称谓史的详尽研究，请参见 Berthold Laufer, *Sino-Iranica: Chinese Contributions to the History of Civilization in Ancient Iran* (Chicago: Field Museum of Natural History, 1919), 194–202。中国中古佛教文献中关于"胡"与"番"的研究，参见 Daniel Boucher, "On *Hu* and *Fan* Again: The Transmission of 'Barbarian' Manuscripts to China," *Journal of the International Association of Buddhist Studies* 23.1 (2000): 7–28。

从后世文本对它的引用中一窥其面貌。从现存的资料看，李珣的本草汇编显然完全着眼于从印度和波斯进口的药物。①李珣的波斯血统和家族经营香料生意的事实可能激起了他对外国药物的兴趣。②这部文献之所以引起我们的关注，并不仅仅是因为它记载了外来药物及其使用方法，假设现存的只鳞片爪能反映本书的主要内容，那么《海药本草》其实是对当时本草类汇编文献的补充，其内容主要来自游记、方志和其他异国奇闻录。③金银粉末、珊瑚、螃蟹化石、香料和香木、象牙、犀牛角和橄榄，只是文中记载的131种药物的一小部分。《胡本草》和《海药本草》是李时珍获取外国药物知识的主要来源，这两部书只有被李时珍引用的内容得以保存至今，其余皆湮没无闻。

虽然李时珍的原创性是毋庸置疑的，但《本草纲目》仍无可争议地隶属于明代本草文献谱系，这些文献本质上是对主流宋朝本草文本的修订和扩展。这些主流文本大多以唐慎微的《经史证类备急本草》（简称《证类本草》）为范本，并在宋明两朝前后多次在国家的出资赞助下被独立修订。④《证类本草》的编纂标志着宋朝的皇帝和官员们对支持和监管制药业的承诺，部分缘于他们对不断扩大的药品市场中猖獗的造假行为感到担忧，此外他们也热衷于搜集药

---

① 李珣《海药本草》，北京：华夏出版社，1999。《中国本草全书》第7卷，第1—40页。亦可见陈明《中古时期异域药物经丝绸之路在中国的传播：以〈海药本草〉为例》，《亚洲医学》2007年第3期，第241—264页。
② 参见宋岘《回回药方考释》，北京：中华书局，1999，第3页。
③ 《海药本草》现存部分引用的许多文献都有鲜明的地方性，如《临海志》《广州记》《异域记》《交州记》等。
④ 关于《证类本草》的复杂构成，见 Asaf Moshe Goldschmidt（郭志松），*The Evolution of Chinese Medicine: Song Dynasty, 960-1200* (London: Routledge, 2009), 116–121。李时珍在《本草纲目·历代诸家本草》中描述了宋明两代对《证类本草》的修订状况。同样可参见 Unschuld, *Medicine in China: A History of Pharmaceutics*, 70–82, 和李约瑟、鲁桂珍，*SCC*, vol. 6.1, "Botany", 282–288。

物和患者的地区差异方面的信息。① 此书有31章，涉及1558种药物，是此前本草类著作的集大成者，它创新性地将方剂与每种药物的适应证和品性等背景信息结合起来予以载录。② 16世纪后期，在李时珍动笔撰写他的巨著之时，唐慎微的《证类本草》一直被举世公认为本草传统的巅峰之作，因此它能够成为李时珍《本草纲目》的主要参考范本也就不足为奇了。

除了这些综合性的典籍之外，还有一些早期的本草文献致力于阐释某些特定地区或与特定地区相关的植物、动物和矿石类药物。还有大量的文献只专注于讨论某种特定药物的品性和用途，比如钟乳石③、人参和肉桂④。晚明时反复出现的饥荒和干旱，也催生了多部本草作品关注那些易被忽视和清除的野生植物及其在饥荒救济中可能发挥的功用。对于这种救荒植物的医药用途，李时珍非常依赖朱橚（公元1425年卒）的《救荒本草》。

以上这些便是李时珍起意将自己的著作命名为《本草纲目》时所参考的先贤著作，也正是在这些医学经典的峰顶之上，他放上了自己的《本草纲目》。然而，《本草纲目》在一个重要方面不同于上述文本。大多数早期的大型本草编撰项目都受到了国家的委托和资助。唐、宋、元的多位皇帝聘请医学作家编纂药典，旨在更新早期的本草文献，汇编当时医学知识。相比之下，李时珍的写作和研究没有获得来自国家的支持。

---

① 关于宋朝的御药房，参见 Asaf Moshe Goldschmidt, "Commercializing Medicine or Benefiting the People: The First Public Pharmacy in China," *Science in Context* 21.3 (2008): 311–350。
② Asaf Moshe Goldschmidt, *Evolution of Chinese Medicine: Song Dynasty, 960-1200*, 121, 描述了《证类本草》的创新之处，即它将医药方剂与本草类药物的搜集结合起来。
③ Unschuld, *Medicine in China: A History of Pharmaceutics*, 232, 讨论了这篇文献，但文中标题用"钟"替代了钟乳石。
④ 关于金、宋、明、清的专著，参见《丛书集成新编》第44卷。

第一章 孕育：一位博物学家的诞生

李时珍的创作是在晚明时代的大背景下进行的，当时本草学发展进入鼎盛期，各流派异彩纷呈。他需要处理许多新的文本，它们中包括对《本草经》①和几部药典的最新研究，这些研究把医学方剂放在一个由五行和阴阳②原理介导的更广泛的宇宙对应论（cosmological correspoudence）的概念图式（conceptual schema）之中。陈嘉谟（1521—1603）的《本草蒙筌》和刘若金（1586—1665）的《本草述》包含了非常谨慎的药物制备方向，并受到对应学说的重大影响。这种对应观对于理解《本草纲目》的宇宙论和生态学至关重要，因为李时珍把它们理解为自然界所有转变和创造的基础。③正如我们下面将会看到的，这从根本上塑造了李时珍对药物方剂和自然历史的视野，他试图将天地理解为体现生变（creation and change）过程的宇宙学系统，以协调物质对象的体和

---

① 著名的明代典籍包括《神农本草经疏》和《本草乘雅半偈》。
② "五行"一词最常被翻译为"五相"（Five Phases）、"五因"（Five Agents）或"五元素"（Five Elements）。大多数当代学者不喜欢使用"五元素"来翻译，因为他们担心这可能会导致直接与亚里士多德的"元素说"相比较，而中国的"五行"与亚里士多德的"四元素"有很大的不同。"五相"和"五因"更可取，因为它们传达的是五行的短暂性，而不一定特指其物质方面。此处可见 Donald Harper, *Early Chinese Medical Literature: The Mawangdui Medical Manuscripts* (London: Kegan Paul International, 1998), 9。还必须注意的是，五行有时对近代早期作家（如宋应星，生于1587年）确实有非常重要的意义，必须结合具体语境进行理解。关于这一概念在西方语言中的经典论述，见冯友兰《中国哲学史》第二卷（trans. Derk Bodde, Princeton: Princeton University Press, 1953, 19–23）；Joseph Needham, *SCC*, vol. 2, "History of Scientific Thought," 232–273。对于中医语境下"五行"概念，一个有益的观点来自 Manfred Porkert, *The Theoretical Foundations of Chinese Medicine: Systems of Correspondence* (Cambridge, MA: MIT Press, 1974), 43–54。朱熹哲学中关于五行的明确论述，可参见 Yung Sik Kim（金永熙）, *The Natural Philosophy of Chu Hsi (1130-1200)* (Philadelphia: American Philosophical Society, 2000), Chapter 4。
③ 费侠莉（Charlotte Furth）在《繁盛之阴：中国医学史中的性（960—1665）》（南京：江苏人民出版社，2006）中，将阴阳体系描述为"支配现实事物变化的速率和模式的一种超越的二元原理"。

用（properties and applications）。①

在李时珍的概念中，医学概念中的牡丹、唐诗中咏赞的牡丹以及字典和古典文献中描述的牡丹应该放在一起理解。包括李时珍在内，晚明时期的几位学者都希望利用这一自然历史学术体系来探索宇宙中的一些至关重要的问题，以及这些问题在宇宙论中的地位：什么是"物"？它们与"人"的关系是怎样的？自然界中的物应该如何分类？最重要的是，人们应该如何理解动植物身上发生的各种令人眼花缭乱的变化和转换呢？想要回答这些问题，必须全面统合各类文本，调动各种相关资源，动用所有的感知机能，并懂得如何频繁在相互矛盾的事实之间进行仲裁。接下来，我们将具体讨论李时珍对这些过程的统筹与安排。

---

① 在关于中国本草史的重要著作中，文树德（参见 Medicine in China: A History of Pharmaceutics, 21 and 146–147）描述了明代本草学研究的一种发展趋势，即不再强调金元时期的宇宙对应理论。金元时期的医学作品以五行、阴阳等概念为基础建构起指导理论和论述结构，而明末的文学作品则对这一结构所隐含的僵化的智力约束［有时被称为"窒息"，在语言上使人想起库恩范式转换（Paradigm Shift）理论的术语"冲击"和"回应"］做出了"回应"，并采取了更多的语言学或技术上的转向。文树德还认为，李时珍在以金元医理理论为基础进行论证时，深受其父李言闻的影响。虽然李时珍确实引用了他父亲关于人参和脉诊的著作，但他对自然世界中五行转换概念的使用与父亲的观点截然不同。李言闻所关心的主要是五行与人体五脏六腑（器官或功能）之间的关系，而李时珍则倾向于同时把水、火、土、金和木当作相关的概念和物质，关注范围扩大到自然世界和人的身体。

第二章
生成：博物学家如何剖析世界

李时珍坐在一个酒肆里，手里捧着一杯药酒。任何药物配方汇编都必须汲取本地智慧；李时珍在将民间知识纳入他正在编纂的药典之前，很重要的一点是，需要尽可能地测试民间知识的真伪。他手里这个陶瓷杯盛满了当地的一种美味：一种用曼陀罗花制成的醇酒。据说佛陀说法时，这种芬芳的花朵从天上纷纷飘落。[①] 此时此刻，李时珍正要使用近代早期博物学者最通用的工具之一：自己的身体，来验证其科学性。博物学家，或者医生，理应依靠自身感官来引导自己在市井之中收集和构建证据，注释文本和治疗病人。正确区分植物、动物和其他药物对医生来说是一项至关重要的技能。但是当一个人的感官欺骗了他，会发生什么呢？因产地、季节或成色的不同而有所差异的物质，在用作药物时可能会产生截然不同的效果。在医学上，一种玉可能是有益或无害的，但另一种玉就可能会杀死病人。利用感官识别自然物，对确定其价值或毒性至关重要。这是一个生死攸关的问题。

---

① 参看《本草纲目》卷17，"曼陀罗花"。曼陀罗也叫"风茄儿"或"山茄子"。

本章开始探讨经验感知在讨论、伪造、识别自然物及由自然物制造的药物过程中所发挥的作用。[1]我们将特别注意"观察"所扮演的角色，以及在讨论《本草纲目》中感官和文献引证之间关系时所涉及的术语。我们不可能感知他人的经验，更不用说一个生活在500年前的人，但密切关注李时珍描述体验的语言可以揭示他的态度和信念，这些态度和信念支撑着他寻找和理解研究对象所给予的感官体验。

经验与博物学家的身体

李时珍从杯子里啜饮了一口酒，将这茄科花瓣的精气摄入体内。他在此前更早的药典中从没有遇到过这种花，曼陀罗花（*茄子和曼德拉草的亲属*）是一种重要的助眠剂，有时被用作毒药，也是最早出现在中医药房中的一种麻醉剂。[2]据说，采摘花朵时的外部因素决定了它所酿成的酒的性质：如果花朵是由舞者采集，饮用它酿成的酒就会刺激饮者起舞；若是由某个大笑的草药采集人采集，它所酿成的酒就会被赋予引发饮者大笑的特性。[3]这一说法激发了李时珍亲身验证的欲望。他决心亲口品尝这种酒，并记录下它的效果。

虽然并没有使用明确的视觉或感官语言来详细铺陈，但在中国近代早期几部自然史文本中对自然知识的讨论与经验知识密切相

---

[1] 关于"经验"的有趣讨论，参看 Joan Scott, "The Evidence of Experience," James Chandler et al., eds., *Questions of Evidence: Proof, Practice, and Persuasion Across the Disciplines* (Chicago: University of Chicago Press, 1994), 363–387. 在同一卷中还有托马斯·霍尔特（Thomas Holt）对此的回应。

[2] 关于曼陀罗花的安眠和麻醉性质在现代中医中的重要性和简史，参看《中药大辞典》，2002，第 2 卷，第 1719—1722 页（洋金花），特别是第 1721 页。

[3] 该段描述来自《本草纲目》卷 17，"曼陀罗花"。

关。① 亲身经历过某种现象或亲自尝试过某种药物,是检验这种现象或疗法的相关论述是否正确的重要手段。在《本草纲目》的某些章节中,李时珍声称他曾亲自服用了某种药物,以检验那些被认为特别可疑的动植物品性,尤其当这些品性的论述是他道听途说或是从古书中获取来的时候。李时珍深入观察("详见")对象的内部构造,从而动摇了某些学术上的定论,在一个值得注意的案例中,他基于这样的调查技术将五倍子从植物划归到昆虫产物的类别里。②这样的例子不仅出现在《本草纲目》里,事实上,早在宋代的许多医学文献中就已出现。声称自己亲身检验过药方的有效性是当时作者建立可信度的重要方式。③ 换言之,如果作者声称自己亲身经历过某种疗法,那么读者就更有理由相信他的医学主张。

切开某物("破"或者"解")观察内部的真实情况,这是调查自然物和建立自我陈述的一种方式。李时珍经常通过解剖以检查蛇体的内部,这也有可能是因为在入药前处理蛇的常规工序就是要剖开晾干。

---

① 彼得·迪尔(Peter Dear)和其他人强调经验和实验在近代欧洲科学形成过程中的重要性。对此事的最近史学研究,可参看 Peter Dear, "The Meanings of Experience," in Katharine Park and Lorraine Daston, eds., *The Cambridge History of Science,* vol. 3, "Early Modern Science" (Cambridge: Cambridge University Press, 2006), 106–131。同类著作可参看 Antonio Barrera-Osorio, *Experiencing Nature: The Spanish American Empire and the Early Scientific Revolution* (Austin: University of Texas Press, 2006)。
② 此处调整正是李建元在其回忆录中提到的于1596年将《本草纲目》呈送给当朝皇帝时所作的重大修订之一。在李时珍《本草纲目》第三卷和第四卷"百病主治药"中,五倍子作为常用药,是超过50种疾病的治病方剂的成分之一。关于李时珍对此药的具体论述,参看《本草纲目》卷39,"五倍子"(虫瘿)。
③ 虽然有些史学家将经验(作为了解自然的一种可靠方式)的兴起置于明末史学发展的背景之中,但其实早在宋初,经验(如观察)就作为检验他人主张的重要手段,被用到自然史的写作中。关于"从自己对天地万物的感知中获得的数据"和"来自早期(不一定是古代)文本的数据"在明末特别是李时珍作品中的重要性,可以参看 Willard Peterson, "Confucian Learning in Late Ming Thought," in Dennis Twitchett and Frederick Mote, eds., *The Cambridge History of China,* vol. 8, 781–784。

> 一老翁用水蛇一条，去头尾，取中截如手指长，剖去骨肉。勿令病者见，以蛇皮包手指，自然束紧，以纸外裹之。顿觉遍身皆凉，其病即愈。数日后解视，手指有一沟如小绳，蛇皮内宛然有一小蛇，头目俱全也。①

"观察"在这段描述中起到了好几种功能："在看"的动作关联起了作者和读者、医生和患者（"勿令病者见"），甚或还有蛇皮内形成的小蛇等多方的目光。虽然此前有学者记载穿山甲（鲮鲤）通过装死引诱蚂蚁爬进其鳞片下的空隙，然后淹死它们的故事，但李时珍声称他已经切开了某只穿山甲的胃，观察了里面蚂蚁的大小和数量。这一记录业已成为李时珍致力于构建类似经验科学的经典标识：

> 鲮鲤状如鼍而小，背如鲤而阔，首如鼠而无牙，腹无鳞而有毛，长舌尖喙，尾与身等。尾鳞尖厚，有三角，腹内脏腑俱全，而胃独大，常吐舌诱蚁食之。曾剖其胃，约蚁升许也。②

通过观察穿山甲的内部结构并对其胃中的蚂蚁进行量化，李时珍在知识层面上驯化了这种结构复杂的生物。

根据自身在某个特定地方的亲身见闻提出主张，博物学家以这种方式建立起可靠的知识来源。在《本草纲目》中，则以基于到访过某地并亲身体验过某地风物的地方性知识（local knowledge），从而构建出某种差序或认同。在对待外来事物的问题上，李时珍表现

---

① 《本草纲目》卷43，"水蛇皮"。对蛇去皮和干燥的药用加工，可参看《本草纲目》卷43，"蚺蛇胆"。
② 这种动物也称作穿山甲。参见《本草纲目》卷43，"鲮鲤"。

第二章 生成：博物学家如何剖析世界

得最为有趣：他担心的不是他自己的主张很可能不是真的，而是他在这个问题上的发言可能并不具有权威性（也就是说，他不是那个能够判断某个主张是否正确的合适人选）：

> 按陶九成《辍耕录》云：天方国有人年七八十岁，愿舍身济众者，绝不饮食，惟澡身啖蜜，经月便溺皆蜜。既死，国人殓以石棺，仍满用蜜浸之，镌年月于棺，瘗之。俟百年后起封，则成蜜剂。遇人折伤肢体，服少许立愈。虽彼中亦不多得，亦谓之蜜人。陶氏所载如此，不知果有否？姑附卷末，以俟博识。①

李时珍在他的作品中记录了来自遥远时代和异国他乡的药物。在他记录古代知识的案例中，也隐含着对潜在目击者的吸引力，因为李时珍认为来自遥远过去的文献真实地记述了那个时代的风土人情。《周礼》就是这样一种典籍，它是记录古代礼仪和饮食风俗的绝对权威，例如如何用牛作为祭祀的动物，如何处理季节性的海鲜如龟和砗螯等。②在这种情况下，学者们对遥远风物的错误看法并不会损害他们的可信度，同样，古代圣贤们因为没有机会观察当代出现的现象，也没有可能发现当代所采取对策的有效性，他们的失

---

① 参见《本草纲目》卷52，"木乃伊"。
② 李时珍对《周礼》的推崇贯穿整个《本草纲目》，从《本草纲目》卷1"历代诸家本草"开始："（孟诜，《食疗本草》的作者）因《周礼》食医之义著此书，多有增益。"在《本草纲目》中，李时珍多处援引《周礼》作为权威论述：关于食盐（"食盐""熔盐"）；关于香蒲的可食用性（"香蒲"）；关于芝麻渣做的饼（"麻枯饼"）；关于谷物的，比如小米（"粮"）、野生稻（"菰米"）、冬粮（"寒具"）。李时珍的一些论断也是以《周礼》为基础，比如关于橘（"橘"）、皂物（"橡实"）、野橘（"枳"）、鲍鱼（"鲍鱼"）、鸡头（"鸡"）、野鸡肉（"雉肉"），以及猪肉（"豭猪肉"）。在几处关于礼仪方面的地方，李时珍也引用《周礼》为依据。

误也可以被原谅。

在《本草纲目》和它之前的诸多宋代文本中，生活在某个特定地区并亲眼看到当地的自然风物的作者拥有一定的认知特权。与此同时，无法获得某些第一手信息的学者们，偶尔也会因为判断失误而受到指责。例如，学者们普遍认为蜂蜜的种类和等级鉴定应直接依赖第一手的观察，李时珍记录了历史上多个时期关于蜂蜜的争论，这些争论将亲身体察作为辨别蜂蜜品类的手段。[①] 唐代的本草学专家苏敬认为陶弘景缺乏地方性知识和第一手观察，不知有关中蜜，从而误以为江南蜜为最佳。[②]《本草拾遗》的作者陈藏器则以类似的理由对苏敬进行了批评："岩蜜出南方岩岭间，入药最胜……苏恭是荆襄间人，地无崖险，不知石蜜之胜故也。"[③] 李时珍在引用陈藏器的说法后，提出应亲自对蜂蜜样品进行检验以确定真假。他的方式是以火验证，把烧红的铁箸放入蜂蜜中，取出时如果腾出烟就是假货。[④] 然而，当难以现场生火（比如在市场上）以检验真假时，消费者可能需要依靠自己的感官认知来评价蜂蜜的质量，而李时珍在描述感知过程方面有着非常独特的方式。

如何看

难闻的药剂、悦耳的啼鸣、美味的奶与蜜，人们通过各种感

[①] 李时珍将此放在《本草纲目》虫部的第一条目，由此可见他对其作为药物重要性的认识。关于帝国晚期蜂蜜（和很可能从甘蔗中榨取出来的"石蜜"）的重要性，参看 Edward H. Schafer, *The Golden Peaches of Samarkand*, University of California Press, 1963, 152-154。

[②] 《本草纲目》卷39，"蜂蜜"。

[③] 同上。

[④] 同上。

官了解自然环境。通过经验所获得的洞察力，为《本草纲目》和与之对话的诸多文本提供了各种信息。当医生、博物学家或药物消费者在山岭间或市场上寻找药方的材料时，视觉、嗅觉和听觉都至关重要。然而，尽管近代早期的学者将嗅觉、味觉、听觉和触觉作为认识对象的重要感官手段，他们最常使用的还是视觉手段，即"观察"。

长期以来，在医学实践中，观察一直被视为诊断病情的第一步。①中国古代医学传说中著名的"鸟人"扁鹊，据说能透视物体或人的身体，并以此成为神医。②观察不仅仅是单纯的视觉能力：在李时珍的认识论中，存在着各种不同的观察方式，知道如何观察以及在何时以何种方式进行观察，则是博物学家的一项重要技能。这里不妨回想一下王世贞所列举的伟大的博物学家所具有的辨识、检验、确认和洞悉自然物质的能力，这些能力无不天然具有"神圣的光辉"（"天明"）：

望龙光，知古剑；觇宝气，辨明珠。故萍实商羊，非天

---

① 根据《医学入门》（这是明朝极有影响力的医学入门教材），看病第一步就是先察看病人的气色、湿度、体重、腰围和眼神等。参看李梴著《医学入门》（作于1573—1679年），北京：中国中医药出版社，1995。在现代中医中，诊断的基本操作步骤为：观察、听诊、嗅探、问诊、脉诊、触诊。参看 Angela Leung（梁其姿），"Medical Instruction and Popularization in Ming-Qing China," *Late Imperial China* 24: 1 (June 2003): 134. 也可参见 Judith Farquhar（冯珠娣），*Knowing Practice: The Clinical Encounter of Chinese Medicine* (Boulder: Westview Press, 1994); Elisabeth Hsu, *The Transmission of Chinese Medicine* (Cambridge: Cambridge University Press, 1999); Shigehisa Kuriyama, *The Expressiveness of the Body and the Divergence of Greek and Chinese Medicine* (New York: Zone Books, 1999); and Shigehisa Kuriyama, "Visual Knowledge in Classical Chinese Medicine", in Don Bates, ed., *Knowledge and the Scholarly Medical Traditions* (Cambridge: Cambridge University Press, 1995), 205-234。
② 关于扁鹊对视觉在中医中重要性的论述，参看 Shigehisa Kuriyama, "Visual Knowledge in Classical Chinese Medicine", 208-209。关于扁鹊的生平，参看《史记》，北京：中华书局，1985，第 2785 页。

明莫洞。厥后博物称华，辩字称康，析宝玉称倚顿，亦仅仅晨星耳。①

请注意王世贞的叙述中"凝视"的重要性。他所列举的诸位传奇人物均有极高的观察力，而李时珍则是这众多学者中最近的一位，他们在高度专注的、基于观察形成的文本和实物评估方面有着非凡的天赋。王世贞选择的语汇本身就已构成了光明透亮的视觉景观：古剑在发光，石头在闪亮，天空耀辉，星星明亮。

在明末，观察、识别和描述物质对象的能力是广泛学习的前提。现代历史学家描述了在明代绘画和其他图像绘制中，直观与形象的重要性，但这一进程对于医生、方士和博物学家评价物质世界和探索新知同样重要。②李时珍承认有许多观察文本和自然物的方法，但他的作品中最重要的只有四种："见""视""看""观"。就像我们今天通常会用不同的术语来描述不同的观看方式，比如怒视、偷窥或打量等，《本草纲目》中对不同观察方式的描述，则在某种程度上表明：视觉能力固然是了解自然的一种途径，但视觉本身具有的力量还体现在不同的观察方式上。

---

① 《本草纲目·序》。
② 有关视觉艺术中视觉性语言的详细论述，参看 Craig Clunas, *Pictures and Visuality in Early Modern China* (Princeton: Princeton University Press, 1997), 111–133。在该书的第 120—129 页，柯律格简要提及宗教和医学观察，主要采用 Kuriyama, "Visual Knowledge in Classical Chinese Medicine"。在有些方面，柯律格在案例中所用的语言明显不同于《本草纲目》所采用的方式，他关注晚明时期更为发达的文化史，比如对绘画、药物、骨骼、动物等的鉴定。关于近代早期欧洲视野的比较视角，参看 Stuart Clark, *Vanities of the Eye: Vision in Early Modern European Culture* (New York: Oxford University Press, 2007)。关于日本 18 世纪科学工具的视角的研究，参看 Timon Screech, *The Lens Within the Heart: The Western Scientific Gaze and Popular Imagery in Later Edo Japan* (Honolulu: University of Hawaii Press, 2002)。

见

《本草纲目》沿用了"见"的一般用法，意即"看见"（而不是"看"或"观看"）。它是视觉语言中最常用的术语，存在好几种意义和用法。看文献和看实物一样重要（至少从宋朝起这一点就被反复强调），文字证据仍然是李时珍认识自然的主要手段。李时珍经常敦促读者查阅（"见"）其他文本或《本草纲目》的某些章节来作为他某个主张的证据，他建议，"（如需更多信息或获得进一步确证），见（某某文本）"或"见（某某章节）"。"见"的另一个意思是简单的视觉体验；看见或已经亲眼看见通常被标识为"见"，"见"的状态与失明的状态构成对比。如果一个人的眼睛功能正常，他就能看"见"事物，但是当一个人试图在夜间看"见"东西或是试图看"见"非常细微的物体时，就会遇到困难。特殊的视觉能力可以使一个人看"见"鬼或恶魔。一般来说，"见"是眼睛的基本功能：它表示最基本的视觉状态。

视

在现代英语中，动词"to see"和"to look"的区别与《本草纲目》中"见"和"视"的区别是差不多的。大多数情况下，"视"有"to look"的意思，通常是从空间的角度（例如，面对特定的方向）或是以特定的方式或条件进行。当李时珍敦促读者切开某个物体、剖开某个动物以观看内部情况时，他使用的动词是"视"。大量的例子表明，超能力夜视和超能力远视都能让人看到隐藏的物体。以《本草纲目》为例，使用"视"的方式能看到什么？一根骨头、物体的重量、液体的水位和纯度、一种疾病的迹象、脖颈处的某个折裂点；只要存在光线，人们就可以通过"视"物以辨别出某种视觉线索。光线对于观察这一实践活动的重要性在王世贞的《本草纲目·序》中得到了呼应,他在序言里描述了特殊种类的光("明"和"光")的力量,使人们能够看到原本可能被隐藏起来的东西。在《本草纲目》中,李时珍也在讨论古镜时提到了"明"与"光"的重要性,某些古镜表面会发出魔幻般的光芒,而含有金沙的鹅鸭粪便会在黑暗中闪耀光泽。①

看

"看",体现了观看的一般行为和观察的意义之间存在着微妙的区别。"看"字在《本草纲目》中出现的频率很低,通常出现在特定的方剂指示中。在"看"的时候,一个人要寻找预先确定的条件,可能是翻转一朵花来寻找位于底部的某个标记,或是记录一年中某个特定的时间,抑或是寻找某一种非常具体的相似性。短语"看如……"则表明,当观察某个物体时,需要参照另外某种物体相似的特征来反观它。而当单独使用时,"看"常出现在《本草纲目》的方剂记录中,用以标记特定环境下的视觉感受。

观

在使用也许最具认识论意义的本草观察术语时,李时珍自己的声音才清晰地显现出来。在讨论某种物质时,李时珍引用并叙述了其他学者的争论,并进入到争论的场域,试图仲裁这些争论中的分歧和矛盾。② 这种情形下,他经常以"观此……则"开启他的论断,然后继续比较前面提到的观点,以便在相互矛盾的叙述之间做出判

---

① 关于镜子,参见《本草纲目》卷8,"古镜"。关于金鹅粪,参看《本草纲目》卷8,"金·集解"。
② 据我统计,在《本草纲目》一书中李时珍用"观此"超过60次。

断,把对象分为目次和种类(属、种、类),或者把前面的观点纳入进来,从而得出更具普遍性的结论。"观此诸说",李时珍说,读者应该可以得出一个特别的结论。例如,在"观"察到有毒元素存在危险的证据后,那么显而易见的是,当人们使用培育这些有毒元素的水和土入药时,就必须谨慎地根据该水、土的特性评估其对药性产生的影响。① 李时珍还用这个短语来讨论如何根据产地来区分不同种类的玉②,他提醒读者不要认为来自遥远地方的玉一定是最有价值的。③

在有关观察的论述中,"观"有两种用法。当人把一个犀牛角剖开来辨析它的图案④,或者把一个被石化了的波斯人的心脏切开来观察它内部时,"观"会被认为是一种见多识广、全神贯注的看。在这个用法中,"观"是"视"的一种稍微加强了的形式:"按《程氏遗书》载:有波斯人发闽中古冢,棺内俱尽,惟心坚如石。锯开观之,有山水青碧如画,傍有一女,靓妆凭栏。"⑤

然而,"观"在《本草纲目》中更为常见的功能则带有一种微妙的感觉,它将观察、比较和将故事作为证据予以评估等行为结合在一起。"观"就是仔细研究证据,得出一个结论。对李时珍而言,这个结论通常涉及通过比较物体的性质(通常是视觉上的)来区分物体的种类,或者通过比较他人的故事(说)来调和主张。"观"是一种理性的、以观察为基础的比较,是认识自然世界的重要手段。李时珍反复使用这个字,反映出他赋予这个概念不一般

---

① 《本草纲目》卷5,"井泉水"。
② 《本草纲目》卷8,"玉"。
③ 关于此处的"遥远",李时珍用"田玉"指称和田玉或来自和田这一偏远区域的玉。
④ 《本草纲目》卷51,"犀"。
⑤ 《本草纲目》卷50,"狗宝"。

的重要性。①

见、视、看、观，动作的背后同样包括了许多具体的实践，通过这些实践，融合了视觉、光线和理性，发展了基于观察而获取的对于自然万物的知识。令人惊讶的是，人类并不是唯一能够进行有目的观察的生物。根据李时珍的说法，有好几种鸟类通过互相注视来交配和繁殖，有时即使睡眼惺忪仍不忘放声歌唱：当它们的声音在风中相遇，当它们的视线在空中交会，这对鸟夫妇就能够繁殖后代。某些野兽也能在"观"的意义上进行观察。人们认为老虎的眼睛具有奇异的属性，赋予了它穿透黑暗、洞察物体的能力。在暗夜中，老虎有一只眼睛会发光，另一只眼睛能够因此看到所要寻找的东西（"看物"）。据李时珍说，还有人提到老虎会在地面上画一些奇怪的图案，然后仔细观察（"观"）它们，以了解潜在猎物的行踪。②李时珍对动物作为认知者的讨论略显零散，而我们将会在本书的后面对人类与动物的关系做更全面的探讨。

在16世纪，人们普遍认为，观察对于识别物体是很重要的。然而，商人们经常制造误导性的视觉线索，以利用人们对视觉知识的依赖心理，去兜售制作药物所需的物品。③因此，宋明两代的学者都告诫人们不要简单地把观察本身当作获取真理的保证。

---

① 在 *Pictures and Visuality in Early Modern China* 一书中，柯律格将"观"翻译成"沉思"。尽管一个受过教育的人极有可能具备"观"中所体现的观察和比较的能力，但从精英和"庸俗"的角度描述"观"和"见"之间的区别，并不能涵盖李时珍以获取知识为基准所区分的不同的观察模式。
② 《本草纲目》卷51，"虎"。
③ 关于中国的药房史，参看 Paul Unschuld, *Medicine in China: Historical Artifacts and Images* (Munich: Prestel, 2000), 48-50。在明朝，由各类官办和民办的药房进行药品和各类医疗器械的销售和相应的病人诊疗。关于宋朝的官办药房的药品加工，参见 Asaf Moshe Goldschmidt, *The Evolution of Chinese Medicine: Song Dynasty, 960-1200*, 121-134。

建立可信度

　　明代的药贩可能不是一个十分诚实的群体。与《本草纲目》的创作和出版时间大致相当的《本草蒙筌》一书，就开辟了完整的一块内容，着重论述购买药品时要仔细观察和甄别商贩是否掺假："医药贸易，多在市家。辨认未精，差错难免。谚云：卖药者两只眼，用药者一只眼，服药者全无眼，非虚语也。"① 博物学家提出各种鉴别所购物质来源的方法，解决了鉴别真品和假药的困难。几乎每一本关注过这个问题的本草典籍和博物志书都给出如下建议，在市场上甄选药品、珍贵的自然物和食物时，自己亲自检验是区分真（"真"或"正"）伪（"伪"或"假"）的最好方法。

　　商人会往特定的药材中掺入其他物质。由于稀有药材常会被认为特别有价值或药力极强，商贩总希望能够批量生产它们，它们可能是似是而非的三条腿蟾蜍，或是如假包换的覆着螳螂卵的桑枝。② 他们把这些劣质商品卖给毫无戒心的消费者，十有八九能得逞（虽然宋明两代本草专家曾反复警告过）。③ 发现潜在假货要靠眼力。认真观察犀牛角，有黄纹者为真；④ 将玻璃、水晶和琉璃等拿到光线下照，也许能看到商贩仿造时产生的气泡；同样，真正的菩萨石会呈现出斑斓的色彩，这也是菩萨石得名的由来。⑤ 然而，博物学家们

---

① 关于药品市场的危险，参见张瑞贤编《本草名著集成》之《本草蒙筌总论》，北京：华夏出版社，1998，第67—68页。
② 关于螳螂卵，参见《本草纲目》卷39，"桑螵蛸"。
③ 关于宋朝假药问题，参看 Asaf Moshe Goldschmidt, "Commercializing Medicine or Benefiting the People: The First Public Pharmacy in China," *Science in Context* 21.3 (2008): 311–350, especially pages 328–335.
④ 《本草纲目》卷51，"犀"。
⑤ 《本草纲目》卷3，"水晶""琉璃"；卷8，"菩萨石"。

也很清楚，物品的简单外观特征可能会误导人，因为人的肉眼往往会被狡黠的造假者所欺骗。金石类药材是医疗市场上最容易伪造的，它们的市场需求量也特别大。学者们建议使用多种切实可行的方法来判断金石的真伪，且如果为真，那它是天然生成还是人工制造的？李时珍给出的鉴定黄金的建议结合了视觉判断（需注意它的颜色和用它敲击石头时留下的痕迹）和声音评估（也需注意敲击它时发出的声音），这要求消费者能调用全部的感知机能。①

许多学者还举例说明金属造假的方法，并指导读者如何辨别以假乱真或以次充好。他们通常要求消费者购买天然生成的药材，人们倾向于认为天然药材具有更强的药效。火是促成自然界许多事物变化的催化剂，利用火来检测是最受欢迎的方法之一。苏敬说："今医家多误以此为自然铜，市中所货往往是此，而自然铜用须火锻，此乃畏火，不必形色，只此可辨也。"②如果煅烧时的火焰颜色不对，或者材料在火中完全被烧毁，苏敬便能断言这是假货。根据寇宗奭的说法，通过将蟾蜍浸泡在水中并观察，就能发现拥有神奇药效的三足蟾蜍是否为人力伪造。③李时珍也建议将变化（alteration）作为一种鉴定方法。除了前面讨论过的燃烧法辨蜂蜜真伪外，还可以通过敲击或燃烧来辨别真铅，④通过油炸并观察颜色变化来鉴定粉锡⑤，而真正的玛瑙在研磨时能够发热⑥。要想确定丹砂的成色，可以用丹砂矿石在纸上拓印：旧坑（质量上乘）的丹

---

① 《本草纲目》卷8，"金"。
② 《本草纲目》卷8，"自然铜"。
③ 《本草纲目》卷42，"蟾蜍"。
④ 《本草纲目》卷8，"铅"。
⑤ 《本草纲目》卷8，"粉锡"。
⑥ 《本草纲目》卷8，"玛瑙"。

砂不会弄脏纸面，新坑的劣质丹砂则会在纸上留下污迹。①

对于那些由动物表皮制成的贵重产品，如阿胶，商贩经常会使用更普通的皮革来冒充。李时珍的建议是，辨别假皮的最好方法是闻一闻它的气味是否刺鼻。②在识别、评价和了解自然物时，气味是重要的一种经验，它本身就是物质性的存在：正如李时珍所理解的那样，香味实际上占据了一个特定的空间，某种特定的香味可能正代表了某个特定的位置。气味也是与花草树木等植物相联系的主要特征之一，在李时珍和其他人的某些著作所依据的诗歌文本中，气味无处不在。事实上，"芳香植物"在本草中占据了一席之地。在鉴别药物的过程中，人们应该能够辨别出一种物质是芳香的还是浊臭的。同样，可食用的自然物也可以通过亲口品尝来评测其特有的香气或味道，因为在中国的医学和烹饪艺术中，味道总是与气味密切相关的。③

人们还可以用耳朵来识别植物和动物，并从中提取药物。鸟类通过不同的叫声来区分彼此，据传许多生物可以通过报出自己的名字来表明自己的身份。④而有些昆虫会吟诵、说话或唱歌，它们的声音本身就具有孕育后代或使其他昆虫变形的能力。一个人可以通

---

① 《本草纲目》卷9，"丹砂"。在炼金术中同样记载了以在纸张上的留痕来区分丹砂品质的类似方法。参看 Fabrizio Pregadio（玄英），*The Great Clarity: Daoism and Alchemy in Early Medieval China* (Stanford: Stanford University Press, 2006), 195。
② 阿胶是用驴皮或牛皮熬制而成的药材，如今仍用驴胶的名义在销售。在现代药学中，这个产品特指山东省出产的阿胶。参见《本草纲目》卷50，"阿胶"。
③ 关于中国的食物和感觉，可参见 Judith Farquhar, *Appetites: Food and Sex in Post-Socialist China* (Durham: Duke University Press, 2002), and Vivienne Lo, "Pleasure, Prohibition, and Pain: Food and Medicine in Traditional China," in Roel Sterckx, ed., *Of Tripod and Palate: Food, Politics, and Religion in Traditional China* (New York: Palgrave Macmillan, 2005), 163–185。
④ 李时珍在描述鸟类时经常涉及声音和音感，其一大来源便是晋国的乐师旷（公元前6世纪）的著述。关于师旷，特别是其作为先秦鸟语大师的身份，参看 Sterckx, *The Animal and the Daemon in Early China*, 130, 134, 159, and especially 224。

过倾听消化道里发出的独特声音来判断是否有蚯蚓住在自己胃里。①

在《本草纲目》中，李时珍基本调用了所有的感官机能，全面描述了所涉及的所有自然物，同时敦促读者在试图识别由它们制成的药物时也要多方位地调动感官系统。谨慎的消费者在市场上不仅要依靠观察，还要利用药物学的方法巧妙地处理、改变甚至破坏一定的样本，以便揪出那些骗子和江湖郎中，他们利用人们迷信药材的神奇功效并热烈追捧的行为，向市场疯狂投放假冒伪劣药材。

不可信赖之徒

《本草纲目》谴责这种招摇撞骗者时最常使用的词语，是"方士""术家"或"术士"。有人说李时珍对这些术语的使用暗示了他对待"道教"所持的态度，实际上李时珍如何看待术士及他们与道教的关系这一问题经常遭到误解。尽管很多关于《本草纲目》的学术研究都认为李时珍对道教徒、道教的文本和方法持怀疑态度，但我们不可能将李时珍对道教的态度描述为纯粹的接受或单纯的轻视。②

重要的是要区分这类研究中可能涉及的两种主要现象：一种是现代历史学家对被认为是道家的文献或权威的引用，另一种是李时珍本人对来自道家或方士的文献或资料的描述。③ 道教的医疗方法和

---

① 《本草纲目》卷42，"蚯蚓"。
② 关于李时珍和道士以及道教的争论，参见唐明邦所著的《李时珍评传》，第296—298页，以及钱远铭主编的《李时珍研究》，第235页。
③ 使用"道教"语言来描述科学和宗教信仰的复杂性，参看 Nathan Sivin, "On the Word 'Taoist' as a Source of Perplexity, with Special Reference to the Relations of Science and Religion in Traditional China," in Nathan Sivin, *Medicine, Philosophy, and Religion in Ancient China* (Aldershot: Variorum, 1995), Ch. 6, 304-330。在本章中，我将按李时珍的方式使用"道教"这个词。

"仙术"可以被放在一起考虑，因为他们的许多说法都是类似的，比如延年益寿、在水面上行走、亲眼看到神灵或神仙。然而，李时珍在处理与道教和方士有关的主张时，仍有一些不同之处。一般说来，方士一词是用在他不赞成的博物学家身上的。他们的主张通常是错误的（"谬"），不可靠的（"不足信"），或非正统的（"不经"）。虽然李时珍只是简单地记录了他们的一些治疗方法，没有给予进一步的评论，但绝大多数与方士有关的故事或治疗方法都遭到了怀疑。

例如，动物的某些相关产物能让人在水面上行走的说法，遭到了李时珍的嘲笑。比如蟾蜍，我们读到了下面这个故事：

《岣嵝神书》①载蟾宝之法：用大蟾一枚，以长尺铁钉四个钉脚，四下以炭火自早炙至午，去火，放水一盏于前，当吐物如皂荚子大，有金光。人吞之，可越江湖也。②

李时珍紧追着问道："愚谓纵有此术，谁敢吞之？"③类似的断言常出现在记述金属和石头等章节里，如朱砂、水银和石英，但其实《本草纲目》中这样的评论俯拾皆是。李时珍抄录了《淮南万毕术》中的一段文字，说是有些蜘蛛吃猪油，脚涂上猪油后就能在水上行走。李时珍同时还抄录了另一则类似故事，该故事源自葛洪的《抱朴子》，称用蜘蛛和水蛭可以制造一种药丸，让人在水下生活。"方士幻诞之谈，不足信也。"④李时珍断言。他还试图说服读者，不要相信那些声称蚯蚓的粪便可以软化琴弦的术士，也不要相信那

---

① 岣嵝峰位于湖南省衡山山脉。
② 《本草纲目》卷42，"蟾蜍"。
③ 同上。
④ 《本草纲目》卷40，"蜘蛛"。

些声称凭借某个吃掉了道家经典著作上文字的蜷曲的虫子就可以召唤神仙并向他们索要长生不老药的道士。① 简而言之，李时珍没有把方家和神仙家当成可靠的医疗权威。

《本草纲目》对待道家的态度要更为复杂。书中明确引用道家之处，一半以上来自陶弘景，陶弘景本人对待道家的医疗方法和所做的记录，就像他对待其他医学主张一样，并无不同。作为一名道教徒，陶弘景对《论语》和《诗经》等经典著作的批判要多得多。但当李时珍本人单独提及道家时，他的处理方式是不同的：常常急于纠正陶弘景的主张，偶尔贬斥道家的个别主张是不可思议的，但也经常列出道家关于矿物、植物和动物的理念，并且没有施加负面评论。此外，对于那些对澄清一种物质可能的替代名称感兴趣的药物学编年史家来说，（广义上的）方士的知识也可能是有用的。众所周知，这些神仙家为很多物质设计了隐秘的名称，这些名称只有那些内行的人才知道，李时珍只要有可能就会把这些"隐秘"的名称记录下来。②

这样看来，李时珍与道教的关系是复杂且难以归类的。他通篇大量地引用陶弘景、《庄子》、《列子》、《抱朴子》（以及葛洪的其他著作）、《淮南子》，还有不计其数的其他文献（他本人也承认其中不少作者是道教徒），也经常引用其中的某篇内容来反驳其他本草典籍或自然史经典著作。然而，他仍然站在早期本草著作者一边，明确谴责了方士（偶尔也会使用"道教士"）从水银、朱砂和雄黄等药物中提炼出永葆青春或长生不老药的做法，并用长篇痛斥了鼓吹这些"荒

---

① 关于蚯蚓，参见《本草纲目》卷42，"蚯蚓"。关于能吃道家经书的虫，参看《本草纲目》卷41，"衣鱼"。
② 关于神仙家所用的铅的别名（按照李时珍的说法，神仙家会叫其为水中金），参看《本草纲目》卷8，"铅"。

谬"思想的方士,坦陈追随这些思想的后果。考虑到这一切,很难简单地认为,李时珍单纯将道家思想视为迷信而予以摒弃,并试图将其从明代医学中清除出去。

权威文本

除了亲身经历和与人交谈获得的经验外,李时珍还依赖大量文献来进行他的编撰事业,这些文献也提供了他这部百科全书中的数千条引文。对于一个学者来说,创作这样一部鸿篇巨制,能够接触到大量的书籍是至关重要的。他在皇家与地方的图书馆及亲朋好友的藏书中找到了重要的资源。除了早已对其父开放的顾家的藏书外,李时珍还与家乡蕲州的其他士绅保持联系。在成功治愈了一位居住在乡里的绅士后,他获得了其家族图书馆的使用权。在寓居北京的一年左右的短暂时间里,他仔细研读了太医院的藏书。他在编撰《本草纲目》时所读到的一些作品,很可能就来自这些私人和官方的收藏。

李时珍经常引用《礼记》《周礼》等典籍作为古代对待或使用动物的权威资料,尤其是在仪式或烹饪方面。① 例如,从李时珍对蜜蜂的讨论中,我们了解到"《礼记》有雀、鷃、蜩、范,皆以供食,则自古食之矣"②。李时珍也用《礼记》的内容来展示古代上层

---

① 在 Sterckx, *Of Tripod and Palate* 一书中,有几篇文章详细讲述了早期中国食物和礼仪的交织情形。特别是 Michael Puett(普鸣), "The Offering of Food and the Creation of Order: The Practice of Sacrifice in Early China," 75–95; Roel Sterckx, "Food and Philosophy in Early China," 34–61; and Constance A. Cook, "Moonshine and Millet: Feasting and Purification Rituals in Ancient China," 9–33.
② 《本草纲目》卷39,"蜜蜂"。蜂是蜜蜂的另一个名称,不过更多的还是称为蜜蜂。参看《礼记》卷27,可见李时珍引用的食物名录。

社会的食品储藏室，里面陈列有盐、蓼、猪肉、鹿肉和兔肉，同时禁止鲍鱼、大鸨、鸭肉和狐狸肉入内。他经常引用《礼记》作为研究饮食仪式的权威，包括在祠堂中摆设小米和樱桃，在国家祭祀中正确使用桃符和桃爵、甜瓜和兰草等。

明朝末年，印刷书籍（包括日用类书）的蔚然成风和广泛使用，促成了一种新的混合型小说的产生，同时对李时珍的学术引用实践产生了重要的影响。① 这些日常使用的百科全书通常包括笑话、谜语、壮阳药的配方册子、风水宝鉴和游戏指南，以及介绍异域风土人情的簿册。学术类的百科全书也随处可见。当作者无法阅读完整文献时（李时珍经常遇到这种情况），学术类百科全书中的引文就成为重要参考，而且它们使用起来通常有更大的便捷性。② 李时珍可以恣意地从《太平御览》等文献汇编中汲取素材，而《太平御览》作为宋朝初年最重要的百科全书之一③，收录了宋朝之前历代关于本草类文献的引文，为李时珍提供了一个现成的资料来源，从中可以爬梳剔抉出关于自然物的各类事实和趣闻逸事。李时珍偶尔会承认自己使用过这样的汇编，因为他无法接触到早已亡佚的唐代《胡本草》等作品的原文，因此不得不依赖这些零散的引文。④

---

① 参看 Shang Wei（商伟），"*Jin Ping Mei* and Late Ming Print Culture," in Judith Zeitlin（蔡九迪）and Lydia Liu（刘禾）, eds., *Writing and Materiality in China: Essays in Honor of Patrick Hanan* (Cambridge, MA: Harvard University Press, 2003), 187–238。商伟认为在晚明繁荣的印刷业中，流行歌曲和笑话，戏剧、杂记，各种各样的手册和日常使用的百科全书，这些广为流传的印刷材料直接导致了"新类型小说"的崛起，而《金瓶梅》就是其中的代表。
② 李时珍极有可能引用了诸如《太平御览》《事物纪原》《艺文类聚》和《百川学海》等大型类书。在宋朝、元朝以及明朝，类书更为广泛地出现，参看 Benjamin Elman, *On Their Own Terms*, 28–29 and 34–46。
③ 《太平御览》是一群学者于公元 977 年至 983 年奉敕编纂的类书。他们精选约两千种古书，有的甚至全书采用，并进行分类编排，汇集成书。
④ 《本草纲目》卷1，"历代诸家本草·海药本草"。参看 Unschuld, *Medicine in China: A History of Pharmaceutics*, 53，可看到关于李时珍因二次引用或误读在《本草纲目》中出现的错误的简短讨论。

李时珍作品的结构主要参照了宋朝的《证类本草》，它也是《本草纲目》引文的另一个资料来源。① 李时珍在很大程度上保留了《证类本草》最初使用的引文形式，但正如我们之前看到的，其参考文献在种类和数量上都有很大的拓展。在《本草纲目》中，提到某一个作者，可能会用他的全名、字号、他名字的几种不同缩写，或者用其著作名中的一个或多个汉字来指代。这种不一致在晚近的作品中很常见，可能反映了著述者的阅读习惯，他们在阅读一篇文章时会同时做摘抄笔记，在抄下引文之时，也复制了原书的引用形式。② 考虑到李时珍在作品中加入了大量的交叉引用（例如，他把燕子和龙的故事穿插在各自的章节中，后面将会对此展开讨论），我估计他很可能是依据了所做的阅读笔记，并在使用这些笔记内容时遵循了他本人的某种分类系统。然而，我们并没有发现任何他做笔记的证据。在现存作品的前言中，他只留有含糊笼统的话。例如，他在《濒湖脉学》的序言中写道："撮粹撷华，僭撰此书，以便习读，为脉指南。"③ 他还经常修改引文的内容或措辞，这对一位本草作家来说也很常见。④ 最后，某个特定的标题下，他通常会将引用的文献按照时间顺序和历史发展进程排列，即从最

---

① 关于李时珍对《证类本草》及其两个修订版《经史证类本草》（也叫《大观本草》）和《政和经史证类大观本草》（也叫《政和本草》）的大量引用，参看郑金生所写的《试论〈本草纲目〉编纂中的几个问题》，收录在《李时珍研究论文集》第89—95页。关于今版《证类本草》，参看唐慎微编纂的《重修政和经史证类备用本草》（台北：南方物资中心，1976，翻印自张存惠 1204 年版）。关于《大观本草》的重印版，可参看唐慎微《大观本草》，合肥：安徽科学技术出版社，2002，以 1108 年版为底本重排。
② 要了解更多清朝的文本阅读实践和文本注疏传统的延续以及溯源至唐宋时期的状况，参看 Benjamin Elman, *From Philosophy to Philology: Intellectual and Social Aspects of Change in Late Imperial China*, 2nd ed. (Los Angeles: UCLA Asian Pacific Monograph Series, 2001), 211–214。
③ 参看李时珍的《濒湖脉学》，收录在夏魁周等校注的《李时珍医学全书》，第 1241 页。
④ 关于李时珍对文本和书名的偶尔误用，参看郑金生所著的《试论〈本草纲目〉编纂中的几个问题》，《李时珍研究论文集》，第 98—103 页。

早的记载到最新的进展依次展开。某种意义上说，他是在跟那些历史文献进行对话。

《本草纲目》是建立在一个混杂资源库基础上的，它们包括经典著作和那些仅收录于百科全书里的片段文本。很显然，李时珍并没有亲自检视所有他用作证据的文本全文，这就导致了《本草纲目》中的文本和所观察的自然物在认识论的权重上的比较。虽然他为自己的作品搜集了无与伦比的丰厚资源（回想一下他令人印象深刻的长长的引书列表），李时珍似乎并没有将原始的或完整的文献看得比零散的引文更重要。他不是一个词源学家，尽管他对给不同的物体命名很感兴趣；他对文献学并不尊崇，尽管他注重经典著作，并且拥护格物学的原则。正如我们后来看到的，可能只是对诗歌和赞歌里动植物名称使用所做的零散评论中，李时珍才最有可能自认为文学学者。因此，我们可以得出这样的结论：当他敦促读者查阅《本草纲目》的某一文本或某一章节以证实他的观点时，他并不是在刻意选择某个版本。在李时珍看来，一本书或一首诗在成为实物之前，就是一个信息的宝库，他带到文本领域的观察性词汇远不如他用于自然物的视觉术语丰富。他的学术动力是百科全书式的，而不是语言学式的，这表明了他是以一种特殊的方式来思考一个学者在学习自然世界时需要什么样的资源：文本呈现的信息需要根据身体感知和自然法则的知识来确认或摒弃。

认识曼陀罗

回到最初的那个酒肆，李时珍再次举起那杯药酒送到唇边。反复品味之后，这位自称"半酣"的医生努力维持着镇静，愉快地结束了他的实验。他从自己的第一手观察中得出结论，这种当地的曼陀罗配方确实能让人开怀大笑，还能让人手舞足蹈。他把这种药剂写入《本草纲目》，这是中国药典史上第一次出现这个"魔鬼的号角"（曼陀罗花）的身影。① 在潜心研究《本草纲目》的内容以深入探讨这位"半酣"的医生将这种新药放置在何种语境之前，我们将用一个例子来详细讨论李时珍是如何运用各种证据以解决近代早期自然史最著名的角色之一——龙的问题的。

---

① 《本草纲目》卷17，"曼陀罗花·发明"。

插　曲
"龙在这里":《本草纲目》巡游指南

李时珍希望他所著的《本草纲目》成为本草学研究史上的权威著作,他将以往的药物学、经典典籍和博物学的研究成果融会贯通,合为一体,铸造出一座巨大的儒学(古典学)力量的丰碑,从而实现医学文献的现代化。[①]李时珍用"儒学"这个术语来限定他的写作工程,表明他百科全书式的研究已经超越了传统医药文献的范围,包括了更广义的古典文献。由此诞生的《本草纲目》包括52卷(章节),近200万字,无疑是相当巨大的体量。[②] 在1892种药物中,有两种是首次出现在本草研究史上。[③] 下面这个简短的阅读导引,是为了让现代读者能有机会深入阅读这部巨著的一部分,也能让我们初步了解为什么李时珍认为生物自然演化史的知识可能有助于了解生物作为医学药物的原理。将博物学与医学相融合,不仅是一种出色的医学直觉,也是一种有效的学术实践,因为李时珍调动了各类文本和感官上的证据来调和不同的主张,这些主张在知识和

---

① 参见 Michael Nylan, *The Five "Confucian" Classics*, ch. 2, 脚注中对该术语有简要解释。
② 《证类本草》只有 30 卷。
③ 《本草纲目》的完整目录见附录二。

医学上的利害关系非常之大，超出想象。

序　言

《本草纲目》以一系列序言开始（这些序言还包括了一组插图），然后进入到分门别类的药物评论。事实上，这些序言包含了两个层面的内容：一是位于全书开端的一般性序言，一是在每类药物专论之前都有的一段较为简短和个人化的介绍，这种介绍贯穿全书。而两种序言均提供了一个重要的认知框架，便于李时珍将他的论述置于其中，同时也为读者提供了一个阅读正文的语境。

序言在明代印刷市场上起着至关重要的作用。如上所述，从一位著名的官员或受人尊敬的学者那里获得序言，是确保自己著作能够获得出版所必需的财政支持或政治支持的必要条件。出版商也可以使用序言作为一种广告形式来说服读者购买他的特定版本。① 更有趣的是，我们从特定的研究角度和目的出发，可以看出医学文本的序言往往遵循一种固定的写作模式。它们通常包括一些老生常谈的修辞手段和方法，作者可以利用这些修辞为作品出版陈述理由，或在学术辩论中独辟蹊径杀出重围。在研究中国历代医学文献的序言时，与其从字面上理解其语句，不如从研究某些具有代表性的修辞学固定词组的角度出发，这样更能深入细致地予以阐释。

《本草纲目》首次出版问世时，就已包括了王世贞作于1590年的序言，这个序言赞扬了李时珍的光辉成就，肯定了他这部伟大的

---

① 序言往往是明末学者学术辩论的工具，参见 Katherine Carlitz, "Printing as Performance: Literati Playwright-Publishers of the Late Ming," in Cynthia Brokaw and Kai-wing Chow, eds., *Printing and Book Culture in Late Imperial China* (Berkeley: University of California Press, 2005), 293–294。第290页则以戏剧作品中的一则序言举例，该序言声称对过去版本进行勘误补正来为自身求得合理性，这种方式在明代医学文本的序言中也反复出现。

杰作。王世贞使用了大量的譬喻,而这些譬喻经常出现在诸多医学文献的序言里。任何一位值得尊敬的作者都应该刻苦钻研,鞠躬尽瘁,终身为自己作品的完成和整个学界的利益殚精竭虑、忍受苦痛。他有必要在以前作者的著作中"纠谬"(这些著作在其他方面都是才气横溢、技巧卓越的),这些谬误通常是在对植物和动物的识别上发生了混淆:比如给两种不同的植物取了相同的名字,所讨论的三种动物其实是一种,又比如对某些草药所知极少而判断失误,而后世的作者则有幸掌握了这些草药的知识从而得以勘误纠错。在赞扬李时珍时,他还使用了通常用来描述博物学者或博学多才的君子的语词:"长耽典籍,若啖蔗饴。遂渔猎群书,搜罗百氏。"因此,从本质上讲,一部医学著作的序言是具有表演性的。它作为一种演讲行为,是为了向世界推出一部崭新的作品,并使读者相信作者的智慧水平和道德价值。

　　李时珍简短的序言("凡例",标明全书的组织原则和写作计划)提供了文本的宏观结构背景和内在的写作逻辑,虽只有短短数言,却从最基本的自然物质延伸到最复杂的生命存在,涵盖了从最卑微到最高贵的一系列生命体。① 李时珍还言简意赅地讨论了《本草纲目》在同类作品中的地位,以及他收录或纳入某些文献的原因。这众多文献的排列阵容,增强了李时珍对成为本草学与自然史研究领域最高权威的热忱。《本草纲目》可谓本草研究学的编年史,全书编入了大量的医家和经史百家的文献资料,从而奠定了李时珍在医学史和古典学术史上的地位。序言之后,则是一份此前本草类文献的综合目录和各类药物方剂的清单,当然,这些书目和清单均是以《本草纲目》作为收尾。随后,李时珍对《本草经》

---

① 《本草纲目·凡例》。

和《名医别录》这两部基础性的本草典籍（李时珍认为它们均为陶弘景所著，尽管后者的作者身份现在受到了质疑）做了引申拓展，紧接着讨论了医学原理，如季节性、器官功能系统、味道和阴阳与药物方剂的相关性等。而在随后主体性的导论里，真正体现了李时珍对医学理论的主要贡献：一篇区分同名不同质药物的文章，一篇关于药物相互作用（包括相反相成或相辅相成关系）的文章，一篇关于食物如何改变特定药物药性的文章，以及几份著名医生开具的方剂规则列表。此后，则是《本草经》和宋代主要本草著作中的药物列表；再之后，李时珍根据疾病的种类给出了一份特效药清单。

《本草纲目》在金陵版后的各版本中都有新的序言。1603年以后的版本序言中新的出版者为论证自身合理性，还指摘了1596年金陵版插图质量低劣这一问题。

插　图

尽管李时珍可能没有在作品中安排插图的意图，但现代读者常会受《本草纲目》一书中插图的影响。[1] 在1596年版中有1109幅插图，由李时珍的儿子们编辑和绘制，并被分为两卷收入。[2] 1603年版中的一些插图（也以两卷分别印刷）与1596年版相比有了很大的改变，许多鸟类和动物的细节都得到了更详细的呈现。[3] 后来版本

---

[1] 关于《本草纲目》的图例，见谢宗万《〈本草纲目〉图版的考察》，载《李时珍研究论文集》，第145—199页。
[2] 据美国国会图书馆1596年版《本草纲目》记载，这两卷中的图版均为李建中所编。第一卷中插画由李建元绘制，第二卷则是李建木绘制。李时珍的孙子李树宗和李树生则分别被认为是第一卷和第二卷图版的最终编辑者。
[3] 改进插图质量是1603年江西刻本在序言中声称重刻的一个理由。有关这些版本之间图像的主要变化，请参见本书28页。

76　　　　本草：李时珍与近代早期中国博物学的转向

的《本草纲目》进一步完善了许多原始插图,并在1640年对插图进行了重大修改。1782年的《四库全书》本插图主要以1640年版的插图为基础,不仅精美得多(部分原因是这是一份抄本,而非雕版印刷),而且把树木、许多鸟类和鱼类置于比传统木刻版本插图更像绘画的风景背景中。① 插图的另一次主要修订出现在1885年的版本中,该版本主要以明朝《救荒本草》和吴其濬(1789—1847)于1848年首次出版的《植物名实图考》为基础。《本草纲目》插图的一系列变化只是反映了图像制作技术和惯例的转变,并没有向更具经验性的细节或增加其科学准确性的方向渐进发展。

专题讨论

在看了把李时珍置于本草作家神殿之中的序言材料后,我们进入到《本草纲目》的核心内容。全书的分类讨论从水部开始,但对人的关注却是贯穿首尾、无时无处不在的。每个类别都有自己的简短序言,其中包括李时珍对这一类别所做的一些评论,他挑选药物条目所依据的作品清单,以及有关药物信息的其他文本的部分引用清单(最后这份清单通常只包括他实际引用的一小部分书目)。书中关于大多数自然物的条目和讨论都是为了阐发它们在医学上的用途,尽管有些并没有医学用途。比如,李时珍说蟋蟀并没有医学上的价值,人们饲养蟋蟀只是为了看它们决斗厮杀或是听它们长鸣吟

---

① 与木刻本相比,明代本草类图书的彩色套印本拥有更多的细节和背景。见郑金生《明代画家彩色本草插图研究》,《新史学》2003年12月,第65—120页。关于《四库全书》及其印刷,参见 R. Kent Guy(盖博坚),*The Emperor's Four Treasuries: Scholars and the State in the Late Ch'ien-lung Era* (Cambridge, MA: Harvard University Press, 1987), esp. 104–120。

唱。① 在每个专题条目下，李时珍都会引导读者穿行于对各种自然物的不同名称、自然史逸事的大量讨论中，最终帮助读者理解药物是如何形成和制备的。

本章的余下部分将以《本草纲目·龙》这一条目作为样本，进行专门讲解。每一小节先附上翻译过来的文字，然后是对其内容所做的简要说明。② 在"龙骨"这部分内容里，如何使用这个神兽作为药物的问题贯穿了讨论的每一步，并得出了一个令人惊讶的结论。

龙

（"《本经》上品"）

很显然，《本草纲目》一直在与奠基性的医学著作《神农本草经》展开对话。③ 在每种物质的主要名称外，如果这种物质也出现在《本草经》中，李时珍就会附加一个注释，告诉读者它属于《本草经》中哪一类药物（上品、中品、下品）。在这里我们了解到，《本草经》认为龙是上品药物，这类药物的毒性很低，养生效果很好，可以广泛应用于医学。如果《本草经》中没有提及所讨论的内容，李时珍就会在原始名称旁边注明其引用来源。在某些情形下，如果李时珍是第一个记录某一特定物质的作者，他便注明其出自《本草纲目》。

【释名】时珍曰：按许慎《说文》：龙字篆文象形。《生肖论》云：龙耳亏聪，故谓之龙。梵书名那伽。

---

① 《本草纲目》卷41，"灶马""促织"（蟋蟀）。
② 余下部分见于《本草纲目》卷43，"龙"。
③ 通常缩写为《本经》，我将遵循这个惯例。

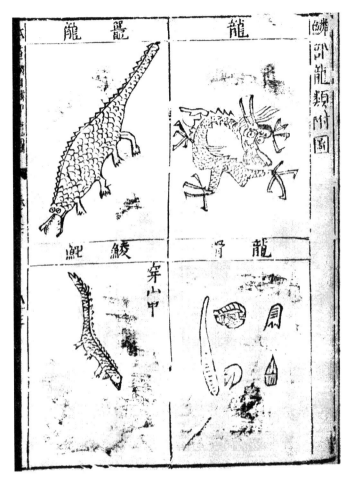

图2 龙（右上）与龙骨（右下），出自《本草纲目》（1596）

对名称的阐释是《本草纲目》大部分词条的特色之一。在这里，李时珍提供了一份备选名称目录，它们来源于不同文本，用于描述这一种事物。然后引用不同作者的观点，解释这些名字可能的来源，最后是李时珍自己的解释。本节中则到处是李时珍所做的阐释。为了确定一个名字是"可用的"，他需要首先做出判断，即确定某两个名字实际上指的是同一种生物，而这种对自然物的识别往往富有争议。中国自然史上争论最多的话题之一就是对自然物的身份识别。

因为传统上一直称呼这种生物为龙，所以李时珍没有提供其他的中文名称。他根据许慎的《说文解字》讲述了"龙"字的起源，认为它是象形字（来自篆文）。然后又引用《生肖论》提供了另一种可能的解释，通过音韵来追寻词源学的词根：龙是聋的（没有听力，即"聪"），所以它们被称为"龙"（龙和聋在字形与音韵上是相似的）。最后，李时珍加上了另一个名字"那伽"，这是梵文中对龙的称呼。"那伽"可能是nÀgá的音译。

【集解】时珍曰：按罗愿《尔雅翼》云：龙者，鳞虫之长。王符言其形有九似：头似驼，角似鹿，眼似兔，耳似牛，项似蛇，腹似蜃，鳞似鲤，爪似鹰，掌似虎是也。其背有八十一鳞，具九九阳数。其声如戛铜盘。口旁有须髯，颔下有明珠，喉下有逆鳞。头上有博山，又名尺木①，龙无尺木不能升天。呵气成云，既能变水，又能变火。陆佃《埤雅》云：龙火得湿则

---

① 博山是博山炉的缩写，是一种形状像山峰的香炉。在这段文字中，博山和尺木都指的是龙头上的一种结构，形状可能像一座山峰（或博山炉），没有它，龙就无法升天。博山香炉，据说可以追溯到西汉，它被认为描绘了道教神仙的山居之地，并得到了道教徒的认同。

焰，得水则燔，以人火逐之即息。故人之相火似之。①龙，卵生思抱②，雄鸣上风，雌鸣下风，因风而化。释典③云：龙交则变为二小蛇。又小说载龙性粗猛，而爱美玉、空青④，喜嗜燕肉，畏铁及菵草、蜈蚣、楝叶、五色丝⑤。故食燕者忌渡水，祈雨者用燕⑥，镇水患者用铁，激龙者用菵草，祭屈原者用楝叶、色丝裹粽投江。医家用龙骨者，亦当知其性之爱恶如此。

在"集解"这一标题下，充满了有关自然史的宏富材料。李时珍用这个数据库来存储某种特殊植物或动物的大部分背景信息，而这些信息并不是来自医学文献。这些背景信息可能来源于多个故事和引文，但大多数来自志怪小说、史籍、文学经典、诗歌、词典、笔记、传说和其他材料。

在"集解"里，李时珍不再引用《本草经》，而是直奔主题，用"时珍曰"开启自己的阐释。他引用了关于龙的文章来说明他的观点。例如，根据《尔雅翼》，龙是庞大的有鳞动物族群之首。王符（公元2世纪《潜夫论》的作者）描述了龙与世间动物的"九似"之处。⑦在这些引文之后，李时珍根据自己的知识储备详细阐述了龙

---

① "相火"是一种特殊的火，它在人体内燃烧，是由愤怒或欲望的情绪所激发的。
② 这是一个有语病的短语。"思抱"被伊博恩译为"思想的孵化"，这是一种可能（但可能性并不大）的译法。参见 Bernard Read, *Chinese Materia Medica: Dragon and Snake Drugs*, 5。
③ "释典"一词可能指的是一部书籍，但在他的参考书目中没有这一书名（或包含这两个字的长书名）。李时珍在这里很可能指的是"佛教经典"。
④ "空青"在现代医学文本和译本中有时被翻译成"蓝铜矿"。
⑤ 这五种颜色分别是黑（对应水）、赤（对应火）、青（对应木）、白（对应金）和黄（对应土）。这个短语也可以表示一种多色混杂的状态，或汇聚多种颜色的状态，也可以用来形容涂染得五彩缤纷的情形。
⑥ 见谢肇淛《五杂俎》"物部一"，北京：北京出版社，2000，第522页。
⑦ "九似"的比喻出现在许多自然史文献中。《五杂俎》也引用了此说法，但那个故事中龙的眼睛像鬼的而非兔子的。见谢肇淛《五杂俎》，第522页。

的解剖学结构。

龙在许多文字描述里都与水密切相关,人们通常将它从高空召唤下来为人间降雨。李时珍关于燕子、铁、水和龙之间关联的讨论是"集解"的重要内容,因为这种关联的建立,为后来一些药方的合理性提供了论证。著名的诗人屈原(约公元前340—约公元前278),平生创作了《楚辞》①中包括《离骚》在内的许多首诗,后来自沉于江水中。每年端午节(农历五月初五),人们都会把粽子丢到江水里,希望鱼(或龙)能以粽子作为替代品,放过诗人的遗体。"集解"最后一段文字陈述了我们将在后面详细阐述的观点:在医学实践中使用某种物质做药材的人,应该事先了解该物质的喜恶特性,因为该物质存活时的生物特性决定了它死亡后的具体药学用途。一个不了解龙的自然史的医生,将无法正确地理解或利用它作为药物的用途。

龙骨

《别录》曰:生晋地川谷,及太山岩水岸土穴中死龙处。采无时。

弘景曰:今多出梁、益、巴中②。骨欲得脊脑,作白地锦纹,舐之着舌者良。齿小强,犹有齿形,角强而实,皆是龙蜕,非实死也。

敩曰:荆州、沧州、太原者为上。其骨细纹广者是雌,骨粗纹狭者是雄。五色具者上,白色、黄色者中,黑色者下。凡

---

① 《楚辞》是在公元前3世纪到公元前2世纪之间写成的。有关楚辞集的简要介绍,请参阅蔡涵墨(Charles Hartman)的《楚辞》,载于 William H. Nienhauser, ed., *The Indiana Companion to Traditional Chinese Literature* (Bloomington: Indiana University Press, 1986), 347–349。
② 梁大致相当于今天河南省开封地区(南北朝时期,梁应该指的是汉中地区。——编按),益位于今天云南、四川地区,巴中大致相当于今天的川东。

经落不净，及妇人采者，不用。

普曰：色青白者良。

恭曰：今并出晋地。生硬者不好，五色具者良。其青、黄、赤、白、黑，亦应随色与脏腑相合，如五芝①、五石英、五石脂，而《本经》不论及。

颂曰：今河东州郡多有之。李肇《国史补》云：春水时至，鱼登龙门，蜕骨甚多。人采为药，有五色者。龙门是晋地，与《本经》合，岂龙骨即此鱼之骨乎？又孙光宪《北梦琐言》②云：五代时镇州斗杀一龙，乡豪曹宽取其双角。角前一物如蓝色，纹如乱锦，人莫之识。则龙亦有死者矣。

宗奭曰：诸说不一，终是臆度。曾有崖中崩出一副，肢体头角皆备，不知蜕耶？毙耶？谓之蜕毙，则有形之物，不得生见，死方可见。谓之化，则其形独不可化欤？

机曰：《经》文言死龙之骨，若以为蜕，终是臆说。

时珍曰：龙骨，《本经》以为死龙，陶氏以为蜕骨，苏、寇诸说皆两疑之。窃谓龙，神物也，似无自死之理。然观苏氏所引斗死之龙，及《左传》云：豢龙氏醢龙以食；《述异记》③云：汉和帝时大雨，龙堕宫中，帝命作羹赐群臣；《博物志》云：张华得龙肉鲊，言得醋则生五色光等说，是龙固有自死者

---

① 从字面上看，"五芝"就是五种芝类生物（Five Excrescences，借用康儒博对五芝的翻译）。根据康儒博对葛洪作品中"芝"的翻译的深刻见解，"芝"这个字本身就有一种神圣的意味；它显然不是"蘑菇"的意思，而是一个泛指岩石、树木、药草、动物或真菌（包括蘑菇）上的突起物或发散物的通用字。参见 Robert Ford Campany, *To Live as Long as Heaven and Earth: A Translation and Study of Ge Hong's Traditions of Divine Transcendents* (Berkeley: University of California Press, 2002), 27. 一般来说，这些都与道家有关，并在圣贤或神仙的食物中被提及。

② 《北梦琐言》是一部描写唐五代士大夫生活与奋斗的故事集。

③ 《述异记》是任昉（460—508）所著的一部奇异故事集。

矣，当以《本经》为正。

医学上通常不会将整条龙作为药材，而是将其拆解成数个部件分别使用。因此，"龙"这一大类别按龙体各个部分被分解成几个小节，分别描述其自然史和用途。在龙的总纲下分设了几个类目：龙骨[①]、龙齿、龙角、龙脑、龙胎和龙涎。每一个类目都在呼应总纲里的信息内容。就"龙骨"而言，李时珍其实也是以类似"集解"的方式展开讨论的，尽管文中并没有明确表露这一点。在这里，我们看到了历代本草文献对龙的阐释史，往往以李时珍自己的评论作为结尾。

从"龙骨"这一案例入手，我们观察到《本草纲目》的自然史观是如何贯彻到具体的章节划分中的：李时珍首先呈现了历史上对该讨论对象的起源或特征的争论和分歧，接着综合考量和评述现有的证据以正面回应这些争论。他的引文涉及龙骨的许多方面：如何找到它，如何鉴别真品、避免赝品，如何区分雄龙骨和雌龙骨，如何解释龙骨的各种颜色，如何确定每种颜色所对应的器官。信息量是足够大的。而对龙骨如此详细的描述几乎掩盖了它背后所涉及的深奥的哲学问题：这些骨骸是来自死龙还是活龙？进一步说，龙（或其他神圣的生物）会死亡吗？据陶弘景所言，龙的牙齿、骨头和角都是从活龙身上脱落的。在讲述了斗杀一龙并摘除其双角的故事后，苏颂声称，这个故事证明这些生物是可以被杀死的，那么骨头来自死龙的可能性也是有的。在李时珍之前，有多位作者都对此问

[①] 人们对所谓的"龙骨"有许多解释，多认为它是动物和人类遗骸的化石。Bernard Read, *Chinese Materia Medica: Dragon and Snake Drugs* 中认为《本草纲目》中的龙骨是恐龙化石。关于当代中国对龙骨化石的解读，参见 Sigrid Schmalzer, *The People's Peking Man: Popular Science and Human Identity in Twentieth-Century China* (Chicago: University of Chicago Press, 2008), 35–37, 及索引部分中的少数页面。

题进行过讨论。这个问题很关键，因为它涉及神性或半神性的生物究竟是否存在，而这正是晚明时期一个鲜活而真实的问题。如果龙肉能吃到，龙可以被杀死，那么龙骨就确实可能来自死去的龙。李时珍因此得出结论：龙是会死的。调和这些分歧意见是李时珍展示自身博学多识的一种方式，同时也让读者得以窥探到他权衡各种证据并最终得出自己结论的认识论过程。许多条目里还包括一个名为"正误"（甄别对错）的小标题，李时珍主要用来纠正他所认为的其他学者著作中出现的错误。在这个小标题下，他同样权衡各种证据，并描述了他与特定作者或文本产生分歧的原因。

【修治】敩曰：凡用龙骨，先煎香草汤浴两度，捣粉，绢袋盛之。用燕子一只，去肠肚，安袋于内，悬井面上，一宿取出，研粉。入补肾药中，其效如神。

时珍曰：近世方法，但煅①赤为粉。亦有生用者。《事林广记》②云：用酒浸一宿，焙干研粉，水飞三度用。如急用，以酒煮焙干。或云：凡入药，须水飞过晒干。每斤用黑豆一斗，蒸一伏时，晒干用。否则着人肠胃，晚年作热也。

接下来我们来阐述李时珍对药物制备过程的描述，李时珍在此处记录某种药物具体适用于何种病症。自然物可以以多种方式进入各种药物方剂，这一点在"龙骨"上也有直接呈现。方剂揭示该物质的自然发展状况与它在医药上的潜在用途之间存在着密切的联

---

① 在煅烧过程中，材料被加热到低于其熔点的温度以除去液态水，而这种脱水通常会导致该物质转变成粉末。这一过程也可以通过使用石灰代替加热来实现。煅烧伴随氧化，李时珍所描述的红色可能与这个过程有关。
② 《事林广记》是13世纪编纂的一部通俗百科全书，在元代曾做重大修订。

系。李时珍的药剂制备借鉴了中国近代早期医学实践中广泛引用的《雷公炮炙论》一书，该书为南朝宋（420—479）雷敩所著。雷敩的药方是基于龙、燕子和水之间的关联，这种关联同样见诸大量类似文本。在祈雨仪式上，人们也鼓励使用燕子肉，因为这一美味会吸引雨龙前来降雨。① 而《本草纲目》里其他地方谈到燕子时，李时珍引用了燕子在水井里蛰伏或冬眠的传说。② 后来，他引用了陶弘景的训诫，在入水之前不能吃燕子肉，容易被龙吃掉："燕肉不可食，损人神气，入水为蛟龙所吞。"③ 在《淮南子》等其他文献中，也有类似的记载。人们通常认为，这与燕子浸入液体后能变成蛤蜊（蜃蛤）的能力有关。

一种物质的自然史有助于确定它作为药物的用途。将燕子与水井或水结合在一起以制备龙骨，可以在传说中找到渊源。龙骨自身的毒性需要被纾解，而这些物质正是作为龙骨的解毒剂被使用的。在通常情况下，药方中的多种药材里包含着某种生物和与该生物为敌的生物，彼此相反相成。而某种物质所具有的特殊性质可能会决定它对所要治疗的疾病的疗效。例如，吃掉具有神奇视力的生物的眼睛能改善一个人的视力。细心的读者可以从《本草纲目》的故事中获得这些资料，从而对药物制剂做出解释。如果资料不足，在《本草纲目》接下来的小节"气味"中，动物的自然史知识能够有助于确定其分类。

【气味】甘，平，无毒。

---

① 可参考李时珍关于燕子肉的描述，他再次评论了在祈雨仪式上召唤燕子以吸引龙现身的做法。《本草纲目》卷48，"燕·肉"。在其他晚明文献中，龙也会在祈雨仪式中出现。祈愿龙现身降雨，亦可参见谢肇淛《五杂俎》，第522页。
② 《本草纲目》卷48，"燕·集解"。
③ 《本草纲目》卷48，"燕·肉"。

《别录》曰：微寒。

权曰：有小毒。忌鱼及铁器。

之才曰：得人参、牛黄良，畏石膏。

时珍曰：许洪云：牛黄恶龙骨，而龙骨得牛黄更良，有以制伏也。其气收阳中之阴，入手、足少阴，厥阴经。

除了相关的故事背景或历史背景，帮助确定某种物质药用价值的另一类信息是它在一系列对应系统中的位置，这些对应系统属于"气味"的范畴。[1]在中国医学著作中，药物通常会被归类为某种"气"，这个字根据上下文有多种含义，但在这里可以粗略地类比为一种内热。一种药材的气可以是寒、热、温、凉或平衡（平）的，这些分类所表示的"热"的程度不一定与物体的温度相对应。[2]不同的文本描述"气"的水平的方法可能有所不同，有时会把每个热等级划分成更大的标度或完全省略掉其中一个等级，比如李时珍就更喜欢将药物归类为"平"而不是"凉"。在更广泛的中医体系中，这些关于"气"的意义也有不同的解释。然而，尽管具有描述上的灵活性，这一体系本身却在近代早期的本草传统里得到了广泛应用。

就像这里所说的"气"与物质本身的"热度"关系不大一样，"五味"一词与现代语境中的"气味"或"味道"最多也只有松散关联。五味是一套标准，每一种药都有其特点：酸、咸、甘、苦、辛。作者们可能对描述某种特定的植物或动物有不同的看法，但在

---

[1] 李时珍《本草纲目·序》中评注了《神农本草经》，并在评注里详细阐述了他对这些概念的理解。参见《本草纲目》卷1，"《神农本经》名例"。

[2] 参见 Charlotte Furth, *A Flourishing Yin*, 21–23。Paul U. Unschuld, *Medicine in China: A History of Pharmaceutics*, 27，称其为"热辐射"。

对其"气"和"味"的属性定位上,则可能会极大影响其在医学药方中的具体应用。龙骨被描述为平和甘。紧接着,李时珍使用了第三个字:毒。这个字翻译为英文,意为"毒药"(poison)、"毒性"(toxicity)或"效力"(efficacy)。① 本草中每一种药物的特征描述中都包含着是否有毒这一项。总的来说,这表明医生所持有的一种潜在的谨慎态度,即这种药物是有效的,但应该适度使用。有毒的物质可以用来大力增强药效或者只用于宗教仪式。李时珍说"龙骨"无毒,但燕子肉有毒,可以用来引诱龙出现或杀死病人体内的蠕虫。

阴阳是一种循环变化模式,驱动着宇宙根本策动力的演变与分化;阴阳模式绵延不绝,始终存在,支配万物,而这种动力也被描述成"气",是它造成了宇宙万物的变化。广义上说,阴阳代表了万物的两面性,它们通常被理解成对立或互补的二元存在(万物皆先有阴继而有阳):女人和男人、黑暗和光明、寒冷和炎热,诸如此类。在医学和药物学著作上,阴阳一词时常出现在人体治疗和药物方剂中:人体应该保持阴阳的平衡,当这种平衡被打破时,医生必须知道如何操控和处理药物的阴阳两面,以推动人体重新恢复平衡。

大多数药物学著作都援引了刚才所讨论的阴阳观概念,但在如何判定某种药物的阴阳属性上,其间的意见分歧却相当普遍。这一点可以从龙骨的"气味"判定上得到例证。李时珍认为"龙骨"气"平",而《名医别录》则将其归为"微寒"②。李时珍同时认为龙骨无

---

① 有关中国医学中"毒"的相关问题,参见 Frédéric Obringer, *L'Aconit et l'orpiment: Drogues et poisons en Chine ancienne et médiévale*(Paris: Fayard, 1997)。此书的研究集中在宋朝时期的文本。
② 甄权(541—643)著有《古今录验方》等著作。

毒，但甄权则判其为"有小毒"。分歧的存在是显而易见的，李时珍的处理办法是试图在"发明"这一小节里解决它，他会详细阐述某种药物的特性，（有时）也会阐述对其特性进行阴阳判定的原因。

【主治】心腹鬼疰①，精物老魅，咳逆，泄痢脓血，女子漏下，症瘕坚结，小儿热气惊痫（《本经》）。心腹烦满，恚怒，气伏在心下，不得喘息，肠痈内疽，阴蚀②，四肢痿枯，夜卧自惊汗出，止汗，缩小便，溺血，养精神，定魂魄，安五脏。白龙骨：主多寐泄精，小便泄精（《别录》）。逐邪气，安心神，止夜梦鬼交，虚而多梦纷纭。止冷痢，下脓血，女子崩中带下（甄权）。怀孕漏胎，止肠风下血，鼻洪吐血，止泻痢渴疾，健脾，涩肠胃（《日华》）。益肾镇惊，止阴疟，收湿气脱肛，生肌敛疮（时珍）。

"主治"这部分主要包括某种物质被作为药材使用时有可能治疗的疾病种类。通常包括李时珍对其他医学文献的引用及自己的评论。不同作者提供的信息可能不同，甚至存在冲突，当出现严重冲突时，李时珍通常会亮出自己的观点。前面讨论过龙与水的关系，《本草纲目》中也记载了与此相关的几个故事。在这里，龙骨的主要适应证通常是与水有关的疾病。具体地说，它似乎能够抵消疾病造成的人体过量的水分流失。根据《名医别录》，龙骨尤其适用于阻止过多的排汗、尿失禁和夜间遗精。李时珍补充说，它还有助于排湿气，在

---

① 这种疾病的性质尚不清楚，但在现代医学中，"疰"用来表示一种夏季疾病，通常是儿童患的。
② "阴蚀"一词是对女性疾病的委婉表达，这种疾病可能包括生殖器受到不适刺激。罗希文译编的英文版《本草纲目》（北京：外文出版社，2003）将这句话翻译成"阴部侵蚀"，不管这个词语的确切意思是什么，但所指的疾病似乎是让人很不舒服的。

近代早期医学文献中,湿气通常是导致疾病恶化的罪魁祸首。

【发明】敩曰:气入丈夫肾脏中,故益肾药宜用之。

时珍曰:涩可去脱。故成氏云:龙骨能收敛浮越之正气,固大肠而镇惊。又主带脉为病。

"发明"部分专门用来分析某种药物的特性。在这里,我们可以看到某种物质为什么会作用于特定的器官、血管或"气",而对其原因的阐释通常会将该物质置于阴阳对应的框架内予以观照。阴阳属性的划分、所属"气"的种类判定或血管理论不一定能完全解释某种药物的适应证,也未必能完全解释为何将它与某些疾病或器官问题联系起来。正如我们所看到的,与某种物质相关联的传说也可能塑造它在医学上的用途。下文还会提到,和其他药物相比较并进行推理,也可以在医疗实践中对某种特定物质的使用提供参考。"发明"部分提供的解释并不是详尽的,更多的是在某些高度理论化的医学互文系统背景下对某一物质的属性给予一定的分析。

【附方】旧十一,新七。

健忘:久服聪明,益智慧。用白龙骨、虎骨、远志①等分,为末。食后酒服方寸匕,日三。(《千金》)

劳心梦泄:龙骨、远志等分,为末,炼蜜丸如梧子大,朱砂为衣。每服三十九,莲子汤下。(《心统》)

……

伤寒毒痢:伤寒八九日至十余日,大烦渴作热,三焦有疮

---

① 一些参考文献将其翻译为 milkwort。

蛊。下痢，或张口吐舌，目烂，口鼻生疮，不识人，用此除热毒止痢。龙骨半斤，水一斗，煮四升，沉之井底。冷服五合，渐渐进之。(《外台方》)

……

吐血衄血、九窍出血：并用龙骨末，吹入鼻中。

"附方"部分提供了许多制备药物的方法，这些方法有的是从药方书中挑选出来的，有的是根据李时珍自己的经验记录下来的。李时珍转录了这些药方，并展示了这些药方的具体来源。仅就"龙骨"一条而言，有11个药方直接来自此前的标准医学文献，另外7个药方，部分根据自身经验得来，部分则来自阅读过的其他文献。药方中有些是为了治疗睡眠时遗精的问题，但所有这些药方所覆盖的疾病范围是非常广泛的：健忘症、腹泻、发烧、出血、尿中带血，都是这些药方的施治对象。龙骨还可用于预防对身体"三焦"区域的伤害：上区域（"上焦"），从下巴到膈肌；中部（"中焦"），大致对应腹部；肚脐以下的下半部分（"下焦"）。李时珍没有说明他特别喜欢哪些药方，但他记录了所有这些药方以备潜在读者所需。这一小节很长，在这里我只截取了一小部分，而这部分则代表了读者在查阅《本草纲目》时所能获得的信息范围。

某些条目只包含以上所述的这些子部分中的一个，而另外某些条目则涵盖了以上所有子部分且篇幅长达好几页。尽管许多相同的关注点贯穿整个文本，但《本草纲目》16个分类对象中的每一个都有自己的关注物、资料来源和组织特点。在每个分类的序言中，李时珍都简要地介绍了他组建这一分类的基本原理。只要通读这些序言，你就能感受到李时珍和他的前辈们是如何组织和安排自然物的，他们将大量的花瓣、羽毛和毛皮整齐地排列在一起。

接下来的四章详细探讨了李时珍作品中所包含的对象，其中包括对近代早期自然史发展最重要的一些植物和动物。我们将特别关注变化在中国自然史上的重要性、真正实现这些变化的生物，以及李时珍是如何理解这一切的。这些章节依次着眼于变化的构成要素，如火、水、土和石；由这些要素所形成的植物和昆虫；还有包含了宇宙转化过程和自身变化的动物、怪物、木乃伊和人类。这位中国近代早期的学者利用文字、感官和物质的工具来解决或促成有关动植物的争论，并在其中找到自己的位置。李时珍在亲历这些争论的过程中产生了关于转变的重要思想，而这些思想帮助他形成了《本草纲目》的认识论。这些内容彰显了《本草纲目》的精髓，展现了一幅复杂、生动、矛盾的明代自然观图景。每个类别或一组类别都面临着自身特有的问题：解决有关黄蜂的意见分歧，与权衡将人类血液用作药物是否道德，这是不同的问题。所有的讨论都是由共同关心的问题和前提触发的，但常见的来源、引用和论据往往并非如此。我们探索《本草纲目》类别的顺序很大程度上反映了文本本身的顺序。虽然大多数现代学者认为这本书是参考资料的汇编，并没有特定的顺序，但李时珍的组织显然是有逻辑的，前面的章节为其后的内容铺平了道路。这种内在秩序会使读者习惯于依次探索真实的物质世界，里面的物质始终如一地展示着自己的特性，彰显着自我的存在。

我希望读者在认识了一些《本草纲目》的"原住民"后，能对本草的丰富性有所了解，更好地理解明末动植物研究领域中丰富多样且充满活力的辩论，以及与之有关的学者、医生、病人和读者所面临的风险。而李时珍和其他人对他写作工程的理想化描述，往往与实际文本中进行的书写大相径庭。正是这种转变赋予了文本如此旺盛的生命力。

第三章
变化之根本：《本草纲目》中的五行

据说很久以前，在拂林国这个地方，有一个方圆达四五十里的水银海。当地人有一种巧妙的方法从这个巨大的宝库中提取水银。他们在离岸十里远的地方挖几十个坑。然后派出强壮的骑手骑上优良的骏马，人马皆贴上一层金箔，令他们奔赴水银海。当骑手接近大海时，日头照耀着他们，身上的镀金层闪闪发光，水银便会如大浪般翻滚而来，紧紧追逐着骑手，就像是要把他们金光闪耀的身体包裹住一样。骑手转身疾驰而去，水银则紧追不舍。那些速度太慢的人很快就被水银吞没了，当幸存下来的骑手经过事先挖好的坑道时，水银就涌进坑里，并滞留在其中。当地人将其与香草一起熬煮，制成花汞。①

尽管宋应星（生于1587年）在《天工开物》中讥讽这个故事"无端狂妄"，并不可信，但早他一代的前辈李时珍却给予了足够严肃的对待，他在深入思考后批判性地甄别了镀金骑士的传闻。② 李时

---

① 《本草纲目》卷9，"水银·集解"。这个故事引自陈霆（1502年中进士）的《两山墨谈》。
② 参见宋应星《天工开物》，台北：商务印书馆，1987，卷16，第276页。在一篇讨论"朱"的文字里，宋应星提到了"汞海"（"汞"是"水银"的另一个称谓）（转下页）

珍解释说，水银具有诸般神奇的特性，在历史上早有记载。他描述了方术家用他们所谓的"神奇液体"制作蜡烛的过程，他们利用这种特制的蜡烛发出的光来寻找珍贵或藏匿起来的物体："方术家以水银和牛、羊、豕三脂杵成膏，以通草为炷，照于有金宝处，即知金、银、铜、铁、铅、玉、龟、蛇、妖怪，故谓之灵液。"①

水银是一种曾引发大量学术争论的自然物：因为它既可以瞬间致人死亡，也可以给人类带来不朽生命，所以它的特性需要被清楚发掘。为了理解李时珍对镀金骑士和水银海的故事所做的解释，我们必须首先认识到，水银作为一种金属，是五行基本元素的物理表现之一。作为自然界最基本的力量，五行调节了宇宙中所有的变化，并帮助形成了《本草纲目》的体例结构和作者的认知决策。

变　化

《本草纲目》中记载了历代对于变化本身所持的看法及产生的诸多争论与分歧，因为此前的著作者们认为自然界的变革是如此明显昭彰，而且往往又非常奇特，很值得阐发和辩论。有鉴于此，李时珍不得不思索各种办法以甄别这些主张中究竟哪些是真实可信的。在他的这部杰作中，他非常努力地想要赋予那些关于腐朽、呼吸、死亡和其他变形的动物寓言合理性，并从中发展出了自己对于宇宙万物的阐释，即宇宙是一个不断流动的实体的集合——事实上，正是流动创造了实体。他最终构建出一幅关于自然世界的图

（接上页）和"草汞"的故事。关于《天工开物》，可参阅薛凤（Dagmar Schäfer）的著作，特别是 "The Congruence of Knowledge and Action: The *Tiangong kaiwu* and Its Author Song Yingxing," in H. J. Vogel, C. Moll-Murata, and Jianze Song, eds., *Chinese Handicraft Regulations of the Qing Dynasty: Theory and Application* (Munich: Iudicum, 2005), 35–60。

① 《本草纲目》卷9，"水银"。

景，里面充满了各种过程，而变化是这幅图景和各类过程最基本的存在前提之一。

李时珍描述自然变迁中最基本元素的状貌，就像是在描述一个人的身体："水为万化之源，土为万物之母"①，火赋予万物生命和死亡②，而宇宙变化的奇迹具体体现在作为"气之根，土之骨"的石身上。作为"气"的具象化和有形化，水、土、火、石等物质，其存在样态的转变可能从柔软到坚硬（典型的如钟乳石的形成），从活跃到静止（典型的如植物化石），从生机勃勃到麻木不仁（如动物和人的石化），或从无形到有形（如雷电、地震和星辰的凝固缩影）。③这是对"气"和"气"在宇宙万物上的具体物质呈现即"物"所表现出的各种特质的一种唤起性陈述：柔软或坚硬，运动或静止，精神或灵魂，感觉或感受，以及形状或形式。

李时珍描述这些特质之间的转变，经常使用两个词语："变"和"化"。虽然这两个专有名词不容易找到严密对应的英语单词，但简单地讨论一下它们的用法并做适度引申，就可以了解它们在《本草纲目》的文本中是如何具体发挥作用的。这两个字眼结合在一起构成了复合词"变化"，这是一个广义的宽泛的术语，指向了自然界的普遍变化，但也同时意味着在植物、动物和宇宙其他物质之间转变的情形。

"变"最广泛用于讨论自然物发生的某个方面的变化：头发"变白"④，头上所生虱子"变黑"⑤，也即任何物体在颜色上的改变。一种疾病在发展过程中可见的改变也是一种变化。血管可以"变

---

① 《本草纲目》卷5，序言。
② 《本草纲目》卷6，"阳火、阴火·集解"。
③ 《本草纲目》卷8，序言。
④ 《本草纲目》卷4，"百病主治药·须发"。
⑤ 《本草纲目》卷40，"人虱·集解"。

通"(畅通无碍)，体液或寄生虫可以"变动"(开始移动)。"变"所指的变化是可以观察到的，最重要的是，它不一定标记着生物生命周期中某个可预见的阶段。物体的"变"经常让人匪夷所思。① 它甚至可以指乌龟或蘑菇所经历的长达一千年的缓慢演变过程。

"化"在医学文献中也发挥着重大的作用。在李时珍的文本中，"化"的使用频率是"变"的两倍多，部分原因是它包含着"溶解"的意思，有几百种药方要求将药材粉末"化"在水、酒或血液等液体里。② "造化"是用来描述宇宙的创造和创造过程的词语，其中就含有"化"字。在最广泛的文本应用里，"化"总是跟"变"一起出现：如果"变"在可观察的方面是一种可能令人惊讶的转变，"化"则代表了一种更根本的改变，这种改变被看作对象生命周期中更贴近其"自然本质"的部分。

五 行

五行说是支撑《本草纲目》里如上各种变化的基础。五行是宇宙万物存在的基本模式，但从根本上看它们又是瞬息万变的。这五种基本元素在相互创造和更替的循环中不可避免地联系在一起，通常遵照一定的顺序（创造的顺序依次是木→火→土→金→水，如果这个顺序逆转，将成为破坏与毁灭的循环）。根据使用语境的不同，这五种

---

① 在不同的语境下对这一问题的处理，参见 Elisabeth Hsu, "Change in Chinese Medicine: Bian and Hua, An Anthropologist's Approach," in Viviane Alleton and Alexei Volkov, eds., Notions et perceptions du changement en Chine (Paris: Collège de France, Institut des hautes études chinoises, 1994), 41-58。她通过对《黄帝内经·素问》里"变"和"化"的使用进行深入研究，发现"化"所指的变化主要在人体内进行，是看不见的，而"变"所指的变化在观察者的眼中是可见的。
② 据我自己统计，"变"字在《本草纲目》中出现了300多次，"化"字的出镜率则高达780次。

元素也可以按照不同的变化顺序排列。

关于五行的讨论在前现代中国学术中普遍存在，尽管它们的意义或多或少取决于其所处的上下文。例如，"木"可以表示构成树木的质料，也可以指向一种类似木头的存在状态，亦可以体现与木头有关的抽象原则。与其他晚明学者①一样，李时珍在讨论水、火、土、金、木等物质方面也持有个人的看法，但他更多是从形而上的角度来看待它们的。无论是在具体实例中，还是在形而上的层面，五行元素都被嵌入一个宇宙学的理论框架中，在该框架里，五行对应了各种含有五种元素的存在物。"五石"被道家用来制造长生不老药（"丹"）。②"五脏"包括肝、心、脾、肺、肾。它们还关联起"五色""五芝"和其他诸如行星、季节、味道、情绪或分泌物等许多存在物。③五行彼此转化的循环模式，被认为是所有这些关联物的存在模式，事实上，它就是世界上所有事物的存在模式，而且在很大程度上是由物质中阴阳两种力量的互相作用而决定的。

对于这位16世纪晚期的博物学家和医生来说，五行说中最重要的方面恰恰是这五种无处不在的基本元素和变化万端的物质表现之间的生发张力。五行不仅仅表现在各种变化上——对许多学者来说，它们就是变化的化身——它们孕育了变化，也孕育了万物。因此，李时珍在全书的结构中，将五行作为最基本的组织层次。全书的分类始于水和火（根据李时珍的说法，这是最基本的分类），其后是

---

① 宋应星在他的作品中多数时候也是将五行视作物质性的存在和与此相关的法则。见 Christopher Cullen, "The Science/Technology Interface in Seventeenth-Century China: Song Yingxing on *Qi* and the *Wuxing*," *Bulletin of the School of Oriental and African Studies* 53: 2 (1990): 295–318。
② 根据《抱朴子》的说法，这五种石头是丹砂、雄黄、白矾、曾青、慈石。
③ 费侠莉在《繁盛之阴：中国医学史中的性（960—1665）》中给出了描述此类五重系统的清晰列表。李时珍本人对于五重系统的一般性陈述和彼此间关联的列表，可见《本草纲目》"气味阴阳""五味宜忌""五味偏胜""标本阴阳"。

土、金（包括石），然后是木（嵌在专门研究植物的卷目里），最后是器具、动物和人类。在本草研究史和自然科学史上，有将"木"和"金"单独分类的传统，而李时珍在《本草纲目》中创新性地将水、火、土各自列出分类。在许多方面，水、火、土三者是《本草纲目》里各种物质变化的基本媒介。

水和火为文中许多药物提供了物质基础。在李时珍看来，水是"万物之灵"①，而火则是宇宙万物的创造者和毁灭者。②他描述了许多不同种类的水，如各种雨水和露水、霜冻和冰雹、寒冰、池塘里的水、竹子和蔬菜上蓄积的水、井水和泉水、蛇出没的沼泽里的水、水坑或坟墓里淤积的水、洗过或煮过各种物体的水，还有洗澡水。它们的药用价值随着季节的变化而变化。

在"土"一节中，李时珍记载了与人类"脾胃"有关的不同种类的土。③他带领着读者走过一堆混杂的土壤：白垩土、各种颜色的土、从房屋和道路下面提取的土、从鞋底提取的土、从市场和火葬场提取的土、从鸟类和黄蜂的巢穴提取的土、各种昆虫的粪便、由人类和动物的尿液形成的泥土、陶瓷、砖块、墨方以及几种灰烬和煤烟。从概念上讲，土是一个边界类别（boundary category）。《本草纲目》在后续章节里，也用类似的思路引领着读者一步步继续览胜。

"金石"类在李时珍看来，在更基本的元素（水、土、火）和动植物之间起到了桥梁的作用。④它还展示了自然界中一些最显著和最基本的变化过程，这种变化过程出现在空气和灰尘之中，也出现

---

① 《本草纲目》卷5，序言。
② 《本草纲目》卷6，"阳火、阴火"。
③ 《本草纲目》卷7，序言。
④ 如前所述，木部并未如水、火、土、金那样单独列为一个类别，而是嵌套进一系列与植物相关的类别中。见《本草纲目》卷34，序言。

在昆虫等动物体内，只是后者更为复杂而已。

五行构成了事物的原理（"理"），理解它们所介导的变形，才能合理地预测自然物的变化。五行及与其相关联的转变不仅构成了《本草纲目》的根基，而且在面对以往学界聚讼纷纭的动植物和其他自然实体问题时，帮助李时珍做出决策。

正统与特异

《本草纲目》对"火"一节的引入，将李时珍的作品与前人的作品区分开来，并由此开创了一个重要的先例。[①]虽然"火"在整部书中所占篇幅最短，但无疑是李时珍的最爱。火有着独一无二的性质：它虽无实体，但却有其特性（"有气而无质"）。作为光明与黑暗的化身和创造者，火所表现出来的特性天然地遵循了光明与阴翳的基本划界：晴朗的、温暖的、阳刚的"阳"与阴沉的、寒凉的、阴柔的"阴"。虽然在《本草纲目》之前的本草学著作并没有将火单独列出予以陈述，但清末民初的许多人都以李时珍为榜样，经常引用他的论述，将其视作医学上使用"火"的关键权威。[②]因此，正如《易经》等少数古代文献和一些记录极特殊现象的非正统文献，李时珍在《本草纲目》的许多激进主张中，自己充当权威，从而规避了冗长的辩论或论证。因此，在"火"一节中，李时珍自己展开了大部分讨论，没有留出篇幅引用那些可能会挑战自身权威的传统资料。

在论证这一地球上最基本的存在时，李时珍引用了他认为最基

---

① 见李建民《〈本草纲目·火部〉考释》，《"中研院"历史语言文化研究所集刊》73: 3（2002）: 395—441。
② 这里面也包括吴仪洛写于18世纪的《本草从新》。

本的古代文献，包括《易经》和《周礼》。《易经》作为本草学的本源，位居首要地位是不足为奇的。李时珍讨论五行说时强调了阴阳概念的重要性，甚至在他的序言中还特意提到了《易经》中关于水和火的论述。① 八卦是由三条实线或虚线以旋转组合的方式串联并置而成，其中实线代表阳，虚线代表阴。每一个三元组都以特定的方位和自然力量或地理形态命名，并加以识别，由此形成六十四卦，构成《易经》的基础。李时珍还大量引用了《黄帝内经》，这是一部深受阴阳学说影响的著作，被李时珍和他的同时代人视为医学理论和实践的基础典籍。② 李时珍在《本草纲目》中讨论水和火（万物的根源及其变化），以及展开医学原理和理论的导论部分（"序例"），都引用了这一经典医学著作。③ 这些引文主要来自《黄帝内经》中一个主要人物——岐伯④。

然而，当讨论关于火和水的更极端的主张时，李时珍却引用了对一位《本草纲目》作者而言相对非正统的资料。李时珍非常着迷于那些看起来像火但不会燃烧的"火"：萧丘当地的寒冷的火（"萧丘之寒火"），沼泽中起于水面的火焰（"泽中之阳焰"），野外的鬼火（"野外之鬼磷"），还有金银身上发散出的凛冽的精气（"金银之精

---

① 李时珍用坎三卦来理解水（见《本草纲目》卷5，序言），用离三卦来理解火（见《本草纲目》卷6，序言），用坤三卦来理解土（见《本草纲目》卷7，序言）。
② 更多《黄帝内经·素问》的研究，见 Paul U. Unschuld, *Huang Di Nei Jing SuWen: Nature, Knowledge and Imagery in an Ancient Chinese Medical Text* (Berkeley: University of California Press, 2003)。又见 Hermann Tessenow and Paul U. Unschuld, *A Dictionary of the Huang Di Nei Jing Su Wen* (Berkeley: University of California Press, 2008)。
③ 关于《黄帝内经》的年代和出处，参见 Nathan Sivin, "*Huang ti nei ching*," in Michael Loewe, ed., *Early Chinese Texts: A Bibliographical Guide* (Berkeley: Society for the Study of Early China, 1993), 196—215。
④ 见《本草纲目》卷1，"采药分六气岁物"，第44页；"七方"，第44—46页；"五味宜忌"，第53—54页。

气")。① 李时珍还讨论了偏远地区的火的种类、食火者和不会被火烧伤的人：

> 南荒有厌火之民，食火之兽；西戎有食火之鸟。火鸦蝙蝠，能食焰烟；火龟火鼠，生于火地。此皆五行物理之常，而乍闻者目为怪异，盖未深谙乎此理故尔。②

这些特异现象在李时珍眼里并不特异，他反对将其视为怪异的存在，并在论证的过程中带入了一套非正统的文献资料，如《抱朴子》和《原化记》，而这彰显了李时珍作为一个本草学者的独特之处。③

《本草纲目》在金石类目上所引用的资料比前三章引用的要多得多，文献来源也更加多样。这自有其道理。不同于水、土、火，金或石构成了很多一般物质和药材，是许多早期的自然史和本草学文献中的重要类别。与之前的章节相比，李时珍在这一部分中更自由地使用了前人和同时代人的本草论述。6世纪的《地镜图》④是一

---

① 《本草纲目》卷6，"阳火、阴火·集解"。在《本草纲目》这一部分，李时珍还把读者的注意力引向了林部和兽部中一些有趣的药物，在讨论阴火、阳火的时候，他从这些药物中引证了许多故事。
② 同上。
③ 《原化记》是唐代皇甫氏的作品，其中包括了一些有关奇异变化的生物和事件的纪实和故事，李时珍在整个《本草纲目》中只引用过一次。当然，变形的物质、植物和动物也出现在《本草纲目》的其他部分，在这些部分中，他偶尔引用这些被其他本草作者所忽略的志怪文献讲述蜕变的问题，其中包括写于10世纪的《化书》，李时珍认为是宋齐丘（886—959）和谭子的著作，并在讨论植物、昆虫和人类时引用了大约5次。关于《化书》和它的历史，见 John Didier, "Messrs. T'an, Chancellor Sung, and the Book of Transformation (Hua shu): Texts and the Transformations of Traditions," *Asia Major*, 3rd series, vol. 11 (1998): 99–151。
④ 关于《地镜图》，参见 Ho Pengyoke（何丙郁），*Explorations in Daoism: Medicine and Alchemy in Literature,* eds. John P. C. Moffett and Cho Sungwu (New York: Routledge, 2007), 95–103。

本关于石头和土壤性质的手册，而唐代的《宝藏论》① 则被视为研究金、石品种及其本地（和外域）变异的基本权威著作，它们的主张构成了李时珍讨论地之身骨性质的基础。

整体与局部

季节性和地理区隔界定了植物、动物和人，同样地，不同空间中也存在着不同种类的水和火，理解如何使用它们对促进人体健康和福祉至关重要。中国近代早期对大地景观的表述正是借鉴了人体的结构，并与各个器官一一对应。据李时珍说，泉水和水井是地球的管道，就像血液和气流经人体的血管一样。② 如果风水可以被理解为对土地外部状貌的描述，那么人们可以通过观察山丘、山谷和溪流来了解地下的土壤质量。观察这种时空变化，对于理解如何使用火、土和水作为药物是非常重要的。

李时珍区分了天水和地水，天水一般与季节变化有关，地水则以地理差异为特征。③ 因此，不同种类的露水在一天或一年中的不同时间采集，每一种都有不同的药用价值。水也由空间来定义和区分。据李时珍说："是以昔人分别九州水土，④ 以辨人之美恶寿夭。

---

① Joseph Needham and Gwei-djen Lu, *SCC*, vol. 5, pt. 2, "Spagyrical Discovery and Invention: Magisteries of Gold and Immortality" (Cambridge: Cambridge University Press, 1974)，其中有一小段关于《宝藏论》（第273—276页）的内容，但李约瑟并没有将其列入《本草经》的参考书目中。李约瑟、鲁桂珍认为此书作于公元918年。参见 Ho Peng Yoke, *Explorations*, 116–121。
② 《本草纲目》卷5，"井泉水·集解"。土地与人体之间的对应，特别表现在道教象征主义的语境中，详细论述见 Kristofer Schipper, *The Taoist Body* (Berkeley: University of California Press, 1993)。
③ 《本草纲目》卷5，序言。
④ 古代中国被划分为九个部分，即"九州"，经典文献对"九州"的描述和识别有所差异。关于地域差异的感知，也可以参见 Marta Hanson, "Robust Northerners（转下页）

盖水为万化之源，土为万物之母。"①

火也被分成三个由空间定义的主要类别：天火、地火和人火，而每一种又都分别含有阳火和阴火。②阴阳两分法经常被用来理解地球和水体在空间和时间上发生的变化。然而，李时珍创造性地将这个基本原理扩展到一个没有被探索过的环境中：火。说到底，火这个宇宙的基本组成部分为什么不能和其他的兄弟元素一样？为什么不能按照我们预想的那样，表现出其他元素的那种随时空变化而变化的特性呢？如果答案是肯定的，我们难道不应该去探察它的周期性、季节性和地区差异性，以便正确地理解火在自然界中的作用，并且同样重要地，为了人体健康和疾病治疗对其加以操控吗？在对火阴阳属性的理解上，与其将其与已有案例体现出来的和所有学者所认为的那些得到明确界定的特性相联系，不如理解成在特定案例中相反相成的两方面，这样更有用、更准确。这一点在考察李时珍对火阴阳两相的区分时尤其贴切，因为火的阴阳两相并不完全符合典型的阴阳特性。阳火可以燃烧草和木材，但是潮湿可以抑制它们的蔓延，水可以扑灭山火。阴火可以熔化金属和石头，当遇到潮湿的东西时，它们燃烧得更猛烈。③

了解五行元素外在物质表现上的空间差异性，才能通过探寻蛛丝马迹来定位和识别珍贵药材。这也是给物质命名的一个主要因素，李时珍在讨论俗称的"云母"④时就给出了这样的解释。据《荆南志》记载，华容方台山出云母，当地人会一直守候观察这座

（接上页）and Delicate Southerners: The Nineteenth-Century Invention of a Southern *Wenbing* Tradition," *positions* 6: 3 (Winter 1998): 515–549。

① 见《本草纲目》卷5，序言。
② 见《本草纲目》卷6，序言。
③ 此间区别见《本草纲目》卷6，"阳火、阴火"。
④ 见《本草纲目》卷8，"云母"。现代英语通常将其翻译为 muscovite 或 mica。

山，当看到云翳从岩石里生出来时，就会在那里掘洞深挖，总能掘取大量的云母石。因此，这里讨论的石头确实是名副其实的"云之母"，是云诞生的根源。① 许多研究岩石的学者仰仗诸如6世纪的《地镜图》这样的文献，文献提醒人们留神观察石头上的纹理和色彩，据此可定位下方物体。人们还会特意训练矿工，指导他们去寻找拥有特定样貌的岩石，而这些岩石里面含有贵重的金属和美玉。② 据李时珍说，矿工们正是通过观察矿石上的纹理，才发现了朱砂。③ 如果地面上草叶枯萎凋黄，可能地下埋藏着赤铜铸的马或人。④ 如果地面上是如茵绿草但草茎发红，则预示着地下存在铅矿。⑤ 除《地镜图》外，《博物志》《礼记》《淮南子》和许多本草学文献，也记载了判定埋藏的玉石或宝石的方法，有的会发出七彩的光，有的藏在五色石、栗色石或棱角突出的石头中。⑥ 的确，大自然的蕴藏总是会外化于形，一个受过训练的博物学家知道如何通过它们来解读土地的面貌。

常态与变态

许多转变在这片土地下自然地发生。不过，还是有一些方法可以推动物质的自然进化并引导其发生转变。人工操纵物质的变化周期可能只是利用了李时珍及其前辈学者反复强调的一条规则：生物

---

① 见《本草纲目》卷8，"云母·释名"。
② 参见 Peter Golas, *Science and Civilisation in China*, vol. 5, pt. 13, "Mining" (Cambridge: Cambridge University Press, 1999)。
③ 见《本草纲目》卷9，"丹砂·集解"。
④ 见《本草纲目》卷8，"赤铜·集解"。
⑤ 见《本草纲目》卷8，"铅·集解"。
⑥ 见《本草纲目》卷8，"玉"。

及其变化受周围事物的影响。民间有一种普遍的看法，认为用扫帚在猫身上扫一扫就能使其怀孕，同理，在孕妇的床底朝上放一把锋利的铁斧也能使胎儿由女性变为男性。①铁中所含的"阳气"（男性特质）和其他物质里含有的"阳气"一样，会压倒子宫里起平衡性能的阴柔（女性特质）力量，使男性的特质获得主导地位。

这种转变形塑了物质的生成方式，也因此决定了该物质的医学用途。人们普遍认为，由纯天然过程形成的药物，其疗效优于人工操作产生的药物。即使是在前一种情况下，如果某种物质长时间处于有损其纯度的环境中，它的效力或特性也会改变；虽然李时珍在书中讨论了随葬品、妇女的首饰衣物和盛装秽物的容器，但不建议用于医学。相比之下，那些历经数百年并经历自然变化周期的物品，在本草学实践中更受青睐。

方士们通常试图通过改变事物的自然演变过程以创造长生不老药，或千方百计将普通物质转化为珍贵物质。②他们声称可以通过摄入朱砂、水银和砒霜来避免死亡，却遭到了本草学作者的强烈谴责。宋朝的大夫寇宗奭抱怨说，尽管食用这些有毒物质导致了无数人的死亡和患病，他的朋友们仍然坚持这个"可悲的错误"③。因为金、石在概念上与炼丹术紧密关联，被视为具有延年益寿的潜质，并受到重视、讨论。例如，为了保持青春的光彩，宋朝和明朝的许多方剂书里都记载了白发变乌发的配方④。一些药方建议将丹砂等药物提炼出来，放入未孵化的鸡蛋中，再将鸡蛋放回巢中，等到其

---

① 见《本草纲目》卷8，"诸铁器·铁斧"。
② Nathan Sivin, "Chinese Alchemy and the Manipulation of Time," *Isis* 67.4 (December 1976): 512-526.
③ 李时珍在《本草纲目》卷9"水银"中详细地收录了寇宗奭关于此的讨论。
④ 李时珍在《本草纲目》卷8中收录了制作乌须铅梳的方法，这是一种铅做的梳子，能将胡须变黑。

他小鸡开始孵化时再适时将其取出，这正是隐晦地利用活体生物出生、生长和发育的生命周期来处理一种表面上能维持青春的物质。①在《淮南子》《抱朴子》等著作中，都提到了与道家相关的金属物质（尤其是朱砂），它们能够赐予人类无限的青春和生命，据说将它们施用在尸体上可以延长或保持生命的红润和新鲜色调。对于某些作者来说，将此法推行应用到活人身上也是顺理成章的。根据《抱朴子》②中葛洪的说法，当尸体的九窍被填满金和水银时，尸体就不会腐烂。葛洪宣称，如果对尸体都能产生这样的影响，那么何妨想想活人服用后会有怎样的效果！③

李时珍坚决反对这种终止事物自然腐烂过程的贪婪欲望。他认为，应该避免使用玉器来保存尸体：虽然玉器有可能保存尸体不腐，但它肯定不能延长寿命，而且根据事物的一般性原则，应该允许尸体自然腐烂。④李时珍不同意《抱朴子》提出的建议，即使用云母石以使人更年轻，助人驱役妖魔鬼怪，或防止尸体腐烂。他认为，那些看上去还活着的尸体，往往会使得盗墓者的兴趣不会局限在盗掘古物上："昔人言云母壅尸，亡人不朽。盗发冯贵人冢，形貌如生，因共奸之；发晋幽公冢，百尸纵横及衣服皆如生人。"⑤

---

① 见《本草纲目》卷9，"丹砂·附方"。上面给出了制作可使乌髭变白的药剂的方法。
② Robert Ford Campany, *To Live as Long as Heaven and Earth: A Translation and Study of Ge Hong's Traditions of Divine Transcendents* (Berkeley: University of California Press, 2002)，第1章细致介绍了这位道教作家（葛洪）对炼金术（inner alchemy）中制造长生不老药所用的植物、石头和金属的兴趣。有关长生不老药和炼丹术的一般介绍，参见 Fabrizio Pregadio and Lowell Skar, "Inner Alchemy *(Neidan),*" in Livia Kohn, ed., *Daoism Handbook*, vol. 2 (Leiden: Brill, 2004), 464–497.
③ 见《本草纲目》卷9，"水银·发明"。
④ 见《本草纲目》卷8，"玉·发明"。
⑤ 见《本草纲目》卷8，"云母·发明"。

无毒与有毒

对于药物和人体的自然转变和人工转化的关切,也贯穿在《本草纲目》就毒性问题展开的讨论中。所有的石头都拥有一个基本的本质("精"),它可以像现代生物学中的干细胞那样具有多功能性。这种纯粹的本质既可能变成珍贵的黄金或美丽的玉石,也可能会变成猛烈的毒药。许多石头和金属的形态取决于当地的自然环境,但都拥有很大的改造潜力,因此在处理它们时必须非常谨慎。与之相反的是,那些外观粗糙拙劣且不无害处的石头和金属可以通过适当的加工,转化为有益健康的药物。① 而这一加工过程是由方士人为介入并参与改变,还是完全遵从天工任其自然,通过有创造之力和转化之工的"气"("造化之气")来自发主导进行,这引起了一定程度的争论。②

这些物品中有一些并非为方士所垄断的稀有品,而是相对更寻常的物事。例如,砒石价格很低廉,在明朝的药品市场上很容易买到。这种能力强大的物质③(据李时珍所言,它的名字来源于传说中残暴的猛兽"貔")可以被用作熏蒸剂、杀虫剂、药材,爆竹制作者还会利用它制造爆炸声格外响亮的爆竹。砒石还与其他物质,如水泡甲虫(斑蝥,通常被称为西班牙蝇)、尿液、粪便混合在一起,以制造有毒的火药。④ 市场上售卖的大多数砒霜不是掺了假就是被杂质污

---

① 见《本草纲目》卷 8,"金·集解"。
② 寇宗奭认为未加工的银器与能工巧匠加工后的银器存在疗效差异,见《本草纲目》卷 8,"银·集解"。关于自然产生的物质与行家里手制造的物质间差异性的相关问题,请参见《本草纲目》卷 8,"铁·集解""玻璃·集解""水晶·集解""琉璃·集解"。
③ 见《本草纲目》卷 10,"砒石"。根据李时珍的说法,"砒"与"貔"同音,因此用它来表明这种石头毒性凶猛。在李时珍讨论龙的名字的来源时,也引证了一些同音异义词。
④ 参见 Joseph Needham and Robin D. S. Yates, *SCC*, vol. 5, pt. 6, "Military Technology:(转下页)

染了，所以宋明两代的作者都告诫人们不要购买和使用这种潜在毒物。但即使是天然原材料，如果处理不当也会发生危险：宋代本草学的许多论者都认为，用冷水处理生砒石会产生一种潜在的致命毒药，但用火来处理砒石则是安全的。① 李时珍相信自然界的周期运行（它由宇宙五行的正常运转所调控）所致的变化比人类插手推进转变更可取，这一信念塑造了他衡量各类证据的方式，并决定了他在生死这一关键问题上做出的决策。

明代人们更偏向使用加工过的砒石。当时的商人和农民担心这种药材的原始形态有毒，于是以焚烧的方式来获取更安全的药用砒霜和农药。但不幸的是，其中有许多人在野外焚烧砒石时方法过于简单粗糙，产生的毒气会杀死沿途的植物并致人生病或死亡，而这些暴露在自己制造的毒气里的人便极易受到伤害。② 宋应星在《天工开物》中告诫说，任何加工砒石的人两年后都应该换工作，以免体毛全部脱落。③ 陈承（创作期1092年）是较有威望的《本草经》宋代版本的作者和评述者，也警告人们不要用火来处理砒石。④ 但陈承也坦言，人们虽然明知其害，但为了提炼砒霜，却仍然坚持这么做。砒霜通常与大米混合使用以扑杀老鼠和鸟类。这种方法确实消

（接上页）Missiles and Sieges" (Cambridge: Cambridge University Press, 1995)，它讨论了早期火药制造过程中使用的石头和动物毒物。关于水泡甲虫，见《本草纲目》卷40，"斑蝥"。关于火药的毒性，见宋应星《天工开物》卷15，"火药料"，第259页。

① 见《本草纲目》卷10，"砒石·集解、发明"。李时珍在此展示了苏颂、陈承和寇宗奭在水处理法和火处理法上的分歧。
② 同上。
③ 宋应星《天工开物》卷11，"砒石"，第201页。
④ 火炼砒霜是宋朝的本草文献中新增加的一种物质，陈承提道，这种砒霜在宋朝之前就已经被广泛用于制作长生不老药了。关于在宋代医学中使用诸如砒霜之类的毒药，参见Frédéric Obringer, *L'Aconit et l'orpiment: drogues et poisons en Chine ancienne et médiévale* (Paris: Fayard, 1997); Frédéric Obringer, "A Song Innovation in Pharmacotherapy: Some Remarks on the Use of White Arsenic and Flowers of Arsenic," trans. Janet Lloyd, in Elisabeth Hsu, ed., *Innovation in Chinese Medicine* (Cambridge: Cambridge University Press, 2001), 192–214。

灭了害虫，但也同时消灭了任何不幸吃了这些鼠和鸟的狗或猫，误伤了吃了这些狗和猫的饥饿的人。明末，砒石还被用来清洗水稻幼苗，或者作为一种杀虫剂与谷物种子一起播种。

在李时珍看来，这一问题的复杂性在于，外行人普遍认为，对天然药材的加工在某种程度上消除了其内在的所有毒素。① 结果，金石类药材引起的中毒现象相当普遍。李时珍对市场和药材毒性的双重关注，在他对晚明酒商"嗜利不仁"行为的哀叹中得以体现。一些肆无忌惮的小商贩在往瓶子里灌酒之前，会先用砒烟把瓶子洗干净，这是一种防止酒变质的廉价方法。② 而他们的顾客在慢性中毒的过程中，只会咒骂酒的劣质，却不知其中掺入的砒才是罪魁祸首。李时珍认为宋代本草学作者支持了天然药材本身就有危险的假设。例如，寇宗奭曾声称，从地下挖出的银是有毒的，它们被封存在地下密闭空间，充满了有毒物质，但在地表发现的银则是安全的，因为暴露在大气中，一直在释放有毒物质。但李时珍对此表示反对，他声称，只有银中混入的杂质才会使这种原本安全的物质带有毒性。毕竟银器是用来检测食物和人体中的毒素的，银本身又怎么会有毒呢？③

到了明末，物质的毒性和有毒的物质成为极富争议的话题，特别是在讨论那些广泛用于医药、农业和日常生活中的石头和金属时，争论尤为激烈。李时珍对五行具有根本变革力量的信念，认为自然形成的物质比人工合成的物质具有更小的毒性。但是，这一规则也有例外，因为每个个体的情况各不相同，药物并不总是如预期

---

① 见《本草纲目》卷 10，"砒石·集解、发明"。
② 同上。
③ 这场辩论参见《本草纲目》卷 8，"银·集解"。李时珍还与之前的本草学作者就朱砂与其他药物不同组合使用时的毒性进行了争论（《本草纲目》卷 9，"丹砂·发明"）。

的那样起作用。例如，少量的砒石可以安全地配给那些山野小民，却不适合用于沉溺于酒色犬马中的膏粱子弟。丹砂和甘汞对某些婴儿可能是致命的，但对其他婴儿却未必尽然。① 试想，当书架上满满当当的书籍中到处充斥着这种例外情形的故事，且这些故事还将帮助确定如何使用药物以治病救人时，一个晚明的博物学家如何知道该相信什么，摒弃什么，以做出正确的决策？

如何对待例外情况

尽管一些描述自然物毒性的故事备受瞩目，但关于潜在补救措施的记载却也非同寻常。但非同寻常并不一定意味着难以置信，比如我们可能只需要照一照镜子。

黑暗或光明的特性包含在许多金石药物的描述中。光线是正确观察的先决条件，它对获取相关知识至关重要。由于镜子（通常由金属制成）与光和暗存在着一种非常奇异的关系，遂成为导致明代学者困惑不解的主要根源。② 据李时珍所言，镜子的表面是晦暗的，但内部是铮亮的，③ 它们能使人免受邪魔外道的伤害。在《本草纲目》中，有很多故事记述了人们在镜子里看见了那些平时隐遁不见的东西。④ 因为镜子里蓄有一种特殊的光，所以古镜可以像古代的

---

① 《本草纲目》卷9，"水银粉·发明""丹砂·发明"。
② 镜子在明代文学中常被称为"镜"，也被称为"鉴"或"照"。在近代早期百科全书中，以上三种名称出现时，所指的都是同一种物件：镜子。
③ 《本草纲目》卷8，"古镜·发明"。紧随其后的描述也来自这一部分。
④ 《本草纲目》中把植物的叶子比作镜子的形状的事例表明，在李时珍的时代，镜子通常是圆形的。此外，当时常规的镜子的大小可能是相对固定的，因为《本草纲目》中常以镜子来比拟一些物体的大小。见 Julia K. Murray and Suzanne E. Cahill, "Recent Advances in Understanding the Mystery of Ancient Chinese 'Magic Mirrors'," *Chinese Science* 8 (1987): 1-8。

剑一样被用来识别并击退恶魔或其他的邪恶势力。据《抱朴子》记载，一个行走在山野间的道士可以在后背上背一面镜子，这样尾随而来的妖怪就会被镜子里自己的影像吓跑。因此，李时珍敦促每个家庭都要在房间里挂一面大镜子，以防止鬼魂或妖怪的侵犯。①

总的来说，在李时珍看来，这些关于古镜拥有不寻常力量的描述大致是可信的。②大量类似的神奇镜子的出现（所有这些都与鬼魂和魔怪有关）促使百姓相信了古镜的魔力。这段自然史也塑造了镜子的医学用途。在《本草纲目》每一种利用古镜入药的药方中，都是将镜子磨碎并当作药物服用，以保护病人免受毒物或毒虫的侵害。③一个完好无损的镜子在医学上也很有用：当小虫进入耳朵或鼻子时，击打镜子并将其举放在耳畔或鼻孔处，就会诱使昆虫离开。

当然，并不是所有关于奇异镜子的报道都足可采信。李时珍讲了一个故事，据说在汉代，人们这样用镜子识别和治疗疾病：病人可以从镜子里照见五脏六腑，从而看见疾病的根源。④另有故事说，当观察者久久凝视某些镜子时，可以穿透水体径直看到水底景象。在一些镜子被用作预言媒介的故事中，人们进一步发现了镜子与视觉和观察行为的联系。有军事将领通过观察镜子来预知军事袭击的发生，也有人通过审视魔镜以看到三界事物。⑤还有一种"火镜"，人可以从里面取火；亦有"水镜"，人可以从中取水。在李时珍看来，后面这批故事是荒诞不经的。这些故事来自官方史志、小

---

① 《本草纲目》卷8，"古镜·发明"。
② 同上。
③ 《本草纲目》卷8，"古镜·主治"。
④ 在汉朝以来的医学文献中，有一个常见的说法：如果一个人的疾病没有得到适当的治疗，就会随着时间的推移在体内越陷越深。传说中的扁鹊之所以享有盛誉，根源在于他能够看到病人体内的情况，从而推断出病人患病的原因（甚至能看到在看起来很健康的人体内蛰伏的病灶），并据此进行治疗。
⑤ 《本草纲目》卷8，"古镜·发明"。

说笔记和志怪传说，可能是为了诓骗不知情的读者。但既然都是赋予镜子神奇非凡的属性，这两组故事的不同之处又在哪里？早期的故事将神奇的能力归因于鬼魂和魔鬼，但在后来的故事中，这些超能力在很大程度上被赋予了人类。这便过于夸张和失实。当时的人认为，鬼魂是自然世界的一部分，知道如何与之共存（在必要时）并保护自己免受其害是优良的医疗实践的一部分。但李时珍拒绝相信仅仅通过操纵镜子，人就能获得神奇的鬼魅般的洞察力。如果视觉不能根据某些自然规则可信地运作，那么它就不可能成为可靠的知识来源。镜子不能扩展正常人类的视觉能力，不能让视觉穿过身体、穿越几里的距离或是穿透几米深的水域。

认为宇宙万物的无穷变化是奇怪或难以置信的想法无疑是愚蠢且无知的，但也并非所有可以想象到的变化都是可能发生的。五行观对李时珍建构自我的认识论是至关重要的，如果他可以用五行介导的变化来解释一个故事，特别是如果能解释几个类似的故事，就足以充分证明这一点。但他的信念也有其边界：虽然水银海可能会激发贪欲，但就李时珍而言，五行并没有赋予普通人超自然的能力。在这方面，他与以前的博物学家不同：就连沈括（1031—1095）都认为拥有魔镜的和尚会具有神奇的视力。[①] 在早期的工作中，李时珍确立了这些基本原则，并为他后续的工作奠定了基础。

---

① 沈括是中国科学史上一个引人注目的人物，他的著作有待更系统的研究。描述沈括对科学研究的特殊兴趣的经典英文传记，可见 Nathan Sivin, "Shen Kua," *Dictionary of Scientific Biography* XII (New York: Charles Scribner's Sons, 1975), 369–393。关于把沈括的作品翻译成现代科学著作的危害，参见 Daiwie Fu（傅大为）, "On *Mengxi Bitan's* World of Marginalities and 'South-Pointing Needles': Fragment Translation vs. Contextual Translation," in Viviane Alleton and Michael Lackner, eds., *De l'un au multiple: Traductions du chinois vers les langues européennes*（Paris: Éditions de la Maison des sciences de l'homme, 1999), 175–202。

第四章

变化之萌蘖：《本草纲目》中的植物与"服器"

前面几章介绍了自然界内转变的几种元素，它们就像一颗颗种子，将在接下来的几章中开枝散叶，茁壮成长。草木服器占据了《本草纲目》的大部分篇幅；仅植物部分就用去全书26卷，总计一千多篇条目。① 有些变化的枝丫在文本中存在已久，甚至可以追溯到最早的经典古籍。正如石头是大地的骨骼，植物则是文明的枝丫，在各类营养方和医学药方中提供了五重对应体系的架构。在《本草纲目》植物部分各章节的序言中，李时珍引用了《黄帝内经》中诸如五脏、五色等多个五重对应系统的相关表述，并再次宣谕了具有传奇色彩的农民——神农氏的教化使命：神农尝遍了中国境内野生的植物和谷物，将有毒的和无毒的进行了分类，使粮食和药材的种植成为可能。

有鉴于各类本草植物是传统的经典药材，《本草纲目》里花去超过一半的篇幅记载了各种植物的历史和用法。对任何一位博物学家或本草学作家来说，设计出一种有效的植物分类方法都是极为

---

① 植物部分占据了《本草纲目》卷12—37的篇幅。

重要的。李时珍按照从小到大的顺序，将植物划分为五大类：草、谷、菜、果、木。①同时根据它们的生长习性（蔓生草本植物、树状植物、丛生或寄生的树木、瓜类植物）、栖息地或产地（水生植物、岩生植物、山地植物或外来植物）或气息香味，将这些植物又细分成不同的亚类别（如五果）②。有一些植物被划分到"杂项"或"附录"里，因为它们游离在既有分类方法之外，不易归类。在描述上述的五大门类时，李时珍调集了许多相同的文献资料来源，并解决了大体相似的认识论问题，因此我把它们放在一起作为一个章节，统称为"植物"。学界现有的研究李时珍和《本草纲目》的学术著作，绝大多数的关注点都是探究其植物部分的内容，所以有兴趣的读者在此可以有很多路径寻找到更详尽的论述。③在这里，我们将更多关注那些更广阔意义上的问题。

植物不动声色地蔓延到了《本草纲目》最具创新性的篇章，即服饰和器具（"服器"）这一类别里。尽管它只有区区一卷，不过79个条目，却是李时珍对本草学传统做出的一个显著且重要的突破。正如李时珍在本卷的序言中所说，尽管此前的药理学著作已经注意到其中描述的不少条目，且早期的作者根据构成物料按玉、木、虫、石对其进行了分类，④其范围涵盖了从丝绸和各式衣物到丧葬用品、纸和木器、炊具和渔具等不一而足，李时珍将它们视作

---

① 见《本草纲目·凡例》。
② 附录二有完整的子类别列表，以及每个子类别中所包含的药物数量。除非另有说明每个子类别通常有一卷。梅泰理在斯考特·阿特兰（Scott Atran）的工作基础上，将其描述为一个"民族植物学"分类。参见 Scott Atran, *Cognitive Foundations of Natural History: Towards an Anthropology of Science* (Cambridge: Cambridge University Press, 1990)。
③ 关于《本草纲目》植物部分卷帙浩繁的示例，见 Joseph Needham and Gwei-djen Lu, *SCC*, vol. 6.1, "Botany"；见梅泰理的相关著作，他在中国植物学史（特别是"民族植物学"）方面发表了大量用法语和英语写成的文章。
④ 《本草纲目》卷38，序言。

独立存在的一类并予以命名,则代表了对这些物品的一种全新思考方式。

在这些章节里,作者和他笔端的内容转向读者和自然史本身,开始以新的方式发言。本文将要揭示李时珍一直致力于在自然史传统中发出自己的声音,而他通过两个主要的方法实现了这一目的,即命名和叙述。

命 名

传说中的驱魔人钟馗生前坎坷多舛。坊间流传的故事里说,这位唐朝的书生为了通过科举考试,[①]一直在勤勉刻苦地攻读学习。但尽管他尽了最大的努力,却未能摘得功名,在万般沮丧之中自杀了。[②]然而,死去的钟馗非但没有从历史中消失,反而在唐朝和明朝几个皇帝的梦里获得了新生命。他会频繁造访皇帝的梦境,找出造成他们生病的邪灵并将其一举歼灭,从而治愈皇帝的疾患,继而巩固了在传说中的地位。这个故事激发民间创造出一种以钟馗为主题的肖像和插图,且至少从唐代开始就已非常盛行:每年的新年,钟馗的肖像画都会被挂在每户人家的前门上以驱避瘟邪。宋朝时期这一做法广为传播开来,而到了李时珍所在的明朝时,这一习俗就

---

① 据李时珍引用的《逸史》记载,钟馗生活在唐高祖统治时期(618—626),见《本草纲目》卷38,"钟馗·集解"。万志英(Richard von Glahn)讨论过唐玄宗(712—755年在位)时期出现的钟馗崇拜这一社会现象,见 Richard von Glahn, *The Sinister Way: The Divine and the Demonic in Chinese Religious Culture* (Berkeley: University of California Press, 2004), 122–128。

② 关于应试者的压力以及由此产生的焦虑和梦想,特别是在明清时期的情形,参见 Benjamin Elman, "Emotional Anxiety, Dreams of Success, and the Examination Life," chap. 6 in *A Cultural History of Civil Examinations in Late Imperial China* (Berkeley: University of California Press, 2000)。

已经非常普遍了。①

到了宋朝，征服疾病的食魔人钟馗自身显然也被当作药材服用了。在《本草纲目》"服器"类纸质物品的条目中，李时珍记录了两张宋朝的方剂，主要是将钟馗的形象画在纸上，烧成灰烬，然后制成药丸或直接和水服下，可以驱邪和退烧。②《本草纲目》的这一记录，是钟馗第一次出现在一部主流的本草学文献中，李时珍希望这也是最后一次。李时珍嘲讽这个将钟馗形象用于医学药方的故事是那些无事生非的杜撰者（"好事者"）因无知而传播的一个错误。③他以《尔雅》和《考工记注》为据，力证服用钟馗肖像图只不过是一场误会，根源在于误解了一个同音异义词：无知的医生错把发音类似的一种真菌和传说中的驱魔者混为一谈。④这种真菌的形状可能与常出现在钟馗像中的钟馗锤酷似，而发音和形状上的相似性引发了这场由于名字的误解导致的医疗错误。⑤

给物质正确命名是所有博物学家的一个主要目标。我们能想到，孔子曾鼓励学生们学习《诗经》以记住动植物的名字，也因呼吁学者们注意"正名"而闻名。⑥李时珍之前的医学作家经常在文

---

① 关于这些明朝时期的钟馗画像，见 Stephen Little, "The Demon Queller and the Art of Qiu Ying (Ch'iu Ying)," *Artibus Asiae* 46: 1–2 (1985): 5–128。Also see Sherman Lee, "Yan Hui, Zhong Kui, Demons and the New Year," *Artibus Asiae* 53：1–2（1993）: 211–227。
② 见《本草纲目》卷38，"钟馗·集解"。李时珍的资料来源是两本处方书籍：杨起《简便方》和宋朝的《圣济总录》。这种烧纸、烧灰的方法可以追溯到汉代道家。
③ 见《本草纲目》卷38，"钟馗·集解"。明代文学作品与现实社会中出现的造假者，参见Craig Clunas, "Connoisseurs and Aficionados: The Real and the Fake in Ming China (1368–1644)," in Mark Jones, ed., *Why Fakes Matter: Essays on Problems of Authenticity* (London: British Museum, 1992), 151–156。
④ 同上。回忆一下此前出现的类似情况，如在讨论龙和砒石时，李时珍在解释名字的起源中，将其与同音字的意义建立起关联。
⑤ 关于铁锤与钟馗之间的联系，见 von Glahn, *The Sinister Way*, 123。
⑥ 在中国早期思想中的命名问题上，参见 John Makeham, *Name and Actuality in Early Chinese Thought* (Albany: SUNY Press, 1994)。在中国思想和历史中的命名情况，（转下页）

献前言中指责早期的学者给药物起错了名字，并经常以此指控为基础来证明自己所写文章的必要性。《本草纲目》的每一条目下都包括所述药物的主要名称，并经常在"释名"一项里附加特别讨论，即为药物提供替代名称，并解释其来处或根源。李时珍竭尽所能，在所有可能的地方搜集这些名称，这些来处包括方言、口语和俚语，大量的医学和非医学文献包括外文文献。例如，他在实验中使用的曼陀罗花的名字，是他引用的大约50个梵文音译词中的一个，其他还有龙、珊瑚、李子、安息香和鹿等词语。所有这些信息资料都为他修正以往的命名习惯、纠正名称错误提供了素材。

在他的正名行动中，李时珍主要仰仗了《尔雅》和《释名》等字书。[①]我们已经讨论过《尔雅》的重要性；《释名》诞生于其后，现在认为它的历史可以追溯到公元200年。这是李时珍讨论服饰器具时经常引用的极重要的非医学资料之一，也是"服器"板块里除了李时珍本人的直接论断外最主要的权威来源。《释名》设27个主题类别，其中就包括服饰和器具，此外尚有其他几个类别，它们所描述的物品被李时珍引入《本草纲目·服器部》。[②]

诗歌作为证据

李时珍需要知道更多植物学名称，单有字书是不够的，诗歌

（接上页）参见 *Extrême-Orient, Extrême Occident 15: Le Just Nom* (1993), and Christoph Harbsmeier, *Science and Civilisation in China*, vol. 7.1, *Language and Logic* (Cambridge: Cambridge University Press, 1998), especially 52–60 and 311–326。

① 在《释名》问题上，见 Roy Andrew Miller, "*Shih ming*," in Michael Loewe, ed., *Early Chinese Texts: A Bibliographical Guide* (Berkeley: Society for the Study of Early China, 1993), 424–428。
② 《本草纲目》卷38在讨论汗衫、皮靴、麻鞋、草鞋、草麻绳索、履屐鼻绳物品时，都会引用《释名》。

作为他的另一个重要资料来源，当仁不让地发挥了杰出的作用。和大多数受过古典教育的学者一样，李时珍也将自己创作的诗歌作为馈赠的礼物，表达对朋友的敬意。他的许多著作也用诗歌和韵文撰写。①在《本草纲目》中，对诗、赋、词及其作者的引用有两三百处之多，其中大部分与草药、谷物、水果、蔬菜和木材相关。②我们已经讨论过诗歌在中国近代早期自然史论述中的支柱作用；除此之外，李时珍还将诗歌编织进论证和结构的纹理中，辅助他构建自己的文本认识论。当他从五行过渡到植物时，诗歌对他理解自然世界起到了至关重要的作用。

以百合为例。本草学作者对百合的特性存有异义，这种植物被李时珍划归到蔬菜的类别下，如果处理得当的话，百合的根既可以食用，也可以药用。李时珍引用了他最喜欢的诗人王维（701—761）的诗来解释百合的特质："按王维诗：'冥搜到百合，真使当重肉。果堪止泪无，欲纵望江目。'盖取《本草》百合止涕泪之说。"③王维的许多诗歌极具特色地描绘了居住地周遭的花草树木。而于此处，李时珍将王维的诗句看作一则百合肉茎的韵体广告：作为药物，百合能改善视力和消除流泪症状。

为了拓展和传授药物医学知识，李时珍引用了许多诗人，王维是其中之一。李时珍并不认为那些钟情自然的读者会反感这种做法。李时珍在"木部"的序言中说，许多人因为读诗而知道了许多树木名称，但他们要想获得更完备的知识，就需要仰仗本草著作。④不同寻常的是，李时珍不仅将诗歌作为各类名称的资料库，而且还

---

① 许多医学著作（包括明末流行的百科全书中记录的一些顺口溜）都是用诗体写的，以便于更好地记忆，其中就包括李时珍的《脉诀考证》和《蕲蛇传》。
② 如果把陆玑对《诗经》中动植物所做的注都包括在内，则其数量还会更多。
③ 《本草纲目》卷27，"百合·根·发明"。
④ 《本草纲目》卷34，序言。

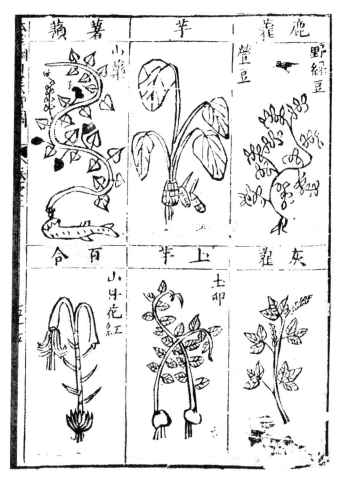

图3　百合（左下），出自《本草纲目》(1596)

将其作为植物学和医学知识的来源，重视程度堪比对本草学传统本身的仰赖。与他的医学前辈或同时代人相比，李时珍显然更依赖诗歌和早期诗文集（如《诗经》《楚辞》）的注本。① 他列出的参考书中包括15本乃至更多的诗集，涉及的诗人包括杜甫（712—770）、苏轼、王维和其他几位唐宋作家。② 这些诗人是值得信赖的，他们不仅是世界植物多样性的伟大阐述者，还可以是医学和植物学知识的重要提供者。③

关于动植物的诗歌不能只在象征层面上解读。例如，在讨论红蚂蚁和黑蚂蚁时，李时珍引用了《楚辞》里的一首诗来描述它们的相对大小，并强调这首诗中的描述并"非寓言"。④ 为了贴合自己的论述，李时珍经常把诗歌当作散文来读。以"薤"为例：

> 诸家言其温补，而苏颂《图经》独谓其冷补。按杜甫《薤诗》云："束比青刍色，圆齐玉箸头。衰年关膈冷，味暖并无忧。"亦言其温补，与经文相合。则冷补之说，盖不然也。⑤

在这里我们看到《本草纲目》中使用诗歌作为论据的典型做法，有几处值得注意。在最基本的层面上，我们看到李时珍引用了

---

① 李时珍偶尔会引用《离骚》，但他实际引用的却是《楚辞》中的另外一首诗。如在《本草纲目》卷40，"蚁·集解"，李时珍提道，《离骚》中关于红蚂蚁的一个记载"赤蚁若象"。它其实出自《招魂》，而非《离骚》。李时珍似乎常在无意中把《离骚》与《楚辞》等同起来，或者他可能依据了一个错误的文本。

② 李时珍引用苏轼的话最多，部分原因是他对宋末医学著作《苏沈良方》的倚重。关于《苏沈良方》，见 Asaf Moshe Goldschmidt, *The Evolution of Chinese Medicine: Song Dynasty, 960-1200*, 118 and 175–176.

③ 《本草纲目》卷22，序言。在谷部序言中，我们了解到诗人所写的"八谷"和"百谷"，说明了世界上谷类的多样性。

④ 《本草纲目》卷40，"蚁·集解"。

⑤ 《本草纲目》卷26，"薤·发明"。

一个诗人即杜甫的诗句来反驳一个医学作者（苏颂）的主张。在讨论自然物质的药学特性时，李时珍将这些诗人，特别是杜甫、苏轼这样的诗作中充斥着大量对植物进行审美观照的诗人，视作有效的知识权威，并在一定程度上选择了他们的诗篇来与各种医学文献展开对话。因此，杜甫的"暖"就等同于苏颂的"暖"，尽管二者的语义可能大不相同：李时珍在评注里把杜甫的诗变成了"薤"药用价值的证明。同样，在讨论一种海棠时，李时珍引用了李白（701—762）一首诗的注释来证明这种植物确实来自海外，而不是（以前的作者认为的）本土产物："又李白诗注云：'海红乃花名，出新罗国甚多。'则海棠之自海外有据矣。"①

与李时珍所引用的其他资料（包括医学文献和自然史资料）不同，这些诗歌的内容一般不会受到李时珍的质疑。虽然杜甫的诗可能会与像陶弘景这样的本草学作者的主张大相径庭，但李时珍依然选择维护杜甫的权威和尊严。他至多自封为诗歌的阐释者，并提供一个简短的注释来解释为什么一个看似与自己观点相冲突的诗歌主张其实是完全合理的。"赋"提供了一个很好的案例，可以深入剖析这一现象。"赋"是一种组合型文学体裁，骈散结合，部分押韵，可以被翻译成"抒情诗""狂想曲""诗散文"和"散文诗"，是李时珍在讨论医学和自然史主题时，常引用的一种文体。这些诗歌在描述皇家狩猎花园或其他理想化的地理环境时，通常会包含一长串的动植物名。而这些名称经常很少见，甚至是极其罕见，因此赋体文成为探讨自然物的关键资料来源。李时珍在他的参考书目中列出了几篇着眼植物和动物个体的赋、与医学相关的赋和一般主题的

---

① 《本草纲目》卷30，"海红"。

赋,全书至少有80处引用赋文。① 尤其是《文选》,其中有许多令李时珍深感兴趣的赋体文。② 他不仅选择了贾谊(公元前200—前168)的《鵩鸟赋》作为全书的结尾,而且在具体行文时也大量引用了《文选》的内容。③

李时珍偶尔也试图模仿并写作诗歌作品。比如在讨论一首关于苔藓的赋时,他批评作者没有提供"足够的细节",随后他描述了各种不同苔藓以补充、丰富这篇赋的内容,并特地采用了与原诗近似的赋体风格。④ 许多赋会赞美皇家园囿、王朝都城和其他地面景观的粲然可观,并逐一列举生长其间的鸟兽和其他自然景物。但有时候这种诗歌会给李时珍带来困扰,因为它们着重排列的那些冗长而繁复的名称列表,其中有些名称可能重复指向了同一种植物。司马相如(约公元前179—前118)在他的《上林赋》中提到了两种植物——蘼芜和江蓠,它们在赋文中分别出现在皇家上林苑的不同区域。李时珍参照考察了植物生长的季节性和生长阶段,弥合了这两种植物名称之间的差异,认为这二者实际上代表了同一植物的两种形态:

《上林赋》云:"被以江蓠,揉以蘼芜。"似非一物,何

---

① 其中有《果然赋》《药性赋》《病因赋》《事类赋》等。赋对明代以后自然史的发展也起到了重要作用,在《古今图书集成》的植物和兽类部分中,赋因对自然物象的描述而被纳入自然史的一部分。
② 对赋所做的整体性的精彩介绍,以及这里提到的李时珍引用的许多赋体文的完整翻译,请参阅 David R. Knechtges, *Wen Xuan, or, Selections of Refined Literature*, 3 vols.
③ 李时珍所引用的赋体文多来自《文选》(台北:文津出版社,1987),包括司马相如的《上林赋》和《子虚赋》,张衡的《南都赋》(第78—139页)和班固的《东都赋》(第32—92页)。李时珍似乎特别喜欢左思的《三都赋》,在植物部分中曾多次引用。
④ 《本草纲目》卷21,"陟厘·集解"。在这一节里,李时珍概括了赋体诗中普遍存在的修辞手法:在某个地方的每个方向或区域分别列举植物的种类,而且每次重复相同的形式,比如:在北方,有植物×××;在南方,有植物×××。

耶？盖嫩苗未结根时，则为蘼芜；既结根后，乃为芎䓖。大叶似芹者为江蓠，细叶似蛇床者为蘼芜。如此分别，自明白矣。①

由是可知，理解形态的变化，特别是植物是如何随着时间和空间的变化而变化的，对在植物研究中恰当地运用诗歌资源非常重要。由于名称的差异与植物的外观和特征有关，诗歌为历史的田野调查提供了理想的场域。李时珍将这些名称收集起来，仔细揣摩研究，又把它们重新归类到《本草纲目》植物部分的纸制标本室中。

叙　述

有一些植物也悄然隐藏在《本草纲目》的篇章里，虽然这部著作并没有对它们做专门的阐述。例如，"服器部"中的许多物品都是由植物纤维或木材制成的。李时珍在服饰和器具这一板块上的创新有数据的支持：他列出了35种在此前的本草文献中从未提及的药物。但更重要的是这种创新是一种性质上的根本跃升：之前按照构成材料被归类到"工具"的物质，他则依据其在人类生活中的用途予以重新定义。为了对这类新药物进行合理分类，李时珍必须记录大量产品的制造和利用方式，并视其为历史发展进程中随机出现的产物。世界上没有一样东西是没有用的。②留着那些用过的内裤吧，他建议说，也许有一天它们会派上用场。③然而，物品所具有的效

---

① 《本草纲目》卷14，"蘼芜·集解"。《上林赋》的英译，见 Knechtges, *Wen Xuan, or, Selections of Refined Literature*, vol. 2, 73–114。康达维将"江蓠"翻译为"绿色罗勒"，将蘼芜翻译为"独活草"（第85页）。但从原文就可以看出，它们所指的是同一种植物。
② 《本草纲目》卷38，序言。
③ 《本草纲目》卷38，"裈裆·发明"，其中有以脏污的内衣为主要成分的一系列药方。

用与它自身的起源有关，并取决于对其发展历史的详细了解。服器类板块中李时珍声称自己是一位历史学家，并在日常器物史方面建立起自己举足轻重的权威地位。他认真区分制作鞋子或扇子的各种原材料①，也详载尸枕入药②的各种理论，既记录了中国造纸技术的发展，又追溯了桃木辟邪这一民间习俗的起源。

从很多方面来看，《本草纲目·服器部》是很令人惊叹的。读者在此处不仅可以发现一个全新的药物类别，还可以了解普通衣物的历史。例如，在本草学历史上，李时珍首次将幞头和皮靴收录进条目下，并描述了这些常见的家居用品如何用来治病。他详细介绍了以往对服装材料的医学记载，同时补充了自己对这些物品的简要看法。头巾便是众多此类案例中的一例：③

> 古以尺布裹头为巾。后世以纱罗布葛缝合，方者曰巾，圆者曰帽，加以漆制曰冠。又束发之帛曰幪，覆发之巾曰帻，罩发之络曰网巾，近制也。④

在描述风俗习惯的变迁时，李时珍遵循了时间的顺序。他并不仅仅是简单地区分"古代"和"现代"，对明前的历史时期也经常做出很细致的划分。⑤

---

① 《本草纲目》卷38，"麻鞋"；《本草纲目》卷38，"蒲扇"。
② 《本草纲目》卷38，"死人枕席·发明"。
③ 《本草纲目》卷38，"头巾·释名""幞头·释名""皮靴·释名""缴脚布·释名"。这些讨论都是在"释名"的标题下进行的，这点值得注意，因为李时珍通常把这类介绍物品历史的讨论放在"集解"的标题下；由于"服器部"是李时珍自己的创造，他就把自己的评论转移到对物体命名这一主体部分里进行了。
④ 《本草纲目》卷38，"头巾·发明"。此处对各种衣帽鞋衫的翻译是大略的。李时珍还提供了"棉""汗衫""头巾""缴脚布""败天公""皮靴""麻鞋""纸"等名物的简短历史。
⑤ 《本草纲目》卷38，"幞头·释名"。

他是第一个记录纸可入药的本草学作者,[1]并精练地概括了中国早期造纸术的发展史。

> 古者编竹炙青书字,谓之汗青[2],故简策字皆从竹。至秦汉间以缯帛书事,谓之幡纸,故纸字从糸,或从巾也。从氏,谐声也。刘熙《释名》云:纸者砥也,其平如砥也。东汉和帝时,耒阳蔡伦始采树皮、故帛、鱼网、麻缯,煮烂造纸,天下乃通用之。苏易简《纸谱》云:蜀人以麻,闽人以嫩竹,北人以桑皮,剡溪以藤,海人以苔,浙人以麦䴷、稻秆,吴人以茧,楚人以楮,为纸。[3]

李时珍随后描述了好几种染上颜料或预印上文字的纸:染了青黛的纸("青纸")、盖上公章的纸("印纸")和日历纸("历日")[4]。在对纸的探讨过程中,他不仅扮演了历史学家的角色,也充分展示了通晓历史对于理解、制造和利用药物的重要性。他所述及的每一种纸都是人力改造自然的成果,同样因之获得医学功效。世界万物由时间所塑造,也为人类所改变,这一认知的普遍重要性在李时珍对服饰器具的历史化论述中一览无遗。特别需要注意的是,在理解

---

[1] 有关《本草》中对纸的论述,可参考一些德语译文的简要论述,如 Peter F. Tschudin, *Bencao kangmu: die grosse Pharmakopöe des Li Shizhen 1596: ergänzt durch Zitate aus älteren Schriften: Abschnitte über Papier und Tusche* (Muttenz-Basel: Sandoz, 1993)。有关中国造纸和印刷史的更一般性的论述,请参阅 Tsien Tsuen-Hsuin(钱存训), *Science and Civilisation in China*, vol. 5, pt.1, "Paper and Printing" (Cambridge: Cambridge University Press, 1985)。

[2] "汗青"指的是竹简在加热时渗出的液体。用烹饪来比拟的话,这就像胡萝卜和洋葱在锅里蒸炒时流出的液体。

[3] 《本草纲目》卷38,"纸·释名"。

[4] 《本草纲目》卷38,"青纸""印纸""历日"。

李时珍的服器自然史时,要发现时间所起到的调节作用,就需要理解它的三个基本过程:染色、焚烧和死亡。

染　色

从本质上讲,染色织物改变了自然,并成为人类历史的一部分。对丝、棉、毛染色工艺的描述是李时珍将人类文明史与物的自然史相结合的主要方式之一。颜色是一个可识别的重要的外在特征,植物、动物或矿物上的色素沉淀可以帮助李时珍和他的同时代本草作者判定其在医学上的正确应用。人们对每种颜色的认知都是以它与人的器官系统、五行、季节或其他标准的对应关系作为依据,因此在不同的药物组合中对织物的颜色有不同的规定。在16世纪的医疗实践中,织物尚未染色前的自然色对于其药效的影响也是不容忽视的。未加工的布料与使用过的或已染色的衣服所适用的病症并不相同。① 纸本身也因其颜色和标记而各有分别。简而言之,一个物品的历史是其自身的描述和性质的延伸。

织物既可以被人体染色,也可以被染色剂染色。即使是看似不起眼的二手织物,在用于治疗疾病时,也会被赋予新的力量和重要性。在"服器部"的序言中,李时珍强调应给予寻常家居材料以充分重视,随后完整罗列了25种织物,包括丝绸("绢""帛"和"绵")、锦缎("锦")、棉布、内衣("裈裆",包括被经血染过的)、上衣("寒衫")、守丧或病人穿的衣服("孝子衫""病人衣")、腰带("衣带"和"皮腰带")、头巾及各种帽子、鞋子和绑带。在医学实

---

① 比较《本草纲目》38卷的绢和丝,不同的物品被列在不同的标题下,并在各自的"释名"中加以区分。

践上，李时珍通常更青睐那些被人穿过并被汗渍过的服饰，这些污迹或印迹的出现是因为与人体的接触时间较长。例如，在头巾条目下，每一个药方里都有明确的规定，用作药物的头巾（开水冲泡或烧灰）不能够是崭新的：它应该是肮脏的（"多泥"），已经被用了三年之久，或者应该是破旧不堪的（"破"）。① 使用污迹斑斑的头巾的理由相当简单：物体接触人体的那部分很可能会内在地充满了人体的"气"。因此，女性内裤与生殖器直接接触的部分是治疗性功能障碍最有效的部分。② 在这方面，李时珍并没有标新立异：他在"服器部"中给出的药方很多直接援引自前辈们的药方辑录，而这些药方辑录也明确要求药用的内裤是那种"长时间沾染污迹的"。除了某些特定的妇科疾病可以用男性的内衣来治疗外，《本草纲目》里多数相关药方都仅允许使用女性内裤，这折射了李时珍某种一般性认知倾向，即认为女性在某种程度上天生就比男性不净。③ 而疾病本身也可能在某种程度上增加药物的效用。在"病人衣"这个条目里，李时珍建议将第一个病人穿的衣服熏蒸一番，其产生的蒸汽将保护家中其他人免于生病。④

大体上看，"服器部"中对入药物品的要求基本是陈旧的、使用过的或是与人和人体部位接触后发生变化的。可以这么理解，这其实是李时珍所进行的一个更广泛的对话的一部分，其中土壤、污垢和年龄直接导致了该物品的可变性，从而改变了它的药用效果。

---

① 见《本草纲目》卷38，"头巾·附方"。此外，裈裆、孝子衫、病人衣、幞头、皮靴、败天公、皮巾子、衣带等条目中还包含了其他含有"旧衣"或"脏衣"的处方。
② 《本草纲目》卷38，"裈裆·发明"。
③ 在"裈裆"条目中，李时珍收录的药方方剂来源有：张仲景，李筌《太白阴经》，《千金方》，《三十六黄方》，赵原阳《赵真人济急方》。
④ 《本草纲目》卷38，"病人衣·主治"。

焚　烧

　　土绝不是唯一可以改变自然物的元素。和《本草纲目》其他部分中展现的一样，在"服器部"中，火同样是促成变化的主要媒介和助推器。在这种情形下，火与此中许多自然物是一种间接的关联，它需要借助水来发挥作用，水是将这些自然物从世俗存在转化为人体所需药物的最重要的手段。在早期的医学著作中就已经记载了，烧火棍被焚烧的一端可以入药，李时珍在书中也开具了将其入药的具体处方。① 李时珍同时还为另一种生火工具赋予了特殊的属性，其中就包括他在自己的医疗实践中搜集来的一些药方：先让身边人用一个中空的管子吹气来点燃火焰，然后母亲再用这个管子往婴儿的生殖器处呼气，就可以消除婴儿这些敏感部位的肿胀，避免蠕虫侵害。② 李时珍还提到一个用油灯和灯油作为药物的例子：从一家富户偷一盏油灯，把它放在一对夫妇的床下，就会增加怀孕的可能性，而摄入灯油可以治疗喉咙痛。③ 除了形形色色的蒸笼和烹饪锅具外，还有几种炊具可以作为药品。④

　　火也是造成事物变化的直接动因。"服器部"大部分物料是需要将其焚烧后使用的，焚烧后产生的灰烬，或被涂抹在某些部位（用布焚烧后产生的灰烬，涂擦牙齿，可以固齿和保持胡须的乌黑）⑤，或开水冲泡后口服（例如锦或绢）。"服器部"中的用品被认为是人类历史的一部分。弄脏、标记或焚烧，这些行为改变了自然物的性

---

① 《本草纲目》卷38，"拨火杖·主治"。
② 《本草纲目》卷38，"吹火筒·主治"。
③ 《本草纲目》卷38，"灯盏·主治"。更多细节可见"灯盏油·主治"。
④ 《本草纲目》卷38，"甑""锅盖"，以及在同卷中其他几种烹饪炊具及器件。
⑤ 《本草纲目》卷38，"布·主治·附方"。

质,反过来也影响了该物品在被医治的人体内调节变化的方式。对变化和人类生活的关注贯穿于"服器部"并引人注目地体现在焚烧这一主要过程中。

死 亡

"服器部"中有不少物品在"死亡"以后才产生药效,钟馗是其中之一:他驱魔和治病的能力是在自杀后才出现的。其他一些物品也与"死亡"有关:上吊自杀时使用的套索,灵柩下摆放的鞋子,还有死人用的枕席,都被视作药材,出现在李时珍的药方里。[1]

在自然界,死亡是万物变化的一个阶段。即使是宇宙中最基本的元素"五行",也会以某种形式结束自身的存在,继而转化为"气"的另一种实体形态:火变成了金,水被木代替。即使死亡不是终极意义上的终结,它也是种类或形式上的终结,并最终会降临到所有生物身上。《本草纲目》里那些被视作药材的尸虫、腐烂的骨头和自缢而死的人所形成的炭状物等,死亡的身影无处不在。[2] 从第一页开始,"服器部"就萦绕着死亡,处处彰显着死亡的重要性。看似寻常无奇的家居用品被作为药物使用,李时珍给出了如下理由:"中流之壶拯溺,雪窖之毡救危,无微贱也。"[3]"服器部"充斥着死亡的这些暗示,既是威胁也是工具的死亡本身,真实地彰显着

---

[1] 其中大部分物品是熬成汤剂后服用的,但在灵床下鞋子的加工过程尚不清楚。见《本草纲目》卷38,"自经死绳""灵床下鞋""死人枕席"。值得注意的是,这三种与死亡有关的药物都是来自《本草经》的作者陈藏器。在整个本草史中,陈藏器的药方通常是开具给患病的罪犯和士兵,且经常引起争议,比如使用人肉作为药材。虽然李时珍引用陈藏器的药方时更多着眼于其更平凡更寻常的自然物上,但这也许并不是巧合,陈藏器在《本草纲目》中经常出现在那些更惊世骇俗的知识上。
[2] 关于上吊自杀的尸体像木炭一样的魂魄,见《本草纲目》卷52,"人魄·集解"。
[3] 《本草纲目》卷38,序言。

变化的重要意义，是人类历史观念的结晶，并将《本草纲目》中讨论的服饰和器具紧密勾连在一起。

作为一名博物学家和医生，李时珍在很多方面也像一位历史学家。"服器部"是李时珍对本草传统的自觉创新。其中有许多物品（由天然材料制成的人造器具）是第一次出现在本草学的文献史上，并在李时珍自我确立的权威语境里，获得了自己的微型历史。在这个板块里，转变的过程以某种方式塑造了所有的对象，无论这种方式是染色、焚烧还是死亡。在我们接下来的讨论中，随着李时珍对自然史上最基本的群体展开论述，关于转化和分解的主题也触发了极其激烈的争论。

第五章
变化的身体：《本草纲目》中的昆虫

中国近代早期自然史中"虫"无处不在。具体来讲，这个充斥其间的"虫"，在现代汉语中大致等同于"昆虫"，但从历史发展中看，它更像是广义上的"生物"或"动物"。① 传世的《山海经》成书年代可追溯到3世纪，里面描述了长得像老虎的"虫"，而近代早期词典的编纂者和博物学家偶尔会将"虫"与各种修饰词放在一起使用（"羽虫""毛虫"），用以指代世界上主要生命体的类别。②

当一个16世纪的学者坐在书桌前写下"虫"这个字时，可能浮现在他脑海里的生命体有蜜蜂、蠕虫、蜘蛛、水蛭、青蛙、蚯蚓或许多如同魔怪一般的生物。虽然大多数的"虫"类都是渺小且微不足道的，但李时珍却敦促读者关注它们的形态多样性与差异性，思考它们对于古代圣贤的重要意义、它们的食用和药用价值以及提醒人们重视危险的毒物和害虫。对于近代早期医学作者而言，最有意

---

① 这一术语的简史，参见 Francine Fèvre, "Drôles de bestioles: qu'est-ce qu'un chong?" *Anthropozoologica* 18 (1993): 57–65。
② 关于《山海经》的新近研究及其英译版本，见 Richard E. Strassberg, *A Chinese Bestiary: Strange Creatures from the Guideways Through Mountains and Seas* (Berkeley: University of California Press, 2002)。

义的是，虫类的变形与转换过程及其与五行之间的关系奠定了它们药理和药用的基础。因此，在辨析这些转变的本质特征的问题上，文献中各种争论的声音不绝于耳。

在李时珍看来，"蠢动含灵，各具性气"。① 根据出生方式，《本草纲目》将虫分为三大类：卵生虫、化生虫或湿生虫。② 卵生虫包括蜜蜂、黄蜂、螳螂、蚕、蝴蝶、蜻蜓、蜘蛛、水蛭和虱子。③ 化生虫包括飞蛾、蝉、蝼蛄、萤火虫、蚱蜢和蟋蟀。④ 湿生虫包括青蛙、蟾蜍、蜈蚣、蚯蚓、蜗牛、蛞蝓、蛔虫及各种有毒的如魔怪的虫。⑤ 然而在现实中，这些范畴是互相嵌合彼此交织的：许多被归类为"卵生"的生物在具体描述中李时珍也会点明其是由湿气或其他物质变形而来，而温度和水分则几乎是促使所有昆虫诞生的条件，而并不仅仅是"湿生虫"。因此，最好将这三个一般性类别当作李时珍眼中昆虫诞生的主要方式，而不必视其为一个界定严格、分组明确的系统性的分类。

在虫部序言中，李时珍特别强调了尽管虫类身形微小，其重要性却不容忽视："虫乃生物之微者，其类甚繁，故字从三虫会意。……则圣人之于微琐，罔不致慎。学者可不究夫物理而察其良毒乎？"⑥ 序言中赞颂了虫部的丰富多样性及其历史重要性。昆虫吟唱的方式是多种多样的：例如蚯蚓和蚱蜢显然可以分别在下风口和上风口鸣叫以异类求偶，当它们的叫声在风中相遇时，其中一只

---

① 《本草纲目》卷39，序言。
② 这在昆虫分类方法上是一个关键性的突破，此前的昆虫常以体表覆盖物作为分类依据。
③ 卵生虫，见《本草纲目》卷39—40。
④ 化生虫，见《本草纲目》卷41。
⑤ 湿生虫，见《本草纲目》卷42。
⑥ 《本草纲目》卷39，序言。

便能因风受孕。①昆虫的外形各不相同，有多种多样的身体覆盖物和甲壳。它们潜在的用途也多种多样，如制成祭祀食物和入药。古代先哲们也认识到了辨别害虫的重要性，李时珍列举了《周官》中围绕着治理害虫而设置的各种官员②："周官有庶氏除毒蛊，翦氏除蠹物，蝈氏去蛙黾，赤犮氏除墙壁狸虫（蠼螋之属），壶涿氏③除水虫④（狐蜮之属）。"

昆虫之所以重要，还在于它们的踪迹很难被追踪观察。收入"虫部"的许多争论都集中在某些现象是否真实存在，对方所持论据是否有效之上，因为这些现象极其罕见，很难被人追踪观察，或者根本就不可能被观察到。在某些情况下，例如下面将要讨论的蠖虫和黄蜂，尽管有许多人声称曾目睹了它们的变形过程，但因其体态纤小，且随时都有机会观察，反而造成很多观察结果间彼此冲突、相互矛盾。因此，我们将在后面回到可观察性的主题上，这是《本草纲目·虫部》这一关键类目的核心，也是中国自然史、医学和日常生活的重心。本章关注于"围绕转变"的所有争议，以及获知不同寻常或意想不到转变的方式。分析大部分的争论并追寻李时珍对这些争论的解决过程，以及个人怎样展开观察或遇到了怎样的困难，形成了本章叙述的一条主线。

---

① 关于蚯蚓的吟唱，见《本草纲目》卷42，"蚯蚓·集解"。关于它们在风中与蚱蜢的交配，见《本草纲目》卷41，"鼠蚕·集解"。
② 《周官》是《周礼》的别称。
③ 壶涿氏是秋官（掌刑狱）的一员，他的工作是敲击土鼓来驱赶虫子。Charles Hucker, *A Dictionary of Official Titles in Imperia China* (Stanford: Stanford University Press, 1985), 257, 将此词译作"洒水者"。
④ 《本草纲目》卷39，序言。

处子螺蠃

寄生蜂（即螺蠃）在中国近代早期历史上的遭遇可谓跌宕起伏。螺蠃都是雄性的，它们有充沛的时间和其他雄蜂闲荡消遣。[①]但问题也在这里，因为找到雌性伴侣显然是不可能的，那些想要为人父的螺蠃不得不寻找其他策略。于是它偷偷摸摸地溜到僻静的竹竿或泥窝里，找到一堆绿色的螟蛉虫，在旁边盘旋，全神贯注地祷告："变得像我一样！变得像我一样！"它这样不停地鸣叫，直到这些蠕动的小虫无法抗拒咒语的魔力，变成了螺蠃，争先恐后地飞向它们的养父。这一故事版本出现在中国近代早期多部自然研究著作中，它们赋予螺蠃人类的特性，并多用拟人化的词语来解释它们的行为。文本中的螺蠃堂皇地窃取了别人的后代，却一举成为履行父亲责任的典范。《诗经》中有首诗说："螟蛉有子，螺蠃负之。教诲尔子，式穀似之。"[②]蜂的族群，与《诗经》中提到的许多动植物一道，为中国近代以前的自然史奠定了基础。

《诗经》中最初的说法相当简单：螟蛉产下了后代，而螺蠃抚养了它们。没有施加咒语，没有虫子吟唱，也没有任何会念咒的生物。然而，这一原始的记述在随后为了适应不同的观察方式而逐渐发生了嬗变，最终形成的这一系列事件的基本顺序，影响了中国历史上几乎每一位主流博物学家。对蜂的描述出现在所有《尔雅》和《诗经》的主要注疏文本中。一些作者对《诗经》中的原始记录做

[①] 《本草纲目》卷39，"蠋蠃"。螺蠃也称蠋蠃，《本草纲目》即以这个名字为其命名。今天常被翻译为"寄生蜂"，虽然在各种注疏中螺蠃的行为本身并不是寄生性的。

[②] 因此，"螟蛉子"一词至少在晚明时期就被用来借指被收养的孩子。原诗见《诗经·小雅·小宛》。

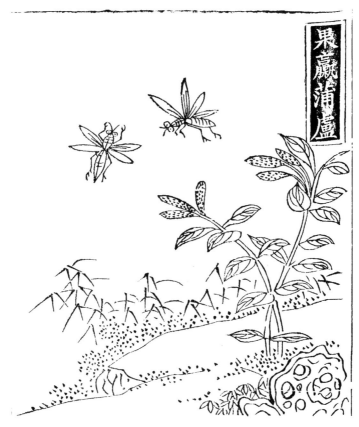

图4　蜾蠃，出自郭璞《尔雅音图》，台北：艺文印书馆，1988，第209页

了修改润色，赋予了蜾蠃祈祷、说话和变形的能力。许多人声称自己曾亲眼见过蜾蠃溜进螟蛉的巢穴，也有人称蜾蠃是破门而入，并把巢穴搜罗一空。昆虫的蜕变有着人尽皆知的先例，例如，早期的学者曾声称蝴蝶是由花朵甚至女性内裤变化而来的。①

根据公元3世纪的作家陆玑的说法，螟蛉是一种生活在桑树或其他植物上的绿色小昆虫。② 蜾蠃将这些小虫子从原来的巢穴中盗走，放入树洞中，七天后这些螟蛉就会变成蜾蠃。③ 陆玑采用了民间传说的看法，认为这种转变同时也是蜾蠃施咒的结果："肖我！肖我！"④ 这一点与扬雄（公元前53—18）《法言》中的说法相呼应。据扬雄说，这些幼虫死后被蜾蠃发现，蜾蠃对其念念有词："类我！类我！"随后虫子复活，变成了蜾蠃的形态。扬雄继而将蜾蠃和螟蛉的关系比作孔子和他的七十个弟子，援引《诗经》的原文来证明这一类比的正确性："螟蛉有子，蜾蠃负之。教诲尔子，式穀似之。"⑤

包括陶弘景在内的其他作者，则对蜾蠃施咒的故事持怀疑态度。对陶弘景来说，这些昆虫会说话并使螟蛉变形的说法荒诞不经。相反，他坚持认为蜾蠃是自己产卵的，这一点与其他所有的注疏者大相径庭，因为他们都认为蜾蠃只有雄性。陶弘景承认蜾蠃偶尔会从植物表面偷取蜘蛛卵或绿色的小虫子，但这是个令人悲哀的玩笑：孤独的蜾蠃会把小虫子塞进嘴里，假装它们是自己的孩子。

---

① 《本草纲目》卷40，"蛱蝶·集解"。
② 《本草纲目》卷39，"蠮螉·集解·正误"。
③ 见《毛诗草木鸟兽虫鱼疏》卷2。
④ 《本草纲目》卷39，"蠮螉·集解·正误"。在此后文本中再次引用时，所用的咒语变成"类我！类我"或"似我！似我"。
⑤ 见汪荣宝《法言义疏》，台北：世界书局，1962，卷1，"学行第一"。

李含光（创作期大约在公元700年）在《唐本草音义》①中宣称，有许多人亲眼看见其他生物的卵变成了黄蜂，所以陶弘景的论断是错误的，他的批评没有根据。而韩保升（创作期大约在公元950年）对此予以驳斥，认为事实并非如此。②据韩保升说，他的几个同时代人打开过黄蜂的巢穴，并观看了内部情形。他们看见了陶弘景所说的虫卵。而这是一件很容易完成的事情，因为蜾蠃并不罕见，且到处筑巢。还有几位作者声称自己亲自扒开了黄蜂的巢穴，并报告了各种各样的结果：一个说看到了蜘蛛的卵，证明黄蜂确实偷了很多虫子的卵，另一些人的所见所闻则支持了陶弘景的观点。李时珍对这种生物可能会吟诵、祝祷并将其他昆虫变成自己的克隆体很感兴趣，并开始着手调查。谈及黄蜂和螟蛉的故事时，李时珍声言自己曾亲自观察过巢中的雌雄黄蜂（但没有说明他是如何使它们交配的），这在很大程度上支持了陶弘景的说法，而后者是他一直崇拜和努力效仿的人物。李时珍认为此前关于这些虫子祈祷、吟唱和形态转变的描述都是荒唐和不正确的，这让人遗憾，过去的学者认为这些昆虫间的行为关联实际上并不存在。

蜾蠃和螟蛉之间的传奇故事是中国自然史著述中一个有突出代表性的例子，它显示了在搜集和检验自然知识的过程中，观察是非常重要的手段。当李时珍坐下来记录这各类说法并进而补充和表达自己的观点时，他有足够的理由相信自己的眼睛才是构建本草学大厦能用到的诸多工具之一。然而，当对象变成潜伏在阴暗地带的害虫时，观察这一工具对学者而言所能提供的帮助实在有限。

---

① 这部文献大概是两卷或五卷，现已亡佚，但它被许多宋明本草作家引用过。
② 正如因被《本草纲目》（卷39，"蠮螉·集解"）引用才得以存在，韩保升的《重广英公本草》已经遗失，只能通过其他文献的广泛引用而存于人世。

可见的黑暗

对于幽灵来说,在"可见的黑暗"中现身一定是很容易的,那里总有什么东西在忽忽闪烁,微光在隐隐发亮,尽管有时候这种黑暗比户外旷野上的黑暗更可怕。这种黑暗里隐匿着鬼魂和妖魔活跃的踪迹,而住在这黑暗里的女人,这个躲在厚厚的窗帘后面,躲在重重叠叠的帘幕和门的后面的女人,难道她真的不属于这大片的黑暗吗?黑暗不正是从她的嘴唇和那些乌黑的牙齿里,从她黝黑的头发里涌出来的吗?就像硕大的土蜘蛛向外不绝地吐出蛛丝一般。①

谷崎润一郎(Junichiro Tanizaki)这段话虽然创作于20世纪,但完全可以用来描述16世纪的中国景观。那时候,无论是在状写自然景观,还是在描述女性身体,人们普遍认为在那些幽晦和隐蔽之处蛰伏着危险的力量和可怕的生物。在《本草纲目》中某些致命的毒虫的出现常与女性有关,女性天生的"淫乱"本性(尤其是裸体时)会污染一个地区的"气",并会招引来那些本来生活在镜子背后、浓雾之中和阴影之下的危险生物。

死亡、混乱和不可预测性常常藏身于阴翳和倒影("影")中,这里是人类所无法控制的边缘地带,那些人类看不见的或者自己能隐身的东西可以神不知鬼不觉地以针刺、毒害或其他方式攻击人类或人类的影像。光线是视觉感知的关键因素,而这些生物却躲藏在光线微

---

① 参见谷崎润一郎《阴翳礼赞》,英译本由 Thomas J. Harper 和 Edward G. Seidensticker 翻译(London: Jonathan Cape, 1991),35。

弱或黢然无光的地方活动，这就创造了一个有趣的认识论案例。视觉上的受限，让观察"影"中生物变得更加困难和片面，涉及这一边缘领域的研究举证异常复杂。一个危险重重的空间被开辟出来，其中的生物可以相对容易地展开攻击、躲藏和逃窜。这些"黑暗中的小魔怪"（imps of darkness）① 可以远居深山，也可能藏身于扫帚中和床下，在镜子和阴影创造的晦暗空间里自在地生活，而且永远是隐形不见的。尽管人们偶尔会尝试用艺术形式表现它们，而对此类生物的描述也确实非常丰富，但极少有学者声称见过并观察过它们。

在这些生物中，很少有生物像蜮（也被称为射工）那样能激发人类巨大的恐惧和愤怒。蜮是一种经常被讨论的隐形生物，也是《本草纲目》和其他文献中"虫"类的一员。② 这个小魔怪自从在《诗经》中出现以来，就一直隐藏在黑暗之中，在《诗经》中，潜伏的鬼魂和蜮与所有正直和可见的事物形成鲜明对比：

> 为鬼为蜮，则不可得。
> 有腼面目，视人罔极。
> 作此好歌，以极反侧。③

---

① 这里的译文引用了达尔文跟随小猎犬号航行时在加拉帕戈斯群岛看到的第一只鬣蜥的描述。理雅各将"蜮"翻译为"水弓"（借鉴了这种生物的另一个名字"水弩"），但他在翻译《诗经》时却将其比作"小魔怪"。参见 James Legge, *Book of Poetry* (New York: Paragon Book Reprint Corp., 1967), 260–262。
② 《本草纲目》卷42，"溪鬼虫"。这种生物也有其他的名字，包括蜮和射工。《本草纲目》在讨论这种生物时，这些名字全都出现了。方便起见，我用"蜮"来涵盖所有这些名字。伊博恩认为它就是现代的放屁甲虫。还有一个有趣的案例可以参考比较，见 Michael Dylan Foster, "The Metamorphosis of the Kappa," *Asian Folklore Studies* 57: 1 (1998): 1–24。
③ 此处的译文主要参考了 Legge, *Book of Poetry*, 260–262。《何人斯》是《诗经》第 199 首，见《小雅》。亚瑟·威利对此诗的理解与原文原意几乎截然不同："倘若你是个鬼怪，或是个小鬼 / 我当然不可能拥有你 / 但我在你的神情中读出 / 有人正无视边界无所顾忌 / 因此我做出这首歌曲 / 我的内心无从安宁。" Arthur Waley, *The Book of Songs* (New York: Grove, 1996), 180–182。

第五章　变化的身体：《本草纲目》中的昆虫

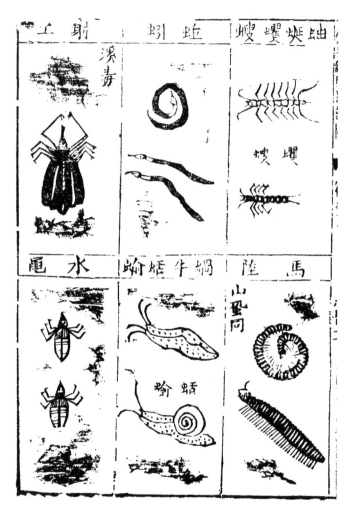

图5 射工,出自《本草纲目》(1596)

上面这段是一首长诗的一部分，所指控的对象是一个带来灾难和祸害的男人，他"为人阴险"，"厚颜无耻"，"像狂野的暴风一样"。① 他总是在你旁边，却永远不为人所见，就像是蜮。从最早的《诗经》注疏到晚明的医学文献，危险、不可预测、若隐若现的描述就一直伴随着蜮的隐秘之旅。在近代早期的自然史文献中，这个自然史图景里的永久居民就始终是争论的主题，而就人们如何对待蜮及其同类这一问题可以编出一个简短的编年史，让我们得以窥见那时的学者们是如何努力去挖掘和评估那些生活在阴影和黑暗中的生物的知识的。

《诗经》最初将"蜮"比作"鬼"或"灵"，后世许多作者则将其视为一种恶魔般的存在。据《诗经》的有关注疏所言，"蜮"天生就有毒，它躲在河流里，喷射出一股沙、毒或气来攻击游泳者或他们在水中的倒影。② 那个倒影被攻击的人很快就会生疮得病，有时甚至会死亡，但他自始至终都无法看到攻击者。③ 惹人讨厌的蜮甚至可以感染农作物，这成为它难以捉摸的特性的又一次展现。④ 关于这个神秘生物的起源，人们意见不一。根据李时珍对《五行传》的引证，蜮是女人们在河中裸浴时所产生的"淫惑之气"。其他的文献则声称，"蜮"是由男女共同沐浴时产生的淫气所生，而《抱朴子》则认为某些地区温暖潮湿的气是产生"蜮"的沃土。总之，这些文献把有毒的、隐遁的"蜮"的出现与性欲和当地的环境

---

① 这首诗的部分翻译来自理雅各。
② 关于南方地区蜮与性的关系，见 Sterckx, *The Animal and the Daemon in Early China*, 176 and 220. 不同的论点可以参见 Chen Jue, "Shooting Sand at People's Shadow," *Monumenta Serica*（《华裔学志》）47（1999）：169–207。
③ 《本草纲目》卷42，"溪鬼虫·集解"。据《毛诗草木鸟兽虫鱼疏》记载，南方人为了免受袭击，入水前会将水搅浑，扰乱蜮的视线。参见徐鼎《毛诗名物图说》，任继愈主编《中国科学技术典籍通汇》第2卷，第2700页。
④ 有些文献讨论了农业害虫，如螟蜮或蝗蜮。关于螟蜮的讨论，参见《吕氏春秋》卷26。

"气"紧密关联在一起。若撇开其具体定义，这种生物所有的表现形式无一例外具有两个基本特征：它非常危险，而且很善于隐藏从而避开人们的视线。

许多作者认为另一种狡诈与飘忽的生物堪比蜮，它被称为蠷螋。①蠷螋是一种藏身在墙里或遁迹于家居用品下面的毒虫，它们善于向人类的影子喷射有毒的尿液从而致人生病。关于这种生物，有一种更有趣的说法，见于孙思邈（581—682）的《千金翼方》，并被《本草纲目》所引用。据说孙思邈本人因影子遭到蠷螋的袭击而患病，历经数日不得痊愈。有个人指示他在地上画出蠷螋的模样，然后从画像的腹部刮下一些尘垢，将尘垢与唾沫混合后涂抹到伤口处。涂抹两次以后，孙思邈就完全康复如初。既然这种生物是通过攻击人类的影子（形象）而伤人，那么反过来，人也可以用这种生物的形象入药，以抵消它对人的毒害。②

诸如蜮和蠷螋这类生物具有几个共同的特征。首先，它们是通过向人类或人类的影子喷射毒液而致人生病或死亡，这一事实意味着，这些小魔怪是许多恐惧的来源，如对死亡的畏惧，对视线所不能及之处的惶恐，对炎热和潮湿之处的反感，对女性的性魅力的忧惧。影子和倒影往往是恐惧和所恐惧的对象蛰伏的所在，在许多故事中，动物们（包括犀牛、乌龟和其他野兽）在停下来饮水时看到自己的影子或水中倒影后，会惊恐地撒腿逃跑（或排泄失禁）。③

---

① 这种被称为"蠷螋"的生物，在现代英语中通常被翻译为"earwig"，但这个词的早期用法指的是一种更可怕、更复杂、更具传奇色彩的生物。见《本草纲目》卷42，"山蛩虫·蠷螋。"
② 同上。我不确定李时珍参考的是孙思邈作品的哪个版本。我所见到的《千金翼方》版本中，对此事的记载要短得多："味辛，微温，主蠷螋溺疮，多食令人气喘。"见孙思邈《千金翼方》卷4，"菜部·蕺"。
③ 《本草纲目》卷51，"麞肉·发明""犀·集解"。李时珍以道教文献中麞或鹿见到水中倒影就会迅速逃离的故事，来证明麞和鹿没有灵魂。

最重要的是,对蝛和蠮螉这类生物展开实地观测在具体实施中是很有难度的,它们总是藏匿并活跃在暗影沉沉之处。这就给研究者们提出一个很特殊的要求,迫使他们去权衡和评估其他人对这些可能致命的生物的看法。这些生物到底长什么模样?尽管人们对蝛的不可见或飘忽不定的特点已基本达成共识,但对其样貌的描述却千差万别。①许多作者引用《说文解字》里的描述,认为蝛是一种三足软壳的鳖。《抱朴子》则将其描述成一种有翅能飞、状如鸣蜩、形如水杯的生物,虽无眼睛,却有非凡的听觉,蛰伏在水里,一旦听到人的声响,就会像射出箭矢一样从嘴里喷出恶心的气。②还有一些论者认为,蝛跟蠮螉很相似,是蟾蜍的一种。③虽然学者们就它们的外貌提供了大量的描述,但没有一个人声称亲眼见过蝛和蠮螉。在这种情况下,像李时珍这样的学者该怎么办呢?蝛到底看上去是像龟、蝉还是狐狸?

李时珍的解决办法是综合了前辈们的所有说法,认为它的外貌看上去三者皆有。在罗列了之前几位作者的论述后,李时珍描述了蝛的大致形态,这个描述统合了前辈们的记述,并未否定其中的任何一个。④蝛的外形像鸣蝉,背像鳖甲一样坚硬,头上之目又黑又丑,像是狐狸或鬼魅的眼睛。作为生命周期的一部分(请再三留意李时珍对"蜕变"的关注),它最终长出了翅膀并开始飞翔,声如蝉鸣,这可能是它的绰号"鸣蝉"的由来。李时珍没有诉诸个人的亲眼观察,也没有诉诸他人的主张,而是描绘了一幅"蝛"的总体合

---

① 后面许多描述源自《本草纲目》卷42,"溪鬼虫"。
② 李中华注释、黄志民校阅《新译抱朴子》,台北:三民书局,1996,第1卷,第431—432页。将蝛比作蝉的描述常常伴随着对这种生物所发出的声音的暗示,这就提出了一种可能性,即这种类似蝉的外形,很可能是其声音而引发的联想。
③ 参见杜台卿(创作于581年)《玉烛宝典》卷4,"四月孟夏"。
④ 见《本草纲目》卷42,"溪鬼虫·集解"。

成图，纳入了先前主张的各个方面，没有明确否认任何一方。类似的情形也出现在《本草纲目》的其他地方，李时珍不得不探讨物体的形态样貌，但他本人确实并未亲眼观察到该物体。幸而并不是所有的虫类都那么行踪飘忽难以捉摸，有些虫为它们的记录者提供了远超预期的观察机会。

虫与变形

李时珍和他同时代的自然研究者们，格外关注了"虫"类中这样一个特殊群体：它们不仅感染活人，也侵犯死尸。诸如一类鸣虫会持续不断地攻击人的身体，这些虫子一路啃噬到病人的胃里，在病人的内脏中长鸣不已；细小的寄生虫会侵袭人体皮肤并使其感染疾疫；某些形状怪异的寄生虫会从人体内脏里的某些小气团自发变形而来，而被寄生虫盘踞的人体会对丰富的食物、无度的性行为和放肆的饮酒产生强烈的欲望。医生经常被请去治疗病人皮肤上或内脏中因这些讨厌的害虫所引起的疾病。

14世纪末，身陷囹圄的学者、医生叶子奇在狱中着手著述，并回忆起此前为一个病人检查皮肤出疹的病例：

> （该虫）其大不能以半粟也。详细察之。有嘴黝然，有足纤然，有背隆然。……因人血气之不和，乃化而生焉。及其既生也，能好也，能畏也；能就也，能避也；能饥也，能饱也；能动也，能静也；能逸也，能劳也；能吸也，能嘘也。①

---

① 叶子奇《草木子》，北京：中华书局，1997。

中国近代早期的几位医学和自然史学者也同样对昆虫的侵染着迷。大体与李时珍所处同一时代的周履靖，在其辑校的《金笥玄玄》一书中，根据道家对"九虫"和"三尸"的普遍性理解，描述了各种各样的虫，其中有些形似甲虫、云彩、蟑螂、毛发浓密的人、青蛙、鱼和蝙蝠等。①叶子奇在对人体寄生虫的讨论中，以一种比较高深的观察方式，总结了他对虫类侵扰的看法："于此可以观性命之理矣，于此可以观造化之妙矣。"②

人体上一只小小的虱子竟会引发人们对于命运和创造的广泛思考，这看上去似乎有些不可思议，但这种联想贯穿了中国近代早期的自然史。这些作者都有一个共同的倾向，即把最卑贱的生物与自然界中最崇高、最根本的过程——创造生成——联系起来。可以说，虫成为明末学者理解和讨论世界变化和转型的最重要的典型案例。李时珍从叶子奇的书中引申出自己对寄生虫的评论：

> 人物皆有虱，但形不同。始由气化，而后乃遗卵出（虮）也。《草木子》言其六足，行必向北。《抱朴子》云：头虱黑，着身变白。身虱白，着头变黑，所渐然也。③

在对蛔虫的长篇描述中，李时珍揭示了虫和大千变化之间的紧密联系。根据李时珍的说法，金、木、水、火、土的每一个元素，都会产生相应的虫体并为它们提供所依存的生长环境：

> 故五行之中皆有虫。诸木有蠹，诸果有蟠，诸谷有蚄，五

---

① 周履靖校《金笥玄玄》，台北：艺文印书馆，1966。
② 叶子奇《草木子》卷15。
③ 《本草纲目》卷40，"人虱·集解"。

谷有螟、䗽、蛮、蟗①，麦朽蛾飞，栗破虫出，草腐萤化，皆木之虫也。烈火有鼠，烂灰生蝇，皆火之虫也。穴蚁、墙蝎、田蝼、石蜴，皆土之虫也。蝌蚪、马蛭、鱼、鳖、蛟、龙，皆水之虫也。昔有冶工破一釜，见其断处臼中，有一虫如米虫，色正赤，此则金中亦有虫也。②

如果五行元素具体体现在自然界的每个变化过程中，那么反过来，昆虫自身毫无疑问也体现了五行元素的宏阔背景。苍蝇是由火而生，也具有火的属性。蝴蝶直接（根据某些说法）从树叶和花朵蜕变而来，显然来源于木。在李时珍和他的对话者的作品中，虫是唯一一种以如此明确的方式与五行变化联系在一起的生物。下面将展示几个具体的案例，来说明五行介导的变形对描述具有"可信度"的虫子种类的重要性，以及在这个过程中观察所起到的重要作用。

木

在昆虫是如何从地球的原始元素转变而来的问题上，可以从萤火虫身上窥斑见豹。③萤火虫一直以来都与植物关系密切，到16世纪晚期，它已经成为表征虫木关联的典范，有力展示了腐烂的植物能够直接创造出"虫"。在对过去的医学和自然史文献的挖掘过程中，李时珍对在萤火虫及其医学用途这一问题上产生的各种矛盾、分歧进行了裁定。④他总结出三种萤火虫：第一种萤火虫腹部下方能够发射光

---

① 这些都是命名农作物害虫的典型方式。
② 《本草纲目》卷42，"蛔虫·集解"。蛔虫一般用来指生活在人体内（不请自来）的各种虫子。
③ 《本草纲目》卷41，"萤火"。
④ 《本草纲目》卷41，"萤火·集解"。

束,是由腐烂的茅草根产生的;第二种萤火虫无翅不能飞,尾部后方拖曳有光,是由腐烂的竹根产生的。如果相关记录属实,这种萤火虫也能在黑暗中看见东西。第三种格外反常,它实际生活在水中,但也是由植物变化而来。在李时珍看来,应该只有长有翅膀的那一类方能入药。据记载,这些萤火虫善于驱逐窃贼和强盗,并因其药用效果惊人颇受到几位道教徒作者的颂扬。李时珍称赞以其制成的药物"萤火丸"可以"辟疾病,恶气百鬼,虎狼蛇虺,蜂虿诸毒,五兵白刃,盗贼凶害"。①随后他记录了一则故事,说是一位汉朝的将军被敌人围困,但因他手臂上挂着一绛囊,里面装着将萤火虫碾碎而制成的药丸,便成功地躲开了敌人(巧合的是,敌人的这支队伍就叫"猛虎")的箭雨,并愚弄了他们,使他们误以为他是神的守护者。②

中医普遍接受腐烂的植物可以直接产生昆虫这一观点。常持怀疑态度的李时珍在他的《本草纲目》里并没有引用任何证据或资料来质疑这一命题,我也没有看到任何其他文章试图挑战这一假设。这种变形通常与水或湿度有关,水或湿度与热度一起被认为是导致自然物腐败和朽灭的条件之一。

火

在苍蝇身上,我们能够清晰地看到无论剧烈燃烧还是阴燃的热源是如何产生生物的。李时珍在他的概念框架中赋予了火焰特权:既然阴阳是宇宙万物的生发力量,当它们以燃烧的形式呈现时,自然而然带有创造的活力。据李时珍说,苍蝇在炎热的夏天是活跃的,在寒冷的冬天是休眠的。尽管有记载说有一种苍蝇是由草根蜕

---

① 《本草纲目》卷41,"萤火·发明"。
② 关于药丸及其药效的更多描述,见《本草纲目》卷41,"萤火·发明"。

变而来，但大多数的作者都认为是蛆钻入灰烬里，蜕掉皮，长出翅膀，进而变成了苍蝇。① 李时珍认为，这种转变就像蚕和蝎子那样，最终变成了飞蛾。李时珍再次强调了转变特别是翅膀的出现，对于昆虫与五行之间相互作用的重要意义。就像腐烂的植物一样，热灰烬（也被一些作者描述为"腐"）具有创造生命的力量。这种创造能力非常之强，李时珍说，如果把在水里溺毙的苍蝇放在灰烬里，它们是可以复活的。②

水和土

洞里的蚂蚁，墙上的蝎子，地里的蝼蛄，岩石里的蜥蜴，都是与土关系紧密的典型昆虫，在表达土元素（五行元素之首）与动物之间的关系上颇具代表性。这些昆虫的一个显著特征隐藏在最微不足道的地方："它们都置身于土中。"正如我们所看到的，近代早期自然世界中的变形通常发生在很有限的视野范围内：在水里，在灼热的泥浆中，在腐烂的物质里，甚至在几千年后的未来。③ 埋在雪、石、土甚至其他动物体内的生物都有变形的倾向。④ 例如，蛇和雉鸡交配后所生的卵埋在泥土里，会产生一种叫蜃（一种能产生洪水的龙）的动物，只有将卵埋在土里才会形成这种能制造水的生物，这说明土埋和转化之间存在着密切的联系。

蝼蛄生活在泥土和成堆的粪肥中，呼吸野风，摄食泥土。虽然《本草纲目》并未记载它们在地洞中积极活跃的变形行动，但它

---

① 《本草纲目》卷40，"蝇·集解"。据记载，蛇、蝉和龙也都会蜕皮和变形。
② 同上。
③ 关于中国战国时期和汉代动物变形的故事，特别是有关动物作为人类理想、道德和政治的象征的故事，参见 Sterckx, "Changing Animals," in *The Animal and the Daemon in Early China*, 165–204。
④ 见《本草纲目》卷39，"雪蚕·集解"；卷43，"诸蛇·集解""蛟龙·附录"。

们被归类为"因变而生的虫"("化生"),且因其与鬼魅的联系而在许多近代早期文献里遭受痛斥与谩骂。① 据一位著名的唐代医学作家说,这些夜行虫与鬼魔为伍,帮助罪犯越狱。因为这些邪恶的联想,人们一看到它们就会将其扑杀,担心它们会被鬼魅利用以达成其黑暗的目的。蚂蚁大军曾出现在自然史文献中,它们也在泥土里出生、生活和死亡,并在土壤中繁殖和孵卵。② 蚂蚁通过疏通土壤的变革作用,适应湿度的变化,来孵化蚁卵,长出翅膀,改变颜色,并最终死亡。③

水对昆虫的重要性,对于中国近代早期自然界里发生的各种形态蜕变的重要性,无论怎么强调都不过分。水中的青虾会变成蜻蜓,而鸟入水也会变成鱼。④ 李时珍在开篇引用的多样化的例子证明了与水有关的生物的丰富多样性,而这些生物并不并非得是昆虫:蝌蚪、水蛭、鱼、乌龟和龙都经历了某种形式的蜕变。对许多这样的动物,以及其他像它们一样的动物来说,与水的关系也有助于确定它们应以怎样的方式入药。

金

木、水、火和土均是昆虫产生的关键,而与此同时,无论是在《本草纲目》还是其他自然史文献中,金与虫之间的关联都是非常罕见的。因此,如果李时珍要在昆虫与五行之间建立完整的关联,虫与金的关系呈现就是非常必要的。大量体现虫与木、火、土和水之间关系的例子表明,这种关系的存在已经蔚为常识(苍蝇从灰烬

---

① 《本草纲目》卷43,"龙骨·集解"。
② 称之为蚂蚁军队,确实并不夸张。《本草纲目》卷40,"蚁·集解"。
③ 《本草纲目》卷40,"蚁·白蚁"。
④ 《本草纲目》卷40,"蜻蜓·集解";卷48,"雀·集解"。

中产生，龙生活在水里，等等），无须提供资料来源，无须做出论证，也无须给出具体的示例。相形之下，他对某种蠕虫如何从一个破裂的大金属锅里萌生的描述则详赡细致多了。在这里，他表面上从一个特定文本中引用了一个实例，来说明虫和金之间的关系，从而证明了他所持的范围更广泛、格局更广阔的主张：虫与五行各元素之间都存在着混融交织的关系。①

李时珍所描绘的虫和金属之间的关系的重要性，也体现在另一方面。金匠和他的坩埚是中国文学创作过程中常见的比喻。②一个经典的例子是贾谊的《鹏鸟赋》："且夫天地为炉兮，造化为工；阴阳为炭兮，万物为铜。"③在李时珍描述的故事中，一条虫子所代表的生命是由一个铁匠（出乎意料地）创造出来的，这并非偶然。由于金属工匠和宇宙创造者之间拥有创造新物的相似功能，那么"虫"从金属里产生一事则堪称宇宙整体创造力的典范，它们被嵌入到五行的概念体系和物质框架中，小小昆虫俨然成为诸多生物的典型代表。

虫与人类

在18世纪的自然史和医学文献中，虫类一直是彰显自然界变革现象的典范。对虫子变形的表述本身成为一个显著的表征，它有力地体现了"变化"这个概念，并从五行的理论体系中渐次脱出，趋向于更牢固地扎根在人类的现实世界。作为李时珍著作最重要的评

---

① 坩埚虫也可能与火有关。虫身的颜色是红色，与火相相关，这可能表明该虫是在锻造过程中产生的。
② 回想一下这一章前面部分的引文，出自《本草纲目》卷42，"蜘虫·集解"。
③ 该诗全文见萧统（501—531）《文选》，第604—610页。其英文翻译见 Knechtges, *Wen Xuan, or, Selections of Refined Literature*, vol. 3, "Rhapsody on the Houlet", 41-48。

论家，清代医学作家赵学敏在阐述"会感染人体的虫子"时，摒弃了李时珍作品中反复出现的冗长的宇宙创世学说，而代之以更为世俗常见的事物：

> 人死血肉腐为虫，或为蛆，或为蚜，形各不一，或云二物并生，或云一物先后互化；又有云，贫穷者多蛆少蚜，富厚者多蚜少蛆，第勿深考，并存其说，以俟博雅君子折衷焉。①

在赵学敏写作的时期，虫子的变化已然象征了阶级和社会地位，而不是像《本草纲目》这样的近代早期文本将其与五行关联起来。②昆虫和变形将始终紧密关联，不可分离，而对此加以阐释的概念体系，却将随着对于中国自然世界更为广阔的论述而改变。

---

① 赵学敏《本草纲目拾遗》，香港：商务印书馆，1971和1982，第521页。卷10，"人蚜"。赵学敏没有像李时珍那样把每个研究对象都分成多个小标题（如释名、集解等），而是单独罗列。

② 要注意的是此处的变化是象征层面上的，但意识到身体的因人而异，需要对症下药，12世纪的本草学中体现了这一点。Unschuld, *Medicine in China: A History of Pharmaceutics*，对寇宗奭的《本草衍义》特别是在对待个体时要考虑到年轻人、老年人和富人、穷人的区别等论述进行了评论。李时珍在许多方面也有这种倾向。参见 Asaf Moshe Goldschmidt, *The Evolution of Chinese Medicine: Song Dynasty, 960-1200*, 121-123。

第六章
变化中的万物:《本草纲目》中的兽与人

一只植物羊的长途旅行

1600年至1601年担任英国驻俄罗斯大使的李察爵士（1608年去世），曾致函英国皇家学会，描述他在国外的经历。他在俄国听闻，在附近的鞑靼地（Tartaria）出现了一种新奇的东西："土壤中尝有某种奇异生物冒出，其形似羔羊，通身披挂长绒毛，乍看觉其酷肖吾国所产土羊。试为描摹之：初有长柄状茎秆出土，顶端萌发新芽，渐成羔羊之状，终成鲜活动物，踞伏于茎秆之上，以茎秆与土地相联属，若母婴以脐带相连耳……"①

不幸的是，这只跨越了动物和植物边界的羔羊，虽以类似"哈蒂科克"（hartichocke）的茎秆获得生命力的支持，其生命却受到了茎秆的限制："惟其复活，即啮四周野草，而俟周围野草啃食净尽，

---

① *Journal Book of the Royal Society* 2, 232–233, 22 August 1666, 转引自 John H. Appleby, "The Royal Society and the Tartar Lamb," *Notes and Records of the Royal Society of London* 51: 1 (January 1997): 23–34。这种动物也被称为斯基泰羊、博罗梅斯（borometz，不同来源拼法不同），或蔬菜羊。

羊即死矣。"① 但对莫斯科商人来说，却有一个温暖而幸福的结局："然土人见其可逐蚤，遂珍视之，促其生，保其命，思其手段可抗瘟驱疫，且可疗治若干当地疾症。"②

早在十多年前，李时珍就搜集了类似的故事，这些故事来源于一套关于西域奇闻异事的杂录和笔记："大秦国有地生羊，其羔生土中，国人筑墙围之。脐与地连，割之则死。"③ 这个说法和提交给英国皇家学会的信函所言很相似，它关注的不仅仅是扎根于大地的羊羔有限的活动能力。在李时珍提供的另一个描述中，羊羔可以被用来织成漂亮的被褥，提供美味的食物。而且，根据中国的说法，植物羊的情况并不像李察爵士所说的那么糟糕：羔羊实际上可以摆脱茎秆的束缚自由活动："但走马击鼓以骇之，惊鸣脐绝，便逐水草。"④

这些叙述在多个层面上具有惊人的相似之处。特别值得注意的是，地理位置（中国以西很远，英国以东很远）成为支撑这两种说法的核心。这也许并不奇怪，在英国大使的报告中，商人的旅行是为了扩大帝国领土和经济影响，以追逐利益。尽管中国商人也对拓展海外市场和进口异国商品感兴趣，但其对地理位置的关注同样植根于风格鲜明的文学先例。至少从唐朝开始，各种文选、杂记、诗集和辞典的注疏及各类奇谈的作者们就经常把自然栖息地和地理起源的信息纳入他们对动物的描述中。鱼、鸟和四足兽的生理特征往往与它们被发现时所在的位置一致。在汇集这些不同的资源时，李

---

① Appleby, "The Royal Society and the Tartar Lamb," 23–24.
② 同上。
③ 《本草纲目》卷50，"羊·地生羊"。李时珍的这段记载源自段公路《北户录》。
④ 李时珍还引用了刘郁写于13世纪的《出使西域记》（很可能是《西使记》）中的一段记载，其中建议通过敲击一旁的树木来放生羊羔。关于中国文献中植物羊的记载，见 Berthold Laufer（劳费尔），"The Story of the Pinna and the Syrian Lamb," *The Journal of American Folklore* 28: 108 (April-June 1915): 103–128. 劳费尔得出结论，这些描述实际上是理解棉花的早期手段，这一结论已被广泛接受。

时珍确立了栖息地和地理位置的重要参考地位,并在构建《本草纲目》所包含和体现的自然环境的过程中,凸显了他对于地理和空间的更深切的关注。

由此引发的主题和问题是这里的重点,它统摄了《本草纲目》里的四个主要类别,集中讨论了我统称为"动物"的问题。书中涉及动物的部分[禽,兽,鳞(包括鱼),介(甲胄,包括乌龟)]不仅有大量的论证过程,而且展开的过程引人入胜,文献资料的利用极其丰富多样。① 变化在这里再一次凸显了它的关键作用,并集中表现在动物的交配、繁殖,以及由土地本身和它的居民(水、土、火、金、木)所介导和调节的各种转变上。而《本草纲目》对一系列崭新的文献资料的使用,则表明了李时珍对新地区新居民的关注,外来性、距离感和因地处偏远而被赋予的极高价值,在其认识论中表露无遗。

分类和定位

广义地说,《本草纲目》将动物划分成不同的群体,这些群体由可见的身体覆盖物定义:有鳞的、有甲的、有羽的和有毛的。李时珍在个别章节的序言中曾分析过如此分类的缘由。有鳞类动物分为四类:龙、蛇、鱼和无鳞鱼。龙部包括蜥蜴和鲮鲤;无鳞鱼部包括鳗鱼、鲨鱼、海豚、儒艮及章鱼、水母、海马和龙虾。在无鳞鱼的条目下,还单独列出了一些此类动物可食用的部分,比如鳞屑。有甲类动物主要分为两大类别:龟和鳖,包括各种螃蟹、马蹄蟹、蛤蜊及其他淡水和海洋蛤蚌类生物。鸟类则按照栖息地分为四大

---

① 详见附录二。关于分类本身的文本,见《本草纲目》卷43—51。

类：水草栖息（如鹤、鹳和鹅）、草地栖息（各种野鸡和麻雀、蝙蝠、飞鼠）、森林栖息（包括鸽子、乌鸦和鹦鹉）和山地栖息（包括凤凰、鹰和猫头鹰，以及一些致命的邪恶鸟类）。兽类动物的具体分类则略显支离破碎，是一种博尔赫斯式的混合与拼凑：家畜（"畜"，包括乳制品、皮革产品和牛黄等）、野生动物（"兽"，野兽中的"野兽"）、啮齿动物（"鼠"，包括黄鼠狼和刺猬）；最后一类则被李时珍在本小节序言中一分为二，但在实际操作中却可单独视作一类：居住在山林中的猴类动物［因此被称为"寓类"和"怪类"，包括各种猴子、鬼怪和像北美野人（Sasquatch）一样的人形野兽］。

除了有甲的生物外，在所有这些类型条目的最后，都会开辟一些篇幅讨论这一类型中的有毒物种。[1] 这反映了《本草纲目》贯穿在每一个分类中的某种普遍性的趋势，即每个类型下的动物成员常常从作者认为最寻常的或最典型的种类，渐至铺排到最陌生的或最危险的种类。于是我们看到，"兽部"开始于一群人工驯养的动物，结束于各种稀奇古怪的动物，后者有不少很可能有致命危险。有鳞的生物以龙（有鳞动物的典范和统领）开始，以没有鳞的鱼结束。后面一组展示了支配着《本草纲目》内容顺序安排的两个基本原则：正如前所述，动物的种类整体上从司空见惯的类别渐次过渡到离奇古怪的类别，而在同一大类下则遵循相似关系的原则。

《本草纲目》的分类依据的是地理位置的概念，但同时也塑造了这些地理概念。首先，分类本身即是对某种位置的确证：它表明李时珍对某个物体在文本中应居于何种位置的看法。在最基本的层面上，划分类别是通过归纳物种间的相似性来实现的，在每个单独

---

[1] 关于各种蛇毒的解毒方法，见《本草纲目》卷43，"诸蛇"。关于有毒的鱼，见《本草纲目》卷44，"诸鱼有毒"。关于有毒鸟类，见《本草纲目》卷49，"诸鸟有毒"。关于有毒肉类和各种解毒剂，见《本草纲目》卷50，"解诸肉毒"。

成立的条目下,被相似的术语描述的生物是彼此相邻或接近的物种。因此,李时珍把两组鱼类生物放在一起,并把那些最古怪离奇的个体放置在最后的组别里(奇怪的是,在这里,一组无鳞的鱼出现在一个有鳞的生物类别中)。动物的栖息地也有助于确定其归属于哪个类别,某种程度上,地理因素是确定和命名一种生物的必要条件。这方面的例子很多,比如,李时珍根据海龟生活的环境做了更细的区分,根据在沙子上的行为模式或生活印记来区分"贝类"所涵盖的诸多蛤和牡蛎。① 依据贝壳的外形和在水中生活所处的位置,李时珍描述了《相贝经》(这是一本关于贝壳形貌的指南书)中提到的贝壳:

> 贝之大者如轮,可以明目。南海贝如珠砾白驳,性寒味甘,可止水毒。浮贝使人寡,勿近妇人,黑白各半是也。濯贝使人善惊,勿近童子,黄唇点齿有赤驳是也。……鰿贝使人胎消,勿示孕妇,赤带通脊是也。慧贝使人善忘,赤炽内壳有赤络是也。②

上面这段话罗列了几种不同的贝壳,告诉我们,位置是由物体本身可见的痕迹清楚地标示出来的。另一种标明其所来处的线索是需要依靠听觉辨别的,也就是依据它们在当地方言或外国语言中的称谓及其发音,这一部分成为李时珍书中许多生物的别称的来源。他获得这一资源的途径之一是李珣的著述,李珣生在中国,却是波斯裔,家族经营香料生意。《本草纲目》中大量讨论的贝类生物多

---

① 《本草纲目》卷45。这部分由17种龟类组成,包括螃蟹和马蹄蟹(鲎鱼)。
② 《本草纲目》卷46,"贝子·集解"。

栖居在南海和外国海域，而李珣的《海药本草》记载了许多外来的药物，受到李时珍的广泛征引。这些药物对李时珍来说特别重要，因为来自偏远地区的药物为明代的医药市场所偏好，认为其特别有价值。其中有一种是海龟的精子，它被鲨鱼吐出来，随后在海水中冷却凝固，据说具有极其显著的疗效，其价值堪与黄金、珍珠和宝玉等媲美。如果这种物质确实存在，又是如此珍稀无价，那么毫无疑问它将是有用的，李时珍对此并不否认，但他担心自己将永远无法找到一个样本以亲自调查和确认这些看法的真伪，所以只能留待读者自己去验证了。①

出乎许多本草作者意料之外的是，那些稀有或难以获得的物质常常被认为具有特别强大的药用功效。他们抱怨说，人们"贵远贱近"。李时珍谴责了这种在遥远的异域寻找稀有药物的倾向，他认为这些药物甚至不如在自家后院发现的更常见的草药有效，比如广受欢迎的蛇床："世人舍此而求补药于远域，岂非贱目贵耳乎？"②（贱目贵耳指重视传闻胜于直接观察。）一件物品的价值与它被发现的地点或发现它的人所在地区有着明显的关系。人们讨论某个物品的价值会着眼于多个方面，而其所处的位置是其中一个重要方面：一种特别珍贵的物质，其卓越性能通常在一定程度上是由它的地理位置赋予的。

在某个特定地区的价值体系中，区域性也与物质的价值相关，物质如果价值高，人们会形容它"贵重"。海龟精子是被公认为

---

① 《本草纲目》卷45，"玳瑁·撒八儿"。
② 《本草纲目》卷14，"蛇床"。蛇床是明代一些百科全书（日用类书）中常用的春药成分，通常包括药用处方和烹饪用方。关于此类百科全书医学部分的简要概论，参见《中国本草全书》，1999，第394卷，第207—552页，其中包括《五车拔锦》《万用正宗》《文林聚宝》《万用正宗不求人》《万宝全书》和《全书备考》。蛇床的使用，可见《五车拔锦》，1999 [1597]。在《洞房春药妙方》一书中，蛇床被用于六种壮阳药中。

"价昂"（昂贵的）和"贵重"的诸多物质之一，《本草纲目》也同时从这两个方面描述了这种特殊的宝藏。然而，"贵重"一词在《本草纲目》中大多数时候的用法都与某个地点或某个族群有关。苏颂说，四川人特别重视某种能预知未来的葡萄树（"预知子"）；陈藏器说，外国人（"胡人"）①非常珍视东方香口胶等产品（苏合香）；李时珍说，有鳞的蛇（"鳞蛇"）被乡下人（"土人"）视为珍宝，而元朝某一时期的臣民特别重视玄豹（"木狗"）。②在上述这些物品的价值描述中，都使用了"贵重"一词。

《本草纲目》中关于动物的故事取自一组全新且迥异的资料，与李时珍之前的作品相比，来源于全新资料的故事反映了作者对独特与罕见药物和事件的重视。李时珍越来越多地引用了志怪小说来证明治疗的有效性：

> 按祖台之《志怪》云：昔有人与其奴皆患心腹痛病。奴死剖之，得一白鳖，赤眼仍活。以诸药纳口中，终不死。有人乘白马观之，马尿堕鳖而鳖缩。遂以灌之，即化成水。其人乃服白马尿而疾愈。此其征效也。反胃亦有虫积者，故亦能治之。③

在这里，李时珍扩展了从审视这一病例中得出的逻辑，并以晋代（265—420）祖台之创作的《志怪》作为证据，证明某种药物不

---

① 这个词常被李时珍、陈藏器和苏敬用来指外国人，与某个特定的起源地点无关。许多人把胡人翻译成"蒙古人"或"鞑靼人"。"胡"这个术语在第一章中有更详细的讨论。
② 具体可见《本草纲目》卷18，"预知子·集解"；卷34，"苏合香·集解"；卷43，"鳞蛇·集解"；卷51，"木狗·集解"。关于近代早期欧洲本土自然的概念，见 Alix Cooper, *Inventing the Indigenous: Local Knowledge and Natural History in Early Modern Europe* (Cambridge: Cambridge University Press, 2007).
③ 《本草纲目》卷50，"马·白马溺·发明"。

仅能治疗故事中描述的疾病，而且能治疗所有与虫有关的疾病。对于一个本草作家来说，这种资料利用方式是反常的，李时珍利用奇闻异事作为医学理论和实践所需的证据，是一种对惯例的突破与创新。

同样一反常态的是，李时珍对单一的生物、种群或植物研究专著的依赖。① 这些专著中的描述和争论往往决定了李时珍对待相关动植物的方式。例如，师旷《禽经》② 中充满了对鸟类的拟人化描述，而这篇文章作为主要的证据来源被李时珍广为引用，所以《本草纲目》里，在在可见对鸟类的拟人化描述："《禽经》云'鹃，毅鸟也，毅不知死'，是矣。性复粗暴。每有所攫，应手摧碎。"③ 因此，《本草纲目》中形容鸟类"傲慢"和"骄矜"，并不是李时珍个人推行拟人化的结果。《本草纲目》禽鸟类内容，毋宁说是李时珍对所引用的文献的仿制和摹写。特别是对鸟类的交配习惯描述，会让现代读者对"魅惑的眼神"一词有新的理解。

魅惑的眼神

在近代早期自然史的一般性讨论中，繁殖是一个核心问题，但阴阳五行在推动自然物象转变过程中所处的首要地位，使得这一问题对于李时珍具有了全新的重要意义。有些鸟会格外注意保护交配

---

① 李时珍参考书目中列出的专题著作里就涉及菊花、牡丹、竹、茶、香料、蘑菇及真菌类、饲料、作物、李子、荔枝多种，以及诸如笔墨纸砚等文房用具。专门研究动物的专著有《马经》、《果然赋》、《龟经》、张世南的《质龟论》、傅肱《蟹谱》、朱仲《相贝经》、王元之《蜂记》、黄省曾《兽经》、淮南八公《相鹤经》、师旷《禽经》和《异鱼图》。
② 这是一部关于鸟类的文献，被认为是师旷（公元前6世纪）所著，张华作注。参见《禽经》，《丛书集成新编》第44卷，第252—256页。
③ 可参《本草纲目》卷48，"鹃鸡"。

行为的隐秘性，鹤是其中之一，它们的交配行为通常发生在只有几英尺的空间中。它们所做的只是互相凝视或对唱：当彼此的目光或歌声在风中相遇时，其中一只鸟儿就能受孕。① 鸟的繁殖和蜕变对李时珍意义重大，以至于他在"鸟类"的序言中，用了大量篇幅来描述"万般不同"的自然法则，这些法则具体体现在鸟类的蜕变中：它们通过眼神和鸣叫交配，能与蛇混种交配，能在翅膀下孵化出蛋，能从老鼠变化而来，也能变成蛤蜊。② 这种变化进而延伸到大气现象，因为一些鹳鸟与水关系密切，有说法认为鹳鸟会导致干旱。③ 一些作者声称鹳在它们的巢穴里建造小水塘，并在那里饲养鱼和蛇以喂养幼鸟，尽管李时珍表态说他尚未能够证实这些故事的真实性。

类似的转变事迹挑战了《本草纲目》及其所对话的文本所遵循和体现的物质概念，同时也强化了水、土、火、木和金作为宇宙变化基本媒介的重要性。许多鸟类的变形是由某些五行元素间的相互作用决定的：燕子一下水就变成了蛤蜊；如果把两只鸟的后代埋在土里，它们可能会变成蛇。由此看来，环境和地点对动物的转变至关重要，甚至影响了它们的出生和死亡。很明显，这些动物的栖息地可能是水（水生动物）、土（陆生动物）、火（生活在非常温暖的地方的动物，有些鼠类甚至生活在滚烫的灰烬中），这不仅对动物的物质属性如何表达至关重要，而且将有助于确定李时珍如何对动物进行分类。④ 在把动物与更广泛的关于埋葬状况、物质形态和疾病表现等问题相联系予以讨论时，石（五行金的一个实例）在其中也起到了类似的中心作用。

---

① 《本草纲目》卷47，"鹤"。类似情形亦可见之于蚯蚓和蚱蜢。
② 《本草纲目》卷47，序言。
③ 见《本草纲目》卷47，"鹳·正误"。
④ 例如，许多家畜都与一个特定的五行元素有关，这帮助李时珍确定了它们作为药物的制备方式。

胃肠结石

植物羊并不是西方和中国博物学家共同关心的唯一对象。牛黄作为近代早期权力的体现和好奇心的象征，从科学史到小说《哈利·波特》，到处都在讨论，但很少有人注意到它们在中国医学和自然史上的重要性。① 至少从陶弘景的评论开始一直延续到《本草经》，牛黄一直是中药学的关注重点。陶弘景举例说明在6世纪的药品市场上牛黄是多么昂贵："药中之贵，莫复过此。一子及三二分，好者值五六千至一万也。"② 后人对这种物质的解释和描述各不相同。③ 大多数人都同意陶弘景的说法：牛黄看起来像一个蛋黄，它的形成对牛来说是不愉快的经历。陶弘景引用一个早期的故事，认为牛黄可能是在牛体内以某种超自然形式不可思议地形成的，也可能是磷光通过牛角进入牛体内形成的。本草学作者们通常认为这对牛来说是个痛苦的过程，因为当发光的球出现在牛身上，然后消失在牛的身体里时，牛就会嚎叫。④ 在陶弘景之后，作者们倾向于通过确定牛粪的位置、提取的时间（死前或死后）以及在这一切发生时牛所在的地理位置，来区分牛黄的种类。寇宗奭通过描述西方的野牛和骆驼身上的结石，扩大了牛黄可能的种类范围，并简单地用气味来区分它们："牛黄轻松，自然微香。西戎有牦牛黄，坚而

---

① 17世纪一位在中国的耶稣会士对菊石做了记载，见 U. Libbrecht, "Introduction of the Lapis Serpentinus into China: A Study of the *Hsi-tu-shih* of F. Verbiest, S.J.," *Orientalia Lovaniensia Periodica* 18 (1987): 209-237。该文还包含了他所描述的中文文本的图像。Marta Hanson, "Jesuits and Medicine in the Kangxi Court (1662–1722)," *Pacific Rim Report* 43 (July 2007): 1-3，讨论了这个案例。
② 《本草纲目》卷50，"牛黄·集解"。
③ 《本草纲目》卷50，"牛黄"。
④ 关于这些看法，见《本草纲目》卷50，"牛黄·集解"。

不香。又有骆驼黄，极易得，亦能相乱，不可不审之。"①李时珍为"狗宝"（字面意思是狗体内的宝贝）和"鲊答"这种从动物内脏中取出的肉囊包络类似石头的东西单独设立了条目，并将其归入"兽部"，同时归入兽部的，还有底野迦、阿胶②和其他用动物骨头和兽皮制成的物品。

牛黄这类物品的石化过程，本质上是在躯体内进行的，这是李时珍最基本的关切。然而，他怀疑它们能否代表单一的宇宙现象。他引用了《悦生随抄》中的一则杂录来说明这一点：

> 尝闻人患石淋，有石块刀斧不能破。③又尝见龙胫骨中髓皆是白石，虎目光落地亦成白石，星之光气也落则成石，松亦化石，蛇、蟹、蚕皆能成石。万物变化如斯，不可一概断也。④

李时珍进一步阐述了贾似道的观点，并描述了一种具有讽刺意味的观念转变，这种转变使疾病的产物成为具有巨大治疗价值的物品：

> 时珍尝静思之，牛之黄，狗之宝，马之墨，鹿之玉，犀之通天，兽之鲊答，皆物之病，而人以为宝。人灵于物，而犹不免此病，况物乎？人之病淋有沙石者，非兽之鲊答乎？人之病癖，有心似金石者，非狗之宝乎？此皆囿于物而不能化者，故

---

① 关于这些看法，见《本草纲目》卷50，"牛黄·集解"。
② 《本草纲目》卷50，"底野迦""阿胶"。
③ "淋"现在也被翻译成"淋病"。这里指的是结石像水一样从体内排泄或喷洒出来的情况。
④ 《本草纲目》卷50，"狗宝·集解"。

禽鸟有生卵如石者焉。①

迷离星光和猛虎目光变成白石,表明发生了某种类型的转变,但人类与野兽体内产生的石头,却与此全然迥异,它们完全是另外一种变化,是由某种病态造成的。疾病从根本上改变了生物的物质性存在。赋予人类、动物和植物以生命的极具创造性和变革性的过程被疾病所扭曲。李时珍随后继续对此展开阐述,他讲了被石化的人类心脏的故事并展开论证。有一颗石化了的心脏内部形成了一幅风景画,而另一颗僧人的石化心脏中心处俨然矗立着一尊微型佛像。②李时珍经过理性的判断,认为这种病态的变形,并不可能治愈疾病,对当时流行趋势里如此珍视此类物品,李时珍嗤之以鼻。

交配与死亡

学者谢肇淛(1567—1624)曾在他的《五杂俎》中引用李时珍的观点,他认为李时珍所描述的世人对珍贵和稀有物质的痴迷,甚至延伸到了对人自身的评估裁断。谢肇淛哀叹道,著名的面相学家总是倾向于赞美那些长得像动物的人具有某种非凡的品质。那些长得像龙和凤的人自然不在话下,即使是长得像乌龟、猴子或马的人也会被特别挑出来另眼相看。谢肇淛抱怨道:"夫人为万物之灵者也,今乃以似物为贵耶?此理之所必无也。"③谢肇淛的怨叹里所含的对面相的重视,则强调了晚明价值观的另一个重要特征:人和物

---

① 《本草纲目》卷50,"狗宝·集解"。
② Judith Zeitlin, "The Petrified Heart: Obsession in Chinese Literature, Art, and Medicine," *Late Imperial China* 12: 1 (June 1991): 1—26,认为这些对癖石的看法,构成了晚明时期人们痴迷于各种物事文化的一部分。
③ 谢肇淛《五杂俎》,第522页。这个引证出现在第9卷开头,物部一。

的价值与观察和视觉上呈现的显著特征密切相关。有价值和无价值主要是根据其形状、表面标记或颜色来区分的。① 可观察到的特征和价值之间微妙的联系，类似于地理位置与价值之间的关系：类似颜色这样的外在特征并不能决定一种植物或动物的价值，但却是判定其独特价值的主要方式之一。

谢肇淛从把人比作龙这一点出发，继续用人的特质来描述龙这一生物。把龙比拟成人，这反映了明末学者们普遍存在的一种倾向：使自然景观拟人化，把奇观、异象和奇迹收归到人间、沉降到地面上来谈。交配与死亡是当时此类讨论中的两个核心问题。谢肇淛谈到前者："龙性最淫。故与牛交，则生麟②；与豕交，则生象；与马交，则生龙马；即妇人遇之，亦有为其所污者。"③ 龙虽然是如此的放肆淫荡，但人们事实上却可以为了自身的目的而对此蛮力加以利用。谢肇淛描述了中国岭南地区的祈雨仪式。一名年轻的女孩被天棚遮盖，留置在田野的中央。一条龙从她的头顶飞过，看到这个女孩就情不自禁地亢奋，在她身边绕圈，在田野上空盘旋，想办法和她交配。但在它成功地骑到女孩身上之前，当地的人们采用特殊的技术囚禁了它，受挫的龙的喷射物（雨）立刻洒遍田野、浸透土地。④ 在文本的后面部分，谢肇淛描述了一个驭龙的车夫、一个驯龙师和一个屠龙的人。而屠龙是16世纪末学者们特别关注的问题。如果所有的生物最终都要死亡，那么这些在药典和自然史里

---

① 指称物体形状的术语包括"形"或"形状"，指称物体表面斑纹的通常是"文"或"斑"，指称颜色的通常是"色"或许多特定颜色词中的一个。虽然鉴定真品主要是通过一系列操作流程，但品种的鉴别和鉴定则主要通过观察实现。
② 此处的麟是麒麟的简称，偶尔也会翻译成独角兽。
③ 谢肇淛《五杂俎》，第522页。关于《五杂俎》中所描绘的龙的问题，亦可见 Mark Elvin（伊懋可），"The Man Who Saw Dragons: Science and Styles of Thinking in Xie Zhaozhe's *Fivefold Miscellany*," *Journal of the Oriental Society of Australia* 25-26 (1993–1994): 1–41.
④ 谢肇淛《五杂俎》，第522页。

位列半神级的生物，体态酷似蛇和鸟却与它们颇有些距离的凤凰、龟、麒麟和龙，又当如何呢？李时珍也有同样的关切，和谢肇淛一样，他通过具体的实例来探究问题的答案。他并未去研究龙的行为，而是把重点放在了龙在更广泛的生命周期转换工程中的位置，然后发出了这样的疑问：龙究竟会死吗？正如我们在之前的插曲中所看到的，这种关切源于人们对在医学中使用龙作为药材的兴趣，以及在此基础上继而引发的问题。① 李时珍对龙骨的自然发展史给予的详细描述，记录了前人开具的龙骨药用处方，也为解决龙和类似生物是否会自然死亡这一棘手问题提供了空间。

虽然龙和植物羊在许多方面存在显著差异，但也在多个层面上，与《本草纲目》中大多数动物相似。它们的身体有不少部位是可食用或可鞣制的，与它们相关的故事对于理解如何在医学中使用它们至关重要，每一个目击它们的地点都成为对其展开描述、评价和分类的关键因素。在《本草纲目》的最后一个类别中，读者看到了一种非常不同的"羊"：一只长着两条腿的羊，但却有人肉的味道。但当我们谈论这只两条腿的小羊之前，还需要回答一个关键的问题：在晚明的中国，"动物"究竟是指什么，它与人类究竟是什么关系？

看见事物

> 且人而不人，何人非物？物而不物，何物非人？矧有人而不物者乎？夫我灵物也，物，小我也，杂我也。熟视相忘，吾

---

① 可与《本草纲目》卷 43 "龙"互参。

不知二焉。①

——吕坤（1536—1618），《见物》序言

南方的山林里到处都是野女。这些多毛的母兽淫荡、危险、贪婪。许多见过野女的人把她们比作赤身裸体跣足、身上只裹着极薄一层皮的猿猴。她们潜伏在森林里伺机捕捉人类，把不幸的俘虏拖走，强迫他们交配。据当时流传甚广的一个说法，只有那么一次，其中一个人进行了抗争和反击。他杀死了那个来抓他的野女，然后剖开了她的尸体，眼前的景象让他惊讶：这名野女的心脏看起来就像一块光泽莹润的玉，上面显然还有类似符箓文字的纹理。那么，这个人到底剖开了什么？是野蛮地生长在荒野中的女人，还是有着非人欲望的野兽？

中国早期的作品充满了对天地人三者关系的思考，这是一个伟大的"三位一体"概念。②"人生于天地也，犹鱼之于渊，虮虱之于人。"③虽然人最终只是一种物，就像宇宙中的其他生物一样，但却是物的最终完善形式，体现和反映了天本身的结构。④即便如此，学者们仍在争论人究竟是什么"物"。在近代早期，人们更倾向于使人的概念尊贵化，这赋予了这场辩论一个新的角度，特别是在医学和自然史文献中。吕坤是晚明学者之一，当时的学者们试图在一

---

① 李苏《见物》，《丛书集成新编》第44卷，吕坤序见第133页。吕坤是宁陵（今属河南）的士大夫。关于吕坤对通过视觉获得知识的关注，参见 Joanna F. Handlin, *Action in Late Ming Thought: The Reorientation of Lü K'un and Other Scholar-Officials* (Berkeley: University of California Press, 1983), 161–185。

② 对理解这些问题特别有帮助的一篇介绍，可参见 Donald Leslie, "Man and Nature: Sources on Early Chinese Biological Ideas" 手稿，李约瑟研究所合刊。

③ 王充《论衡》。

④ 参见 Sterckx, *The Animal and the Daemon in Early China*, 17–18，简要讨论了"物"这个术语，以理解战国和汉朝时期关于"动物"的一般概念（或者说缺乏此类概念）。

个更普遍的物质概念层面建立起对人的特质和本性的理解:"夫造物者,一橐籥而万族各得,人与物二乎哉?人自我而与物设樊垣,始二之也。"①16世纪晚期,关于人类归属的问题,在药物学和自然史中都有明确的论述:人是"物"吗?他们是野兽吗?面对这两种情况,人们应该如何理解和划定人类的界限?像李时珍这样的博物学家诉诸野女、大脚怪之类的生物来解决这些问题。

人 傀

从与同时代的吕坤相同的一些前提出发,李时珍得出了一个与之大相径庭的结论。在李时珍看来,人和物确乎是不同的。然而,当"气"——渗透整个宇宙的重要生命组织力量——出现问题时,这二者的边界会变得更加不稳定。李时珍列举了几个奇形怪状的人的例子,这些例子可以在整个宇宙变化过程的大背景下予以理解。"太初之时,天地絪缊。一气生人,乃有男女。男女媾精,乃自化生。如草木之始生子,一气而后有根及子,为种相继也。"②然而,人的变化有时超出了正常或合理的范围。李时珍强调,任何一位学识渊博的学者或负责保护他人生命的医生都有义务了解这些变化。因此,他在文章末尾加入了"人傀"一条并为此辩护。③

这里面有不育或雌雄同体的女性,也有性别模糊的男性,还有每月都会变换性别的人:他们都是人,但他们很怪异。他们有人的

---

① 李苏《见物》,吕坤序,第133页。
② 《本草纲目》卷52,"人傀"。王充还把最早的人类繁殖与动物繁殖行为进行了比较。
③ 《本草纲目》卷52,"人傀"。关于16、17世纪时存在的生殖怪癖,见 Charlotte Furth, "Androgynous Males and Deficient Females: Biology and Gender Boundaries in Sixteenth and Seventeenth Century China," *Late Imperial China* 9: 2 (1988), 1–31。

形态，但没有生殖功能。① 一些部落社区的妇女分娩前要怀孕六个月到三年。如果不能顺利从子宫出生，有些人会从母亲的肋骨、头部或背部出生。② 有些国王出生在非常特殊的环境中，比如从母亲的脓疮处或肿胀的肋骨那儿出生。历史上有女人踩着巨人的脚印或吞下鸟蛋怀孕的故事，也有男人怀孕、产奶和哺育婴儿的故事。③ 这些自发的性改变并不新鲜。所有这些情况都贯穿着一条统一的理路：尽管它们因怪异而值得被记录，但在此基础上所讨论的主题则包括所有的人，实际上有些甚至是国王。他们只是由宇宙的正常力量在物质化过程中不寻常的配置而形成的。他们是反自然的，而不是超自然的。

在详细叙述了生出蠕虫的人和从鸡蛋或肉块中孵化出人的故事后，李时珍给出了一个颇有说服力的声明。在偏远、荒僻和边境地区④，那里的"气"非同寻常，人们可能会有三个脑袋、身后有尾巴或长着一张鸟类的脸。⑤ 这些离奇的传说被纳入了《本草纲目》"人部"的文本景观之中。然而，虽然是人，他们却更像是"鸟兽"，而不是李时珍所预设的"人"：他们毕竟如此不同于同族之人（"同胞之民"）⑥，事实上，李时珍将他们放在了"人部"的最后，实际上也就是整部《本草纲目》的最后。仔细琢磨一下，可以发现这个看似

---

① 《本草纲目》卷52，"人傀"。在众多例子中，李时珍列举了五种"非女性"的女性和五种"非男性"的男性。
② 同上，这里也列举了一长串的例子。一个人尽皆知的故事是，兔子在舔掉树叶上的绒毛后，把幼崽吐了出来。
③ 同上。
④ 同上。李时珍使用的短语是"荒裔之外"（字面意思是"超越边界/边缘"，即"超越中国边界"）。
⑤ 在明末广为流传的百科全书和插图版《山海经》中，对动物的描述和对生活在中国境外的异域人士的描述常被并列印制在一页纸上，这形成了一种清晰的视觉对比。参见徐企龙《万书渊海》（东京：草之子，2001年重印1610年木刻本）和徐企龙《五车万宝全书》（东京：草之子，2001年重印1614年版）。
⑥ 《本草纲目》卷52，"人傀"。

简单的分类其实有点复杂。他们是游荡在边界上的一群人,兽类的疆界对他们关闭,而"人部"的边界又如此含混,这揭示了这两个类别的紧张关系。①李时珍所言的"迂怪",当指那些"奇怪而非凡"的野兽,包括猴、猿人、食尸鬼、大脚怪和贪婪的野女。

野 人

在中国文学史长河里,曾频繁出现过类人生物的形象,作者们经常将人的属性和特征比附在如今被归类为非人类的灵长类动物身上。②正如当代美国社会对野人和大脚怪的思索,为缓解社会和文化焦虑提供了一种媒介一样,对类人生物的研究,也正是对人性概念本身的研究。③野人和类人生物打破了人与兽的分类界线,在16世纪塑造了像李时珍这样的思想家关于人类的概念。他们既是人,又与人完全不同。花费心力决定用哪种方式来理解它们,是由在自己的自然分类中安排它们的位置作为驱动力的。李时珍在《本草纲目》中描述了许多盛名在外却游离于边缘的野兽。

狒猴是众多"不同寻常"的动物之一,据信它们生活在中国南

---

① 《本草纲目》卷52。
② 可参见研究这种动物历史的一部优秀专著:Robert van Gulik, *The Gibbon in China: An Essay in Chinese Animal Lore* (Leiden: E. J. Brill, 1967)。
③ 我所发现的关于美国野人研究最清晰的记述是 Joshua Blu Buhs, *Bigfoot: The Life and Times of a Legend* (Chicago: University of Chicago Press, 2009); Loren Coleman, *Bigfoot! : The True Story of Apes in America* (New York: Paraview Pocket Books, 2003); and Jeff Meldrum, *Sasquatch: Legend Meets Science* (New York: Forge Books, 2006). 关于现代中国对全身毛发的野人的通俗叙述,见 Sigrid Schmalzer, *The People's Peking Man: Popular Science and Human Identity in Twentieth-Century China* (Chicago: University of Chicago Press, 2008), 210-245。对于同一主题的人类学解释,参见 Frank Dikötter, "Hairy Barbarians, Furry Primates, and Wild Men: Medical Science and Cultural Representations of Hair in China," in Barbara Diane Miller et al., eds., *Hair: Power and Meaning in Asian Cultures* (Albany: SUNY Press, 1998), 51–74。

方的山区或森林里。《说文解字》记载，猕猴①形似胡人，在胡语中甚至有一个特殊的名字（马留云）②。李时珍接着说，猕猴的眼睛就像一个忧心忡忡的胡人。这种与人类的相似性得到了进一步的详细阐发：猕猴的外貌、手足、行走、妊娠和声音都酷肖人类。它有洗沐的习惯，能够被驯服。根据《马经》的记载，人们把这种动物养在马厩里，每月将母猕猴的经血涂在马的草料上，马吃了就会永不得病。③在这里，性别在药物中起到了独特的作用，这在李时珍的药物学中是个重要的例子。猕猴是全书中唯一能以经血作为药物的动物，这进一步凸显了它位于人和动物之间的分界处的地位。据记载，南方地区的粤人和巴徽人喜欢吃猕猴肉，并以猕猴头作为美食。

在漫长的生命历程中，猕猴经历了数次蜕变：猴八百岁变成猿，猿五百岁变为玃，玃一千年后变成了蟾蜍。④玃是另一种生存在南方的类人生物：虽然它看起来像猿猴，但走起路来与人无二，而且常攫取人类女性为配偶。⑤从一些文献中得知，玃生活在雌雄严格隔离划分的地区，它们经常潜入人类社会绑架女性或男性，将其带回家中强迫交配。据李时珍说，生活在南方的人还会吃掉玃的头。

---

① 《本草纲目》卷51，"猕猴"。在现代汉语中，"macaque"即被翻译成"猕猴"。"猕猴"在插图中出现时手里总是拿着一种水果，这可能是指代"猕猴桃"的一种方式。猕猴经常与另一种动物配对，即猿，高罗佩（van Gulik）认为在中国猿常被定义为长臂猿。他强调了明代学者们就猿的手臂产生争论的重要性，当时一些学者认为猿的手臂是直接互联的。猿显然擅长爬树，有可以做成笛子的臂骨，并且因常练习"调气"的技能而能存活很长时间。
② 《本草纲目》卷51"猕猴·释名"。李时珍还记录了它的梵文名字：摩斯咤。
③ 《本草纲目》卷51"猕猴·集解"。李时珍所引用的《马经》一书来历尚不清楚。他没有提供任何关于该文本的创作时间或作者信息。
④ 同上。
⑤ 《本草纲目》卷51，"猕猴·玃"。

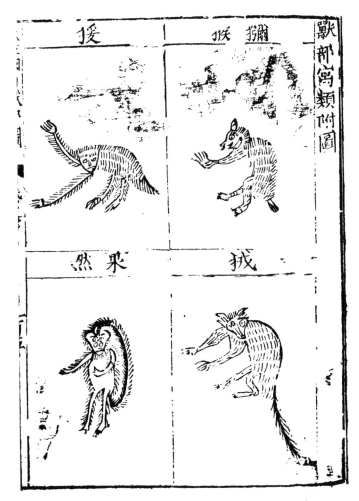

图6　猕猴（右上）和果然（左下），出自《本草纲目》（1596）"兽部"

果然猴喜欢把自己挂在树上，尾巴塞在鼻孔里。这一动作成为识别这种生物的典型特征，插画家通常会把它们尾巴塞进鼻孔的画面描绘出来。① 李时珍引用的文献（包括诗歌、典籍和故事）大部分与这些主张一致，即果然是集体出行的（老人在前，年轻人在后），表现出善良、孝顺、尊重和智慧的品质。它们慷慨地分享食物，和平地生活，如果受到攻击，它们会互相帮助。一些早期的作者声称，果然可以自呼其名。② 而在《本草纲目》的讨论中，"果然"这个动物在一些文献中因其生性多疑也常被用来指代可疑的人。钟毓③的《果然赋》和早期的百科全书《吕氏春秋》④，都描述了这些南方山区动物及其同类的肉质味道。

猩猩可以预测未来。⑤ 这种野兽曾被多部经典著作提及，引起了不小的争议：虽然它的毛发和耳朵酷似猴和猪，但它的面部和四肢看起来都很像人类，而且它的哭声跟人类婴儿的哭声一般无二。⑥ 在封溪（今天越南北部的一个地区），当地人会在路边摆上酒和草鞋来抓捕猩猩。猩猩来到现场，嘴里直呼人类的祖先名姓，痛饮其酒，试穿草鞋。当猩猩们的注意力被分散的时候，当地人一拥而上，把它们关在笼子里留待宰杀食用。最肥硕的那只将被第一个杀掉，据

---

① 《本草纲目》卷51，"果然"。
② 《本草纲目》卷51，"果然·集解"。
③ 钟毓是活跃于三国时代（220—280）魏国（220—265）的诗赋作家。李时珍在参考书目的非医学文献部分把这篇赋作为一个独立的条目列出。《果然赋》也出现在宋人姚宽（1105—1162）所著的《西溪丛语》中。见姚宽《西溪丛语》，卷2，"果然"，上海：商务印书馆，1939。
④ 《本草纲目》引用的《果然赋》声称果然的肉非佳品，但皮毛质量很高。《吕氏春秋》提到一则趣闻："肉之美者，獲猱之炙。"李时珍接着说道：果然的肉不如獲、猱等同类，"亦性各有不同耶？"
⑤ 《本草纲目》卷51，"猩猩·释名"。猩猩有能力说出自己的名字并预测未来，这也为这个野兽的名字提供了解释：它与"惺惺"同音，寓意"智慧"。
⑥ 这一段中所述的内容可见于《本草纲目》卷51，"猩猩·集解"。

图7　猩猩，出自《古今图书集成》(成书于18世纪初)

说被杀前还会嚎哭。西方的胡人还会取其血来染布料确保布不褪色，过程相当残忍，人们一边用皮鞭抽打它们，一边叱问它们还愿意挨多少次打。有些文献声称猩猩是会说话的，尽管李时珍所引用的文献作者们对这一问题分歧很大，争论不休。① 那么，猩猩到底是什么东西呢？李时珍说，它大抵如人形，但也许应该和猕猴之类的野兽同属一类。据《尔雅翼》记载，猩猩们成群结队出行，看起

---

① 中世纪旅行作家卢布鲁克的威廉在他的《行纪》中记载了猩猩故事的一个版本。见 Willem van Ruysbroeck, *The Journey of William of Rubruck to the Eastern Parts of the World* (London: Hakluyt Society, 1900), 199–200。这个故事的不同版本在中国文学中出现得相对频繁。《山海经》的译文可见 Richard E. Strassberg, *A Chinese Bestiary: Strange Creatures from the Guideways Through Mountains and Seas*, 189。

第六章　变化中的万物：《本草纲目》中的兽与人

来就像光脚裸体、长发披散、没有膝盖的女人。①许多人称之为"野人"。李时珍说，若此说属实，那么猩猩似乎和后世所谓的"野女"属于同一种类。

李时珍被野女内脏上明显的符篆图文迷住了（上文中所说的那颗有符文的心）；他此前知道在雄鼠所产的卵上有文如符篆，治鸟腋下有镜印。②鉴于此，在他眼中"野女"的存在便没什么可奇怪的（"非异"），他把"野女"归在"猩猩"下的一个子类中。李时珍通过比较野女内脏上的符篆与鸟类和鼠类身上发现的符印，更进一步将野女与动物进行类比。他把野女归为亚人类，纳入兽类的群体中。认定野女为一种动物，这本身就是一种创新：在学术文献中，野女通常被视作与异域和外族人一样的劣等人。为了证明这一点，李时珍提供了关于围捕、猎杀和烹食它们的故事。李时珍随后引用了至少三篇文献，描述了"野女"的肉质是多么美味，它是如何让一个人变得更聪明，活得更久，行路更稳。它的嘴唇尤其味美。

狒狒也常出现在李时珍所引用的各类早期文献和其他自然典籍中。这种生物又有"人熊"和"野人"等别名。③它生活在中国西南部，酷似人类，且有吃人的习惯。在开始发动攻击之前，它会张口大笑，以至于上唇会遮住眼睛。狒狒拥有多个特点，包括预测未来的能力，能为人言的本领，以及在吃人之前会表现得歇斯底里。在吃人前，它的下唇会上下扇动。据说，最后这一特点，让捕捉狒狒变得容易了：当它笑时，猎人们会利用它扇动嘴唇、注意力分散的刹那，迅速把它的嘴唇钉在前额上。被捕获的狒狒，毛被用来做

---

① 见《本草纲目》卷51，"猩猩·集解"。
② 见《本草纲目》卷51，"猩猩·野女"。亦可见卷49，"治鸟"。
③ 见《本草纲目》卷51，"狒狒"。

图8 狒狒,出自《本草纲目》(1778)

假发,血被用来做一种优良的染料,肉能使食用者见到鬼魂。①李时珍还提供了一些人们吃狒狒爪子和狒狒皮的记载。

最后,在介绍吃尸体的动物(吃死人的大脑和肝脏)②之前,李时珍列举了一些栖居在山间的怪物。在之前和此后的著述里,它们常与鬼魅和恶魔归为一类,学者用与植物和动物截然不同的术语来描述它们,但李时珍决定将这些怪物与兽类(作为狒狒的一个子类)划归一类,并将这一组紧挨着人类之前放置。(回想一下,《本草纲目》

---

① 见《本草纲目》卷51,"狒狒·集解"。
② 见《本草纲目》卷51,"罔两·集解""狒狒·附录"。

的分类系统在很大程度上是由相似性决定的,所以如果两只动物在其分类中彼此接近,通常表明了它们的某种关系。)这些山中怪物都被描述成人或看起来像人,虽然其中有些只有一条腿,或脚掌朝后,再有就是身材非常矮小。有些怪物会像人一样埋葬死者,有些甚至在专门的鬼市场与人交易:"头面语言,不全异人,但手脚爪如钩利。居绝岩间,死亦殡殓。能与人交易,而不见其形也。今南方有鬼市,亦类此。"① 它们用石头砸开贝类,在火上烤着吃。"山丈"和"山姑"是南方的野兽,每只只有一只脚(且朝后),据说它们晚上会叩门乞讨。② 这些生物可能会在晚上潜入人家,与女性发生性关系,致人成疾,传播疾病。要想保持家门清净,不受其扰,需要当面喊出它们的名字,或者找一只千年老鼠将其啃噬,而行为端正、举止正派的话,怪物也不敢近身。③ 与之前的猴类动物相似,据说这些怪物多生活在南方,它们的肉可以烹饪后食用(李时珍还提供了一个食谱)。

上述生物是通过类比来理解的。它们在道德行为、外表或习惯上都与人类相似。它们会烹饪,在人类市场上交易或像人类一样行事。这些类人兽中有许多会与人类交配,猴子和类似大脚怪的动物是唯一被《本草纲目》讨论过月经的生物,它们的经血被用来治病,并能发挥神奇的功效。最后,这些生物都吃人,也会被人捕食,这让它们联系在一起。

---

① 见《本草纲目》卷51,"狒狒·木客"。
② 见《本草纲目》卷51,"狒狒·山魈"。
③ 李时珍在《本草纲目》卷51,"狒狒·附录"中记录了所有这些应对方式。

食用"两脚羊"

李时珍特别关心饮食。① 他用烹饪偏好来区分不同的群体,确定一个正常基准,并区分人和动物的文明进化程度。关于饮食习惯的证据,支持了许多表面上看与饮食并无关联的说法。② 上面所讨论的野女和其他野兽,无论在外表还是行为上都与人类相似,而且根据某些作者的说法,它们与外国人或生来就有残疾的人几乎没什么区别。然而,在李时珍看来,这些类人兽并不是真正的人类。这一看法部分源于它们吃人的事实,部分源于某些流派的研究者声称,人类食用它们的肉有医学上的好处或单纯能满足口腹之欲。虽然大多数关于食人行为的描述都强调吃人肉是缺乏人性的表现,③ 但在这里,逻辑却恰恰是相反的。李时珍通过分析动物的肉,坚持认为是吞食人肉这一事实,把人变成了野兽。"人部"是李时珍解决这一问题的关键步骤。④

如果吃人肉和被人吃都证明了该人的缺乏人性,那么如果只是食用对健康有益的人体部位是否被允许?这种做法在近代早期的自

---

① 罗维前写过大量关于中国医学和烹饪艺术之间联系的文章。试举几例:Vivienne Lo and Penelope Barrett, "Cooking up Fine Remedies: On the Culinary Aesthetic in a Sixteenth-Century Chinese *Materia Medica*," *Medical History* 49 (2005): 395–422, and Vivienne Lo, "Pleasure, Prohibition, and Pain: Food and Medicine in Traditional China," in Roel Sterckx, ed., *Of Tripod and Palate: Food, Politics and Religion in Traditional China*, 163–185.
② 饮食习惯也被用来证明命名的实践活动,特别是在昆虫方面。比如,《本草纲目》卷41,"蛬螽·释名"。李时珍解释说,蛬螽、行夜和蠦蜰是三种不同的生物,但"西南夷皆食之,混呼为'负盘'"。
③ 关于中国文学史上的人吃人,参见 Gang Yue, *The Mouth That Begs: Hunger, Cannibalism, and the Politics of Eating in Modern China* (Durham: Duke University Press, 1999),以及鲁迅的《狂人日记》和《药》。
④ 《本草纲目》卷52。

然学家和医学学者那里也激起过激烈的争论。① 在晚明的文化图景中，经常出现啖食人肉的场景描绘。许多明代小说中都有食人的描写，其中最著名的是小说《水浒传》中一家供应人肉包子的客栈。包子在小说的四个章节里都有突出的展示，但食人肉的行为真正发生在第27章。在这个场景中，主人公武松质问店老板肉包子中是什么肉馅，店老板狡猾地回答是高档牛肉（黄牛）。当然，真相并非如此。②

吃人肉的问题在晚明的医学文献中也更多地被讨论到。③ 古代中国的儒家和佛教文献大肆宣扬：将自己的肉或内脏炖煮了来给生病的父母治病将产生神奇的疗效，对父母的身体大有裨益。这样的行为会得到像观音这样仁善神仙的褒奖。④ 尽管如此，在最早的本草学著作《本草经》中，唯一一种被认为来自人体的药物是头发。李时珍在《本草纲目·人部》的序言中指出，拒绝将人体及其器官入药，乃是人与世界上任何其他生物的重要区别。⑤ 他声称只详细记录了

---

① 关于欧洲近代早期的食人、食用木乃伊以及"尸体医学"，参见 Richard Sugg, "'Good Physic but Bad Food': Early Modern Attitudes to Medicinal Cannibalism and its Suppliers," *Social History of Medicine* 19.2 (2006): 225–240。
② 参见《水浒传》，香港：中华书局，2002，第327页。
③ 对于使用人体器官作为药物的经典治疗方法，特别是与现代生物医学的关系，参见 William Cooper and Nathan Sivin, "Man as Medicine: Pharmacological and Ritual Aspects of Traditional Therapy Using Drugs Derived from the Human Body," in S. Nakayama and N. Sivin, eds., *Chinese Science: Explorations of an Ancient Tradition* (Cambridge, MA: MIT Press, 1973), 203–272。
④ 李时珍在《本草纲目》卷52"人肉·发明"中，讨论了割股的问题。他批评那些割股的人是"愚人"。割股传统的一个例子，参见 William Theodore de Bary and Irene Bloom, comps., *Sources of Chinese Tradition*, vol. 1 (New York: Columbia University Press, 1999), 532–534。其选集《观音与割股》，包括来自《观音经咒灵感会要》和《古今图书集成》的记载。关于历史上食人行为的详尽论述，参见 Bengt Pettersson, "Cannibalism in the Dynastic Histories," *Bulletin of the Museum of Far Eastern Antiquities* 71 (1999): 73–182。
⑤ 《本草纲目》卷52，序言。关于李时珍对人肉入药的道德评判，见《本草纲目》卷52，"人肉·发明"。

那些没有违反道义的人体部位。《本草经》以后的专家们将各种人体器官（包括骨头、肌肉、胆囊和血液）统称为"药"，以证明他们使用人体的合法性，但李时珍认为这种做法是完全不人道的。"人部"中各条目的编排次序反映了李时珍对其内容的担忧：他几乎把人肉放在了整节的最后，紧随其后的是"木乃伊"，这是对人和人傀之间存在的地理上的差异所做的概括性描述。

尽管心存疑虑，但之前几百年光阴里积累流传下来的本草学知识，要求他对《本草经》做进一步的阐述生发，并补充进更多的内容。医学家和军事官员陈藏器记录并建议使用人体器官作为药物，他可能是第一个将如此多的与人体相关的药物纳入医学文本的作者。陈藏器将诸如人的唾液、血液、肌肉、器官、面部毛发和尸体等都归在"鸟兽"类里，并建议将其作为药用材料。[①]虽然他没有提供更多的描述或评论来证明他的诊断，但他的这些创新性工作被许多后来的宋明本草学著述所继承。因此，李时珍觉得似乎有必要就此事做出评论。与陈藏器不同的是，李时珍多次谴责某些人体部位在医学上的使用，并对提倡使用人体部位的医生进行了严厉的批评。的确，食用某些人体部位是绝对不被允许的。但底线在哪里呢？

有些身体部位处于边缘位置，暧昧不清，是否可用须视具体条件来定。陈藏器曾建议使用人类的遗骸，但李时珍对此表示怀疑：毕竟即使狗也不会吃其他狗的骨头。[②]一般来说，君子是不会吃人的头骨的。但是如果病情所迫万不得已而头骨是必需的药材，李时珍便做出了妥协，他同意以头骨入药，前提是它在土里已埋藏了很

---

① 参见 Unschuld, *Medicine in China: A History of Pharmaceutics*, 50–52。
② 《本草纲目》卷 52, "人骨·发明"。

久。①（请再次注意"埋藏"的动作与状态在物质转化中的意义。）直到明代，当一位著名的医生用胎盘制备一种延年益寿的药丸且广泛推广后，人们开始频繁使用胎盘。②据《隋书》记载，琉球国的妇女在孩子分娩后会吃掉胎盘。③八桂地区的獠恶之人会将刚出生的男婴的胎盘取下，用五香粉调味烹制，然后服食，这是一种野兽才有的行径："此则诸兽生子，自食其衣之意，非人类也。"④李时珍在书中公开提出疑问：即使这种药能使人体精力蓬勃健旺，但吃别人的部分身体的行为是否违背了人伦道德？李时珍似乎是同意在医学上使用胎盘液的，脐带也可以正常使用：他形容脐带的干燥和脱落为"脐干自落，如瓜脱蒂"，将其类比成植物，在修辞层面上允许食用胎盘。⑤

人类胆囊是一个有趣的例子。李时珍描述了北方边境的士兵在战斗中使用人的胆汁来敷治伤口，这是一种只能在情势极紧急的情况下使用的药物。随后他严词叱责了残忍武夫杀人取其胆囊并和酒饮之的行为，⑥但是允许收集晒干的胆囊，认为这是一种非常好的药物，并不违背伦理道德。人体的血液也可以入药，这点取决于它是如何被提取和获得的。陈藏器曾推荐过一种提取人体血液的方法，即刺破皮肤，趁其热时迅速饮用。但这种像吸血鬼一样的做法，李时珍并不赞同："始作方者，不仁甚矣，其无后乎？虐兵、残贼，

---

① 《本草纲目》卷52，"天灵盖·发明"。
② 此处源自李时珍。见《本草纲目》卷52，"人宝·发明""胞衣水"。
③ 隋朝（581—618）文献中所描述的琉球地区被认为是中国台湾或澎湖。关于《隋书》中有关琉球人的其他记载，见 Pettersson, "Cannibalism," 127。
④ 《本草纲目》卷52，"人宝·发明"。我在这里翻译的"獠"这个字，也可以解释为中国南方某种少数民族的另一种称谓。
⑤ 《本草纲目》卷52，"初生脐带·释名"。
⑥ 《本草纲目》卷52，"人胆·发明"。

亦有以酒饮人血者，此乃天戮之民，必有其报，不必责也。"[1] 但是如果人血是以人道的方式取来的话，李时珍并不拒绝对其加以合理使用。他鼓励人们使用沾有经血的内衣，这是使流血伤口愈合和缓解中毒症状的极好方法，因为它是如此肮脏腥秽，可以通过以毒攻毒杀死各种邪灵。

其他人体部位的使用引发的争议较少，而人肉对李时珍来说是一个特别棘手的话题。陈藏器曾写道，吃人肉可以帮助治疗消瘦病。很显然，这一点，再加上流传甚广的割下自己的肉煮熟后献给父母并奇迹般地治愈了沉疴的奇闻异事，刺激了人们对人肉、肝脏、胆囊和类似部位的用药行为。李时珍抗议说这种做法才是极端的不孝，他搬出明朝第一个皇帝对割肉治病的驳斥来声援自己的立场，皇帝批评这样的行为违背伦理，残害民生，莫此为甚，务必禁绝。[2] 随后，他从14世纪作家陶宗仪生动的长篇笔记中摘抄了一段简短的文字。陶宗仪的笔记中详细描述了乱兵和处在极端环境中的人们用各种方式烹制人体部位，包括晒成肉干，其间充满了各种露骨抑或是模糊的细节。小孩子的肉据说是最好吃的。以上这些例子（血液、骨骼、胎盘、胆囊、人肉）引发了李时珍不同程度的道德质疑。与此同时，有一部分人体部位的入药，李时珍表示可以接受，并提供了详尽的药方。它们包括人的头皮屑、耳垢、脚指甲和牙齿。

由于《本草经》中关于头发的论述在很大程度上成为经典陈述，因此头发也顺理成章地成为本草学历史上一个重要的话题。李时珍详细地区分了两种类型的头发，一种是"发髲"，另一种是

---

[1] 《本草纲目》卷52，"人血·发明"。
[2] 《本草纲目》卷52，"人肉·发明"。

"乱发"。许多作者认为这种看似平凡的材料具有奇迹般的转化能力，而医学文献中则普遍声称头发是人类血液的一种形式，这点从医理上揭示了它何以如此重要。① 使用粪便是没问题的：新生儿的胎粪可以用来除去罪犯脸上的纹身，李时珍提供了40多种使用尿液（尤其是小男孩的尿液）的方法，以消渴、治疗头痛和留驻青春容颜。为了有效地治疗腹部突发性痉挛，李时珍建议找个人坐在病人身上，并让那人对着病人的肚脐排尿（这也是一个唤醒中暑旅人的好方法）。② 李时珍还描述了如何利用癖石治病，据说这是有人专心成癖，心无旁骛，体内遂凝结成石，癖石能够溶解坚硬的物质。③

综合以上案例，可见人体部位并没有因为它们隶属于人类而造成任何禁忌。激起李时珍最强烈谴责的反而是那些经常取自动物身上并用于医药的部分：肌肉、胆囊、器官等。吃人肉的行为，将人等同于野兽，是对人性的破坏，也是对人类独特性存在的摧残。与某些同时代人不同，李时珍确实想把人变成某种特殊的存在，既成为自然的一部分，又以某种方式凌驾于自然之上。一个多世纪后，赵学敏走得更远，他谴责李时珍把人体衍生的药物也包括在著述内，在他看来这是"不道德的"。赵学敏自己的著述基本复制了《本草纲目》的框架结构，只是把"人部"完全删除了。

---

① 详见《本草纲目》卷52，"发髲·释名""乱发·释名"。
② 《本草纲目》卷52，"人尿·附方"。这篇文献讨论的另一个有趣的尿衍生药物是秋石，现在被认为是一种经过处理的尿沉淀物。与此相关的是，人们早就知道，富有的患者拒绝在药品中使用尿液，认为尿液是不洁的，这促使"行家"们制造（或伪造）这种物质，作为一种更有吸引力的替代品。这个案例说明了在药品市场上富人和穷人之间的区别。
③ Zeitlin, "Petrified Heart" 探讨了癖石与文学中迷恋行为间的关系。参见《本草纲目》卷52，"癖石"。这是动物结石如牛黄等的人类版本。

"不美羹"：步入婉词的历史

食用人肉的行为引发的问题是一个很有意思的现象，不仅是因为这种行为通过与动物的类比而被合理化了，而且它使婉词的大量使用成为可能。在许多明代文献中使用的指涉人肉的婉词主要来源于一本12世纪的文集《鸡肋编》。它提供了几个一般性的表达，和几种对特定人群的肉的表述方式。青春少女的肉是"不美羹"或"不辞羊"，这取决于读者翻阅的是哪个版本。① 小孩子的肉被称为"和骨烂"，字面意思是指它太幼嫩了，所以要骨肉连着一起放到锅里炖煮，以防止肉融化。那些死于饥寒的老弱病残者的肉则被粗略地称为"饶把火"，意思是如果柴火过旺的话炖出的肉质就会变得坚硬。② 人的肉可统称为"两脚羊"。陶宗仪把这些都写进了《辍耕录》，并补充进来一个新词语，这个词语被士兵们用来形容各种各样的人肉："想肉"。③

当李时珍在自己的作品中引用《辍耕录》时，他对这一系列的婉词做了进一步的改变。他没有像陶宗仪那样引用了《鸡肋编》中所有的具体用词，只是提到了对于"人肉"的两种表达："想肉"和"两脚羊"，并将其归咎于作恶者的罪孽。④ 这是对《辍耕录》一

---

① 在《古今图书集成》所收录的《鸡肋编》中，所用词是"不美羹"，而在《四库全书》收录版本中则使用"不辞羊"。在后来的文本中，这些术语的转换似乎是由抄写错误造成的，其中包括元代《辍耕录》中"下羹羊"或《四库全书》辑录的明代《玉芝堂谈荟》所用的"未美羊"。
② 在对《鸡肋编》的引用中，陶宗仪用这个名称来描述老而羸弱的男人和女人。
③ 参见陶宗仪《辍耕录》（北京：中华书局，1980），第123—124页。委婉的比喻也出现在《本草纲目》的其他地方，如青蛙（许多人认为是一种肮脏的生物）肉被称为"田鸡"，老鼠被视为"家鹿"。这有点像道教和佛教禁止吃牛肉的规定鼓励了婉词的创造。参见 John Kieschnick, "Buddhist Vegetarianism in China," in Sterckx, *Of Tripod and Palate*, 186–212.
④ 《本草纲目》卷52，"人肉·发明"。

书的重大偏离,但一以贯之地延续了李时珍对食用人肉这一恶魔行径的否定态度和对乱兵土匪的憎恶倾向。李时珍将吃人肉的行为主要归到士兵和贼匪身上:"此乃盗贼之无人性者,不足诛矣。"① 与此同时,他并没有将食人肉行为归咎于外国人,因为宋明时期有很多文献记载了在帝国边界之外的异域人士,其中有些偶尔会绘声绘色地描述外国人或少数民族食用人肉的行为。比如《太平御览》中就记载了柬埔寨人每年会用人肉来献祭土地神,胡人和隐士会切割尸体上的肉来做药物。② 李时珍选择将食人肉的做法归咎于匪兵而非异国他族和"方民",这是很有趣的,他在此偏离了他所在的那个时代的普遍规范。

以上这些见诸文本的婉词,通过将人肉类比成可以正常食用的食物尤其是动物类食品,使人肉的摄取在道德上变得可以接受。正如我们所见,实际上类比在《本草纲目》中是一种反复出现的认知策略,但在"人部"这里,李时珍拒绝做这种类比。其他许多论者似乎更喜欢用婉词来形容食人肉,只需要将人比作动物就可以直面这一问题。明朝和此后时代《鸡肋编》版本在形容年轻貌美女子的肉时,使用了不同形式的婉词,但几乎所有的词语里都包含有"羊"。再打个比方,人肉常被拿来和狗肉、猪肉作类比,就像是在屠宰家畜时事先需要一定的屠宰技术作为准备一样,人们需要为食用人肉事先做好心理准备。然而,如果这种类比是为了凸显出食人者的灭绝人性,那么不断地将人肉和动物肉的词语放在一起,恐怕只会适得其反。通过这种类比的方式,人变得愈发趋近于动物。

---

① 《本草纲目》卷52,"人肉·发明"。
② 参见《太平御览》,第4册,卷786,真腊国,第3483页;第3册,卷549,尸,第2485页;第3册,卷506,逸民,第2308页。有关国外历史中的食人行径,参见Pettersson, "Cannibalism," 126–128。

晚明时期人居于怎样的状态？正如我们所看到的，李时珍的回答根植于他对人类在自然中位置的理解，人类和以之制成的药物都是自然界创造出来的艺术品，受制于同样的自然过程，并凌驾于自然之上。虽然绅士及平民同胞并非动物，但一旦他吞食了人体的一部分，就将被视为禽兽，因为他丧失了道德和人性。食人的行为把吃人者和被吃的人（无论城里人或野人）都归入了边缘生物和次等人的范畴。后来的作家，如赵学敏，在任何人体部位的前面都划了这条界线，提示着人与非人的边界，但在16世纪之时，这条界线还在缓慢地绘制中。

终　论
死亡与重生：李时珍在后世的接受史

李约瑟的穿山甲

在英国剑桥李约瑟研究所的房间里，密密麻麻地摆放着大量的手稿、从杂志上剪下的照片，以及李约瑟本人收藏保存的各种油印和打印的信件。李约瑟是研究中国科学史和医学史的先驱，他构思并撰写了《中国科学技术史》(Science and Civilisation in China)的大部分内容。这个房间里还堆放着许多盒子，其中一个盒子里保存着一本很小的漫画书，是用简单的中文写的，即使是小孩子也很容易看懂。这本小书中用各种图画展示了现在已成为药理学王子、堪称"医学的莎士比亚"的李时珍的生活，而作为图注的文字也可视为对李时珍本人的标准化叙述。

翻开第7页：儿时的李时珍正指点邻近地区的幼童认识当地的风物，他们一边嬉戏笑闹一边穿越村庄外的郊野。再看第33页：现在，年岁渐长的李时珍正从猎人朋友那里快速获取如何利用当地野生动物的经验，为他深入撰写经典著作《本草纲目》做足调研工作。这一场景集中体现了李时珍作为一名平民医生享有的声誉。最后，

图9 小李时珍给伙伴们上植物课,出自《李时珍:伟大的药物学家》,天津:众生书店,1955

请看第60页:李时珍本人演绎了一个来自《本草纲目》的经典场景,他正在向弟子们展示他长久以来对穿山甲的研究成果。注意旁边整齐地摆放着的手术刀、剪刀和镊子,这说明李时珍在解剖动物方面具有的先见之明,并捍卫了经验主义科学的理想。在图像里,他准备切开穿山甲的腹部,看看里面是否真的有蚂蚁。稍后,他会称出蚂蚁的重量,将他的努力转化为可量化的知识。

最后这幅图最引人注目的地方并非插图本身。李约瑟的注释填满了这一幅页面的空白处(这是这本小书中唯一一张被注释填满的页面),为我们打开了一扇窗,让我们一窥李时珍及其作品在现代遭逢的命运。①在着重指出漫画中的动物即为穿山甲之后,李约瑟写

---

① 这里所说的漫画是连环画《李时珍:伟大的药物学家》,天津:众生书店,1955。它是根据张慧剑《李时珍》(上海:上海人民出版社,1954)改编而成。

图10 李时珍正从猎户那里获取知识,出自《李时珍:伟大的药物学家》,天津:众生书店,1955

图11 李时珍探察穿山甲的脏腑,出自《李时珍:伟大的药物学家》,天津:众生书店,1955

下了它的异名：鲮鲤、龙鲤、穿山甲、*Manisdalmanni*（拉丁文）。这一行为本身非常具有典型性和代表性，几乎所有的现代评论家都是如是这般地研究李时珍的作品的：首先，为《本草纲目》中提到的动植物找到一个现代的对应词，最好是一个拉丁文的复合词。然后，检查李时珍的描述是否符合（或多或少）有关该物的现代科学知识。最后，如果一些零碎的东西恰好吻合，就对这位16世纪的博物学家表示些许赞赏和肯定，将这片鳞半爪的知识标记成"中国科学"。① 到了20世纪，李时珍被塑造成中国现代科学思想的奠基者之一，同时也是中国医学的守护神。他和他的《本草纲目》经历了跌宕起伏的再解读和重塑过程，遭遇了几番命运的蜕变，而这正是最令博物学家着迷的地方。②

李时珍的猫头鹰

> 万物变化兮，固无休息。斡流而迁兮，或推而还。形气转续兮，变化而嬗。沕穆无穷兮，胡可胜言！祸兮福所倚，福兮祸所伏；忧喜聚门兮，吉凶同域。

---

① 中国有大量的文学作品将李时珍推崇为中国现代科学之父，姑且举几个例子，如李书增、岑青、孙玉杰等《中国明代哲学》（河南：河南人民出版社，2002），王剑主编《李时珍学术研究》（北京：中医古籍出版社，1996）和那琦《本草学》（台中：辉煌书店，1974）。将前现代中国文本的片段翻译过来当作科学证据使用所暗含的风险，参见 Daiwie Fu, "On *Mengxi Bitan's* World of Marginalities and 'South-Pointing Needles': Fragment Translation vs. Contextual Translation," in Viviane Alleton and Michael Lackner, eds., *De l'un au multiple: Traductions du chinois vers les langues européennes*, 175–202。

② 李约瑟的《中国科学技术史》是一部不朽的著作，在很多方面都很有价值。它将李时珍与西方博物学家先驱如林奈等人相提并论，并力图在李时珍身上发掘出他的"科学"系统性、自然界存在链的观念及西方科学史的许多特征。尽管这些比较具有误导性，但也可能非常有趣。我最喜欢的一个例子来自 Joseph Needham and Gwei-djen Lu, *SCC*, vol. 6.1, "Botany", 309, fn. B："这可能是一段圣徒传记，但令人愉快的是，李时珍始终是东正教仪式中所推崇的阿纳瑞亚（Anargyroi）之一。"

......

  夫祸之与福兮,何异纠缠;命不可说兮,孰知其极!水激则旱兮,矢激则远;万物回薄兮,振荡相转。云蒸雨降兮,纠错相纷;大钧播物兮,块圠无垠。天不可预虑兮,道不可预谋;迟速有命兮,焉识其时。

  且夫天地为炉兮,造化为工;阴阳为炭兮,万物为铜。合散消息兮,安有常则?千变万化兮,未始有极,忽然为人兮,何足控抟;化为异物兮,又何足患!小智自私兮,贱彼贵我;达人大观兮,物无不可。①

  李时珍以一个开放性的问题结束了他整部鸿篇巨制:"肤学之士,岂可恃一隅之见,而概指古今六合无穷变化之事物为迂怪耶?"②这句话用来评述李时珍的作品再合适不过了,它让人想起了《本草纲目》最尊崇的文学来源之一——贾谊的《鹏鸟赋》中的一段话:"千变万化兮,未始有极……达人大观兮,物无不可。"在以这段话作结的时候,李时珍强调了无穷变化的重要性,推崇了自然无限的创造力,嘲讽了任何自以为完全理解它的人的愚蠢。如果我们在仔细阅读李时珍的作品中能学到什么的话,这一点无疑是最重要的收获。

  我们一再阻止任何一种试图用清晰明了的系统来框定《本草纲目》认识论的尝试。它并没有一个坚固明确的系统,一点儿也没有。当李时珍试图理解他的故乡蕲州及其所属王朝疆界内外的现象时,他的惊奇是显而易见的。牛黄和木乃伊、芳香的木材,以及扎

---

① 贾谊《鹏鸟赋》,选自萧统《文选》,第604—610页。
② 《本草纲目》卷52,"人傀"。

根在树干上的独腿蚂蚁：诸如此类的事物，使李时珍无法将一个"充满了精彩纷呈的创造物"的世界，纳入到一个整饬有序、逻辑严密的对应系统中去。事实上，李时珍对待各种证据的最基本原则之一就是尊重事物的多元性：通常由多种可能的方式来命名药物、制备药物、开具药方，以及了解药物本身的发展史。尽管如此，我们仍能依稀看到，在李时珍数十年的光阴里，在那些内容迥异且无限丰富的游历、文字写作和逸事搜集的过程中，他逐渐与之妥协并沉淀下来，最终形成了一种博物学家的常识。

古希腊哲人赫拉克利特声称"一切皆流，一切皆变"，《本草纲目》亦有如是观点：没有什么是恒定的。变革和变化的过程普遍存在。李时珍决策过程的最深处，深藏着他的信念，他相信宇宙及其中的万事万物都经历了由五行元素调节的变形，阴阳五行模式使某些类型的主张值得信任，同时使其他的主张不足采信。但因人类由一种特殊的"气"控制，故而不像其他的自然物那样具有变化上的灵活性，尽管在人类生殖和妊娠期间可能会发生非同寻常的变化。对五行的理解以及它们在自然世界中推动变化的首要作用，为李时珍的讨论和对各种证据的权衡提供了基础。

游离于这些规则之外的例外情形，则可能需要目击证人来证其真伪：由作者本人，或由公认的本地权威（地理上或时间上的）来证明。观察是了解自然世界和确认文字主张最主要的且可靠的方法。然而，由于眼睛可能会受到欺骗，其他的感知功能（嗅觉、味觉或听觉）和改变物体（通过浸泡、灼烧或其他方式）的方法，对于洞察欺骗性并做出更细微的区分，则是至关重要的。

当所有其他的方法都失败了，关于某个物体或某件事情只有很有限的信息可以利用时，李时珍转向了类比法。他常常通过把一个听起来很怪异的案例与他曾确凿判定的其他案例进行类比，来判断这个案例是否可信。但这种确定性并不必然地内在于文本的权威性之中，虽然这种权威性往往是一个有力主张的来源：没有一个作者、文本或认识论工具会被永久不变地支持。一首诗可能就能证明一部医学著作的错误，而一个"奇异的故事"可能会暗示使用药物要遵循的逻辑。李时珍面对多元化和不确定性是开放的，他经常提供多种可能性，让读者从中选择。

最后，了解一种物质在医学上的用途取决于它在时间和空间上的位置。例如，将一种物质埋入另一种物质中，常常会引发变形，但这种变形的确切效果取决于主导物以及其与基质的五行元素的组合。位置（在陆地或海洋中、在身体或帝国的内部与外部、高居山顶之上、在某个分类系统中）同样决定了一种物质的属性和意义。这种空间维度在后来对李时珍作品的阐释和修正中变得愈发重要：随着疆域的扩张，描述新领地和生长于其中的药物的文本也在扩充。

赵学敏的爬虫

清代的中国是一个急遽变革的时期。自1660年到1760年，在康熙、雍正和乾隆的统治下，清朝的领土面积翻了一番，在其疆域内容纳了近百个现在被称为少数民族的民族。[①]土地的扩张也将新的植物、动物和药物带入中国本土的物质体系和文字传统，同时也带来了用波斯及中国西藏和蒙古等地区文字写成的各类文献资源。[②]中国新的人文地理和自然地理景观给本草学的研究和重建带来了一

---

① 参见 Laura Hostetler, *Qing Colonial Enterprise: Ethnography and Cartography in Early Modern China* (Chicago: University of Chicago Press, 2001)。
② 这些文献，特别是18世纪和19世纪的现存文献，在《中国本草全书》中得以收集和保存（尽管不是完全清晰可读的版本）。尤其在第395—398卷中，收藏了藏文、维吾尔文、阿拉伯文、中文、彝文和蒙古文的医学著作。

系列新的挑战，如何将各种来源不同且各具特色的本草学知识融为一体，将是清朝颇具风格的医学要考虑的内容。

随着国家疆域的不断扩大，医学学者也随之扩充和改写了李时珍的著作。清政府对新疆域的兼并和开发，对本草学产生了深远的影响。当植物、动物和用它们制成的药物穿越陆地和海洋进入中国时，博物学家们奋力地去甄别新鲜而陌生的物质、文本和术语的药物学价值。王朝的制图工程师绘制了新领土的地图，新的方志加入并描述了新领地的特产和习俗。为了满足日益增长的需求，人们印刷了大量的医药用书和日常使用的百科全书，这两种书籍里经常包括新获得的配方和药物清单。医学自然史的著作（包括本草学文献，与在药用方剂中出现的那些植物、动物和石头等相关的书籍）也发生了变化，它们更多地强调了当地的自然环境和特色物产，更多地使用方志和其他强调地方性和地域特征的重要文献。

尽管有大量的新词和新事物涌入，但《本草纲目》并没有成为过时的文物；相反，它为各种新奇事物的融入和整合提供了一个框架。《本草纲目》被编入《古今图书集成》等清代的大型百科全书，成为有关土石和动植物的权威著作，夯实了李时珍作为医学和自然史学权威的声誉。此外，随着日本、韩国和本国的学者对其进行修订，并补充进各国当地的和新发现的动植物，李时珍的文本最终被视为整个东亚地区自然历史研究的典范。

1800年，当赵学敏坐在书桌前，整理他对《本草纲目》一系列的修正成果，并编纂出自己的《本草纲目拾遗》①时，他就生活在

---

① 《本草纲目拾遗》直到1871年才出版。参见 Needham and Gwei-djen Lu, *SCC*, vol. 6.1, "Botany", 325–328, and Paul Unschuld, *Medicine in China: A History of Pharmaceutics*, 164–168。《本草纲目》的另一篇重要评论是蔡烈先的《本草万方针线》，首次发表于1652年，为了使《本草纲目》更易于在实际操作中使用，它的内容是按照疾病而不是按自然物予以安排和排列的。Unschuld, *Medicine in China: A History of* （转下页）

这个版图大大扩张了的辽阔国家里。赵学敏，一位四处走方行医的流动医生，萃集了许多描绘新领土上产出物的新型文本，并予以编织整合，以弥补李时珍作品中可见的疏漏和错误。①他搜集了很多来自王朝偏远地区的旅行记录和地方志的信息，比如第一次在中文的文本中详细说明了如何吸食鸦片，第一次提到现在著名的金鸡纳皮（"金鸡勒"）②。在他的多处修订中，有一组是李时珍遗漏的对龙的某些部位的注释：龙的血液（"龙血"）凝固时，其结成块的图案像大象牙。就像李时珍对待其他许多药物一样，赵学敏也指出了在市场上辨别真假药物的方法，并鼓励读者自行判断某些说法是否正确。③

赵学敏在李时珍的作品中添加了许多新对象，其中就有冬虫夏草（以下简称虫草）。这种动物直到18世纪中期才出现在中国的文献中，它生活在清朝的边境地带，很难获得，是一种昂贵的异域之珍，被鉴定家们视为珍宝。④1731年《四川通志》上的一篇短文可

（接上页）*Pharmaceutics*, 164, 对该著作进行了简短的介绍，问世后常作为《本草纲目》的附录出现。

① 《本草纲目拾遗》是赵学敏撰写的12部著作之一，并称为《利济十二种》，但其余均亡佚，只有《本草纲目拾遗》和一本名叫《串雅》的供民间走方医生使用的医学手册流传下来。

② 赵学敏在《本草纲目拾遗》火部类别的附录里增设了对吸食鸦片的讨论。见赵学敏《本草纲目拾遗》卷2，"火部·鸦片烟"。Unschuld, *Medicine in China: A History of Pharmaceutics*, 167, 可以找到它的翻译。赵学敏的《金鸡勒记》是根据查慎行（1650—1727）的游记《人海记》写成的，该游记是李时珍去世后出版的众多记载外国风物的史料之一，也成为赵学敏论说的知识来源。见赵学敏《本草纲目拾遗》卷6，"木部·金鸡勒"。

③ 见赵学敏《本草纲目拾遗》卷10，"鳞部·龙涎香"。

④ 然而，这些材料早在几十年前就出现在欧洲的文本中。在1726年雷奥米尔（Réaumur）首次提到冬虫夏草（当时被称为"夏草冬虫"）。关于雷奥米尔的叙述，参见 M. J. Berkeley, "On Some Entomogenous Sphaeriae," in William Jackson Hooker, ed., *London Journal of Botany*, vol. 2 (London: Hippolyte Bailliere, 1843), 207-208。完整引用文献，见 René Antoine Ferchault de Réaumur, *Mémoires de l'Académie des Sciences* 1726, p. 302, tab. 16。

能是汉语中第一次出现"冬虫夏草"这个词语。① 吴敬梓在其1750年完成的小说《儒林外史》中也简要提到了这种药物：

> 次日万家又来请酒，牛玉圃坐轿子去。到了万家，先有两位盐商坐在那里，……吃过了茶，先讲了些窝子长跌的话。抬上席来，两位一桌。奉过酒，头一碗上的冬虫夏草。万雪斋请诸位吃着，说道："像这样东西也是外方来的，我们扬州城里偏生多。一个雪虾蟆就偏生寻不出来！"……汪盐商道："这样希奇东西苏州也未必有，只怕还要到我们徽州旧家人家寻去，或者寻出来。"②

一如早期的方志作者，《儒林外史》也将罕见而奇异的虫草描述为来自王朝边境的本地特产。一年后，虫草首次出现在中文的医学文本《本草从新》中，在对其简要描述后，紧接着便在药理学文本中进行了详细的阐述：

> 甘、平。保肺、益肾、止血、化痰、已劳嗽。治膈症皆良。……冬虫夏草，四川嘉定府（今四川乐山市）所产者最佳，云南、贵州所出者次之。冬在土中，身活如老蚕，有毛能动；至夏则毛出土上，连身俱化为草；若不取，至冬则复化为虫。③

"冬虫夏草"就是以它所经历的奇异变形而得名的。它既不是

---

① 《四川通志》于1782年被收录到《四库全书》中。
② 此处译文转引自戴乃迭（Gladys Yang）翻译的《儒林外史》，纽约：哥伦比亚大学出版社，1993，第295页。
③ 吴仪洛《本草从新》，北京：人民卫生出版社，1990（1751），第26页。

严格意义上的动物，也不完全是植物，似乎既是动物又是植物：它以虫的形式出现，在寒冷的冬天生活在地下，但当天气变暖时，它就变成了一种植物，从地面上冒出来。虽然在整个变形过程中它成为植物的时间只是全部生命过程中的一半，但它往往被归到植物的类别中。①

在它最早出现的药典实例中，虫草不仅与形态转变相联属，而且与地域概念紧密相关。它在全国多个地区都有出现，但在每一个讨论的实例中，都认定它只是某个特定地区的产物。据赵学敏和他引用的许多文献，虫草在四川、云南、贵州和广东等多个偏远地区被发现。②赵学敏在《本草从新》的原文基础上，增补了一些从当地方志和游记中摘录的有趣信息：虫草是在中亚的雪山上发现的；在广东，它与人参和鸦片混合并揉成球；如果与花混合使用可以驱逐蚊虫；塞进公鸭的头部炖煮，进食后可以延年益寿；最后，它可以作为妇人流产用药。赵学敏的著作出版于1871年，已是他1805年去世很久之后的事了。

大约在赵学敏开展工作的同一时期，另外一群学者也正忙于修订中国的医学和自然史文本，他们修订的依据，则是西方国家的动植物分类标准。《本草纲目》的部分内容被翻译成几种西方语言，译文中又有一小部分内容被作为"中国"自然知识的代表，被编入许多耶稣会士的著作中。其中最著名的是让-巴蒂斯特·杜赫德撰写于1736年的《中国通史》，其中收录了《本草纲目》的部分译文，这些译文长期被西方学者研究和引用，一直持续到19世纪。杜赫德

---

① 这可能是由于芽体（此处将其理解为一种植物，而不是真菌）在整个19世纪都是最典型的药用材料；它在转化为药草形态后被人收获从而用于医药。
② 赵学敏《本草纲目拾遗》卷5，"草部下·夏草冬虫"。这种药的名字通常有两种写法：冬虫夏草或夏草冬虫。

还描述了冬虫夏草："这是一种非常罕见的药物，在帝国的首都很少见到，而它显然来自帝国的偏远地区（西藏或四川），非常罕见，只有皇帝的御医才能开这种药。"① 19世纪中叶，英国真菌学家迈尔斯·约瑟夫·伯克利参考了杜赫德的描述，将虫草重新定义为一种真菌，给它起了一个新名字，将其归入林奈的分类学范畴，虫草就变成了中华球果菌（*Sphaevia Sinensis*）。② 不久之后，这种真菌被重新命名为冬虫夏草（*Cordyceps Sinensis*），它是一种寄生在昆虫身上的真菌。真菌的孢子会感染幼虫，在宿主体内生长并让宿主体内充满菌丝。当宿主死亡时，真菌产生子实体，子实体从昆虫或节肢动物体内产生，并释放出更多的孢子。冬虫夏草（也称为Ueqetable caterpillar或Caterpillar fungus）自此成为该科最著名的物种，其果实成为全世界最受欢迎且最走俏的草药之一：这与赵学敏记录的奇异变形物怕是相去甚远。③

《本草纲目》中并没有提到虫草，它后来通过耶稣会士的翻译进入西方博物学著作的文本世界并成为典型的"中国"药物代表，反映了李时珍的作品在18、19世纪医学背景下的命运。19世纪英国在华博物学家非常重视《本草纲目》，来华的植物学家试图学习中文，以便翻译这部著名的文献，并从中搜寻可以为在华传教士医生使用的药物，或是有裨于植物学史的样本。④ 尽管这些欧洲翻译家中有许多人哀叹《本草纲目》和其他中国著作中插图粗糙、缺乏细

---

① 关于杜赫德的记录，参见 Jean-Baptiste du Halde, *The General History of China* (London: John Watts, 1736), electronic reproduction (Farmington Hills, MI: Thomson Gale, 2003), 4: 41–42。
② 关于18、19世纪英国殖民时期的植物学家对中国的影响，参见 Fa-ti Fan, *British Naturalists in Qing China*。
③ 20世纪90年代中期，冬虫夏草在世界范围内声名鹊起，与中国田径教练马俊仁为运动员开出的包括虫草的早餐餐单有关，他认为服用冬虫夏草等"中草药"可以增强体质。
④ 关于西方博物学家在中国对《本草纲目》及其他中国文本的解读，参见 Fa-ti Fan, *British Naturalists in Qing China*, 100–121。

节且描述简陋，但19世纪和20世纪初的汉学家和博物学家却严肃地看待《本草纲目》的学术价值，将其作为植物学和植物栽培史的证据来源，他们投身于对《本草纲目》文献的研究和比较研究，并做了部分翻译工作，他们的研究成果和文本翻译，持续塑造着后世学者和大众对李时珍及其文本的认识，影响一直波及现在。

对《本草纲目》部分内容进行翻译的英文译本中，最重要的一种是由伊博恩（1887—1949）完成的，他的生平传记阐明了西方医学实践、自然史和20世纪早期中国医学史之间的复杂关系。1908年至1909年，伊博恩在伦敦学习药剂学，之后在北京协和医学院任教数年。随后，他离开中国前往耶鲁大学学习，并获得了博士学位，他的博士论文是关于19世纪中叶引入西方医学的一种亚洲麻风病的传统疗法。1925年，他回到中国，成为当年成立的北京博物学会的创始会员。[①] 他翻译的《本草纲目》最早出现在20世纪30年代初的《北京博物学会杂志》上。[②] 在西方对华北自然资源掠夺开发的背景

---

① 见 Bernard Emms Read, "The Influence of Chaulmoogra Oil on Calcium Metabolism" (PhD diss., Yale University, 1924)。北京博物学会成立于 1925 年，由祁天锡（Nathaniel Gist Gee）和地质学家葛利普（Amadeus W. Grabau）领导，是所有对中国自然史感兴趣的科学家之间的国际交流中心，实际上也是用西方科学重新评价中国自然知识的一个引擎。北京博物学会会刊第一期刊登了总编翁文灏撰写的简短序言，序言阐释了学会成立的缘由，并提供了会议纪要和讲座记录，让我们得以看到关于该学会最初几年一个更详细的活动图景。葛利普、祁天锡和万卓志的讣告载于《北京博物学会杂志》16.3/4（1948 年 3—6 月）的附录中。像葛利普这样的外国科学家在民国参与建立这样的科学团体的研究，见 Grace Yen Shen, "Unearthing the Nation: Modern Geology and Nationalism in Republican China, 1911–1949" (PhD diss., Harvard University, 2007), especially 118–173.

② Bernard Emms Read, *Chinese Materia Medica*。伊博恩对《本草纲目》的部分翻译，按照括号内转载的原始出版资料排序，包括：Ⅰ动物类药物（第 1 章，"家畜药"，原载《北京博物学会杂志》5.4；第 2 章，"野生动物"，第 3 章，"啮齿动物"，第 4 章，"猴子和超自然生物"，第 5 章，"入药的人体部位"，均见《北京博物学会杂志》6.1）；Ⅱ禽类药物（第 6 章"禽用药物"，原载《北京博物学会杂志》6.4）；Ⅲ龙蛇类药物（第 7 章"龙蛇"，原载《北京博物学会杂志》8.4）；Ⅳ甲类、贝类药物（第 8 章，学会杂志单行本）；Ⅴ鱼类药物（第 9 章，学会杂志单行本）；Ⅵ昆虫类药物（第 10 章，学会杂志单行本）。伊博恩还与人合著了《〈本草纲目〉药用植物名录》（转下页）

下翻译的《本草纲目》，至今仍是不熟悉中文的读者（甚至是一些汉学家）研读《本草纲目》的基础，而他将《本草纲目》与英文对照品的比较，至今仍被许多现代学者用作药物鉴别的基础。凭借他的《本草纲目》系列译著（至今仍是该学会的畅销书），伊博恩在以英语为母语的世界里继续塑造着《本草纲目》在现代世界中的使用地图，其影响力或许超过了其他任何汉学家。①

对边疆动植物的兴趣，与清朝对边境地区的探索是一致的。当伊博恩等博物学家开始将《本草纲目》的内容翻译成生物科学术语时，中国自身的扩张利益也扩大了《本草纲目》的涵盖范围。从汉语翻译成欧洲语言的同时，还伴随着一些由边缘语言翻译成汉语的过程。赵学敏的增补工作（1871年《本草纲目拾遗》首次出版后，后来作为《本草纲目》的增编再版）收录了许多因王朝扩张和文本翻译工程才被发掘、知晓并描述的物品。例如，虫草最初可能是作为清朝计划的一部分而输入到中国内陆的一个藏文名字：夏草冬虫可能是藏语 *dbyarrtsadgun'bu* 的翻译。② 该生物的藏文名和中文名都出现在

（接上页）（1936）和《〈本草纲目〉石药和矿物药研究》（1936）（原载《北京博物学会杂志》3.2）。顺便说一句，杂志的名称再次揭示了中国博物学与"博物"这一术语之间的现代联系。

① 根据布告栏上伊博恩的讣告，他翻译《本草纲目》所得的收入帮助学会维持了下去。参见 Alice M. Boring, "In Memoriam: Bernard Emms Read (May 17, 1887–June 13, 1949)," *Peking Natural History Bulletin* 18.1（1949）。

② 在藏语中，这个名字和汉语的意思差不多：dbyar（夏天），rtsa（草，药草），dgun（冬天），bu（虫子）。清朝在1657年建立了一所西藏学校（唐古特官学），以培养从事翻译工作的学者。藏文训练在18世纪达到顶峰，藏文书籍的印刷也大量增加。关于语言培训方面，参见 Gray Tuttle, *Tibetan Buddhists in the Making of Modern China* (New York: Columbia University Press, 2007), especially 28-29. 关于清朝印刷非汉文字书籍，参见 Evelyn S. Rawski, "Qing Publishing in Non-Han Languages," in Cynthia Brokaw and Kai-wing Chow, eds., *Printing and Book Culture in Late Imperial China* (Berkeley: University of California Press, 2005), 304-331. 虽然大多数的翻译文本在内容上是宗教性的，但其中包括了植物、矿物或用于治疗目的的动物等知识。藏药的文字知识可能是通过蒙古文或满文进入汉文的，因为清朝的政策提倡使用这些语言文字，许多蒙古人（转下页）

稍后的《蒙药正典》中，这是一部19世纪以藏文书写的蒙古药典。①部分由于冬虫夏草过于昂贵，在现代藏医实践中没能得到广泛应用，它作为汉、藏、蒙交流对象的历史，便在很大程度上从中国本土医药自然史中销声匿迹。

新的文献进入了中国的本草传统，药物的名称和描述被重新翻译，李时珍在《本草纲目》中开创的方法有足够的弹性和包容性，很快再次适应了王朝扩张带来的异变纷繁、混杂了多个语种的新自然史语境。由于李时珍对自然物及其知识是宽容和开放的，书中兼容了某一物质史上不同的别称和本地的命名，他的后学如赵学敏，也同样努力地将新出现的来自各地的医学知识引入到《本草纲目》的语料库中。在对《本草纲目》做订补时，纳入了许多新地区特产的药物，并融合了当地的医学传统，在中文医学史中被重新定义为"少数民族地区"药物。② 近代早期中华帝国作为扩张势力的历史，以及地方性传统融合进入中国医学的归化历史，在中国医学大一统的整体局面下，渐渐隐退消失在历史深处。而《本草纲目》通过对这些异域外方新奇事物的整合，协助完成了这一过程。

（接上页）在清廷资助的寺庙里接受藏文培训。劳费尔在处理汉藏文借词时，将冬虫夏草认定为来自中国的藏文借词。参见 Berthold Laufer, "Loanwords in Tibetan," *T'oung Pao* 17 (1916): 445–446。总之，这个名字最初是藏文还是汉文其实并不重要，重要的是，无论是在语言中还是在医学文献中，它都是一个存在争议的对象。

① 占布拉·道尔吉《蒙药正典》，载《中国本草全书》（第397册，第261页）。这本书有许多现代汉语译本，也很容易找到。关于蒙藏医药的历史交织，参见 Craig R. Janes and Casey Hilliard, "Inventing Tradition: Tibetan Medicine in the Post-Socialist Contexts of China and Mongolia," in Laurent Pordie, ed., *Tibetan Medicine in the Contemporary World: Global Politics of Medical Knowledge and Practice* (London: Routledge, 2008), 40。

② 我在此使用了"传统"的语言，请务必知悉，今天我们所确定的许多土著医学传统实际上是现代逐步建构起来的，并且是一个交融混合的、不断变化的实体。Janes and Hilliard, "Inventing Tradition" 对这一概念在现代藏蒙医药中的运用进行了精彩的论述，并简要介绍了中国现代政治史背景下藏医药的错综复杂的历史。

现代中国的赤脚医生

在18、19世纪的博物学家（他们中既有中国的也有欧洲的）那里，满足其想象，实现其编排之后，在20世纪中期的中国，李时珍的形象再次被重新设计。终其一生，李时珍都在孜孜不倦地研究、写作，并终于为自己毕生的心血浇铸之作找到了出版商（虽然在他离世后才出版）。在现当代中国，李世珍的形象被重新塑造，一变而为赤脚医生的先驱。赤脚医生是指在20世纪50年代至80年代初接受过基础医学短暂培训并被派往农村地区提供医疗服务的受教育程度不同的普通人。共产党对李时珍的描述强调了他努力从当地人那里采集信息，并把他塑造成深入民间底层、为百姓谋福利的草根活动家，至此，关于《本草纲目》的争论和不确定性都被搁置一边。20世纪50年代和60年代描绘李时珍时所用的语汇，跟当时赤脚医生的宣传海报上所用的属于同一种方式。从根本上说，李时珍是作为"传统中医"的鼻祖被重新发明了出来。"传统中医"是由中国共产党发展和推广的一个新概念。[①]

跟许多类似的手册一样，1976年安徽地区赤脚医生卫生手册的序言也是以《毛主席语录》开头。这段语录节选自毛泽东1965年在北京对医护人员的一次演讲，里面只提到了两位医生的名字，其中之一就是李时珍。

毛泽东不仅将李时珍推入伟大的传统医生的殿堂，还将其重塑成人民大众的医生：李时珍没有被多年熟习的书本知识所牵

---

① 参见 Kim Taylor, *Chinese Medicine in Early Communist China, 1945-1963: A Medicine of Revolution* (London: Routledge Curzon, 2005), especially 79–108。

累,他的精湛医术主要是通过实践经验获得的。这是对经典传记的一次戏剧性突破,此前传记中塑造的李时珍由年轻时的寒窗苦读、历经多年潜心研究直至一病不起这样的脉络一路走来,而如今,他则被塑造成了底层大众中诞生的医学英雄,代表了共产主义者对李时珍的重新想象和构建。由著名演员赵丹(1915—1980)主演的电影《李时珍》(1956),把李时珍塑造成一位反抗统治阶级压迫的人民医生,明确响应了主旋律中宣扬的李时珍的形象叙述。这部电影是在本章开头提到的那部漫画面世仅一年后上映的,那部漫画同样歌颂了李时珍医生穷其一生都在用常识审核纠正以往的医学书籍。李时珍是人民的英雄,是中医的鼻祖,这一观念略作修改一直延续至今,并在现代媒体中得到宣扬。当代艺术家把李时珍和他的作品视作理想化的中国传统的转喻。比如,中国台湾流行音乐人周杰伦的歌《本草纲目》就将这部巨著作为透镜,通过它来批判中国文化的现代性和全球化,其中夹杂着各种人尽皆知的中药名称(虽然其中有些中药材,譬如冬虫夏草,并没有出现在李时珍的书里)。[1] 香港电视连续剧《本草药王》由香港著名演员林文龙主演,里面的李时珍是一个笨手笨脚的年轻人,他倡导医药学必须造福百姓,并且在一路行来的征程中收获了爱情。[2] 在这些现代媒介中,李时珍和他的巨著已经被极度抽离简化为单纯的符号,承载着中国作为一个整体或中医作为其中最具代表性的一部分这一理念。

---

[1] 周杰伦《依然范特西》,激光唱片,索尼唱片公司,2006,《本草纲目》。
[2] 《本草药王》,DVD,10 张(25 集),TVBI,2005。

博尔赫斯的猴子

在这部史诗巨作的写作过程中,李时珍时时处处关注事物的命名,关注来自文本和经验的证据在理解自然界并进行分类时起到的作用。博尔赫斯喝墨水的猴子则代表了语言与自然之间相互勾连所具有的效力,这种关联具体体现在中国近代早期对自然世界的研究中,也体现在文本传统延续至未来的命运。就像猴子使用了书写和阐释这两种工具那样,《本草纲目》也在自身内部吸收了某种文本传统。结果,李时珍的著作成为一个标志性的作品:随着时间的推移,书中各种面红耳赤的争论逐渐平息,作者和他的作品本身被视作一种理想化了的传统的声音。

博尔赫斯帮助重塑了这一改造过程的后期历史。虽然并没有专门对《本草纲目》加以评论,但博尔赫斯的作品触发了一个文学线索,这条线索反过来又重新评价了李时珍的杰作。在如今已经很有名的一篇文章中,他对这部"中国百科全书"中的分类概念表示困惑不解:

> 约翰·威尔金斯的分析语言存在着模棱两可、冗长赘余和不足之处,这让人想起库恩博士将其归因于一本中国百科全书——《天朝仁学广览》。在它年代久远的书页上写着,动物被分成:a)皇帝专属的;b)防腐处理过的;c)训练过的;d)能哺乳的母猪;e)美人鱼(或海妖);f)极品的;g)流浪狗;h)本类别包括的;i)似乎气得发抖的;j)不可数的;k)用精致的骆驼毛刷牵引的;l)其他;m)刚刚打碎花瓶的;n)在远处看

起来像苍蝇的。①

博尔赫斯将这部中国百科全书的作者描述为"未知的"或"伪造的",进一步往中国对自然世界的分类概念里注入了一种奇异的趣味和异国的情调。尽管博尔赫斯的这篇文章旨在阐明所有分类体系在终极意义上都是极其随意和混乱的,但他提供的"中国"在文学上的等价物及与自然混沌共处的理念,在福柯为《词与物》所作的序言中得以不朽、永生,福柯对此重新展开了解读。

在福柯看来,中国的百科全书代表了"另一种思想体系的奇异魅力",让读者在面对这样一种奇怪而"可怕"的类别并置时,充满了"惊奇"。②在短短几页的篇幅里,福柯引用了"异托邦"的概念,将中国百科全书所体现的那种分类体系中明显的怪异之处展现出来。实际上,福柯通过分析博尔赫斯文本中所解读的弗朗茨·库恩博士对杜撰出来的中国文本的阐释,最终将中国分类的概念异化为一个超越理性的飞地。③中国本身就是一部百科全书:它以一种现代性无法理解的方式将各种元素集合在一起。长久以来,对中国的研究存在着三重误解:"中国"和"中国性"概念的本质化处理;对包罗万象的中国思想冠之以"中国思想体系"并作单一性的概括;将这个思想体系描述成某种意义上具有非理性学术倾向的系

---

① Jorge Luis Borges, "John Wilkins' Analytical Language," in Eliot Weinberger, ed., *Jorge Luis Borges: Selected Non-Fictions* (New York: Penguin Books, 1999), 231.
② Michel Foucault, *The Order of Things: An Archaeology of the Human Sciences* (New York: Vintage Books, 1994), xv-xvi.
③ 关于博尔赫斯作品中的中国观念,见张隆溪《他者的神话:西方眼中的中国》,《批判探究》15.1(1988年秋):108—131。张隆溪还在短篇小说《大会》中讨论了博尔赫斯对中国百科全书的引用,小说对百科全书的"丝质卷宗"进行了描述。中国百科全书的"丝质卷宗"与《虚构集》中喝墨水的猴子丝绸般的毛发之间存在着呼应与共鸣:在博尔赫斯的作品中,丝绸是中国自身的一种转喻。参见 Jorge Luis Borges (with Margarita Guerrero), *The Book of Imaginary Beings* (London: Vintage, 2002 [1969])。

统。而正是"中国是一部百科全书"的观点与理性论的观点之间存在的张力,动摇了上述这一三重误解的根基。

《本草纲目》在一定程度上是一部关于自然世界的权威百科全书,但它显然拒绝了上述三重误解的任何一种。李时珍着迷于人类"具有无限变化的可能性",着迷于构成他的宇宙的所有居民及其转化后的新生命样态。他把自己的工作建立在这样一个前提上:关于自然界的所有知识都必然是复杂的、多元的,就像其居民的无限多样变化一样。这一知识不仅对其本身很重要,而且对理解如何滋养和治愈人体也至关重要。中国在面对浩瀚自然时,从没有秉持过单一不变的认知方式,李时珍那时候没有,现在也从未有过。接受这种多元性,尤其是承认和接纳那些表面上来自中国本草学的材料的无限丰富性,将其作为进一步研究科学史和医学史的基础,可以帮助我们成为更负责任的历史学家和世界公民。在这个世界上,全球化视野下的医学和药物学正在改变我们理解和使用自然材料的方式。

附录一

李时珍：历代诸家本草

文本名称	作者	年代
神农本草经	N/A[1]	东汉（25—220）
名医别录	陶弘景[2]	梁（502—557）
桐君采药录	桐君	N/A
雷公药对	雷公	汉（206—220）
李氏药录	李当之	魏（220—265）
吴氏本草	吴普	魏
雷公炮炙论	雷敩	南朝宋（420—479）
唐本草	苏敬等	唐朝（618—907）显庆年间（656—660）[3]
药总诀	陶弘景[4]	梁
药性本草	甄权	唐
千金食治	孙思邈	唐
食疗本草	孟诜	唐[5]
本草拾遗	陈藏器	唐朝开元年间（713—741）
海药本草	李珣[6]	唐
四声本草	萧炳	唐
删繁本草	杨损之	唐朝开元年间
本草音义	李含光	唐

续表

文本名称	作者	年代
本草性事类	杜善方[7]	
食性本草	陈士良[8]	五代（907—960）南唐（937—975）
蜀本草	韩保升等诸医士[9]	五代后蜀孟昶（919—965）时期
开宝本草	刘翰，马志等	宋朝（960—1279）开宝年间（968—976）
嘉祐补注本草	掌禹锡，林亿等	宋朝嘉祐年间（1056—1063）
图经本草[10]	苏颂	宋朝嘉祐年间
证类本草	唐慎微	宋朝大观年间[11]（1107—1110）和政和年间[12]（1111—1118）
本草别说	陈承，王继先	宋朝
日华诸家本草	不详	宋朝开宝年间
本草衍义	寇宗奭	宋朝
洁古珍珠囊	张元素	金（1115—1234）
用药法象	李杲	元朝（1206—1368）
汤液本草	王好古	元朝
日用本草	吴瑞	元朝文宗朝（1328—1329）
本草歌括[13]	胡仕可	元朝
本草衍义补遗	朱震亨	元朝
本草发挥	徐彦纯	明朝（1368—1644）洪武年间（1368—1398）
救荒本草	周宪王[14]	明朝洪武年间
庚辛玉册	宁献王[15]	明朝宣德年间（1426—1435）
本草集要	王纶	明朝弘治年间（1488—1505）
食物本草	汪颖	明朝正德年间（1506—1521）
食鉴本草	宁原	明朝嘉靖年间（1522—1566）
本草会编	汪机	明朝嘉靖年间
本草蒙诠	陈嘉谟	明朝嘉靖年间末期
本草纲目	李时珍	1552始纂，1578年毕，三易其稿

1. 虽然作者身份不明，但李时珍在其他地方提到这本书是陶弘景的作品。陶弘景的《神农本草经》集注本是宋明学者所熟知的版本，在他之前是否有《本草经》集注本尚不清楚。

2. 虽然李时珍认为《名医别录》的作者是陶弘景，但作者的真实身份迄今并不清楚。

3. 据李时珍介绍，该书的初版是唐高宗（650—683）即位之初委托学者对陶弘景的《名医别录》修订后编纂而成。此后皇帝下令再次修订，由苏敬于656—660年主持进行。

4. 李时珍的消息来源是掌禹锡（创作期约在1180年），著有《嘉祐补注本草》。

5. 李时珍一开始说孟诜生活在梁代（502—557），但后来描述了他在唐朝（618—907）的生活（李时珍原文为"诜，梁人也，武后时举进士"。此处的"梁"指的是梁地，即今汝州市，非朝代名。——编按）

6. 李时珍认为李珣是唐朝肃（756—762）、代（762—779）时人。还有其他观点认为李珣生活在10世纪中叶，从他家族的情况来看，这更有可能。

7. 李时珍引用了掌禹锡的话，他自己可能也没有看过这篇文章。

8. 尽管掌禹锡认为这是陈士良的功劳，但李时珍坚称，这本书只是旧书的汇编，没有什么新内容。

9. 据李时珍说，这是《唐本草》的修订本，由五代时期后蜀统治者孟昶作序。孟昶曾命令翰林学士编纂这本书。

10. 在其他地方，李时珍称之为《本草图经》。

11. 唐慎微编撰初版的时期。

12. 曹孝忠校正刊行的时期。

13. 这是一项基本的诗歌练习，有助于记忆。李时珍还提到，明代医学家刘纯、熊宗立和傅滋等人也曾用诗体写过医学著作，以方便学生记忆。

14. 李时珍认为这是周宪王的作品，周宪王是明太祖第五个儿子朱橚之子。实际上作者应该是周定王朱橚，《本草纲目》的许多现代版本的编者都纠正了李时珍的这个错误。《四库全书》中收录的各个版本都将本书归在周宪王名下。《本草纲目》刘衡如、刘山永校注版更正为周定王。

15. 这个宁献王是朱权（1378—1448），明太祖的儿子。他的作品涉及医学、农学、戏剧批评、诗歌等多个领域。

附录二
《本草纲目》内容架构

卷前文字	王世贞原序
	附图
	总目
	凡例
卷1 序例（上）	历代诸家本草
	引据古今医家书目
	引据古今经史百家书目
	采集诸家本草药品总数
	《神农本经》名例
	陶隐居《名医别录》合药分剂法则
	采药分六气岁物
	七方
	十剂
	气味阴阳
	五味宜忌
	五味偏胜
	标本阴阳
	升降浮沉

	四时用药例
	五运六淫用药式
	六腑六脏用药气味补泻
	五脏五味补泻
	脏腑虚实标本用药式
	引经报使（《洁古珍珠囊》）
卷2 序例（下）	药名同异
	相须相使相畏相恶诸药
	相反诸药
	服药食忌
	妊娠禁忌
	饮食禁忌
	李东垣随证用药凡例
	陈藏器诸虚用药凡例
	张子和汗吐下三法
	病有八要六失六不治
	《药对》岁物药品
	《神农本草经》目录
	宋本草旧目录
卷3—4 百病主治药	罗列了114种疾病
卷5 水部	43种药物：天（13）、地（30）
卷6 火部	11种药物
卷7 土部	61种药物
卷8—11 金石部	161种药物：金类（28）、玉类（14）、石类（72）、卤（20+27）
卷12—21 草部	611种药物：山草类（70）、芳草类（56）、隰草类（126）、毒草类（47）、蔓草类（73+19）、水草类（23）、石草类（19）、苔草类（16）、杂草类（9）、有名无用（153）

卷22—25 谷部	73种药物：麻麦稻类(12)、稷粟类(18)、菽豆类(14)、造酿类(29)
卷26—28 菜部	105种药物：荤菜类(32)、柔滑类(41)、瓜菜类(11)、水菜类(6)、芝耳(15)
卷29—33 果部	149种药物：五果类(11)、山果类(34)、夷果类(31)、味类(13)、瓜类(9)、水果类(6+23)、附录诸果(21+1)
卷34—37 木部	180种药物：香木类(35)、乔木类(52)、灌木类(51)、寓木类(12)、苞木类(4)、杂木(7+19)
卷38 服器部	79种药物：服帛类(25)、器物类(54)
卷39—42 虫部	106种药物：卵生类(45)、化生类(31)、湿生类(23+7)
卷43—44 鳞部	94种药物：龙(9)、蛇(17)、鱼(31)、无鳞鱼(28+9)
卷45—46 介部	46种药物：龟鳖类(17)、蚌蛤(29)
卷47—49 禽部	77种药物：水类(23)、原类(23)、林类(17)、山类(13+1)
卷50—51 兽部	86种药物：畜类(28)、兽类(38)、鼠类(12)、寓类(8)
卷52 人部	37种药物

资料来源：本表格根据刘衡如、刘山永校注版的《本草纲目》(2卷本，北京：华夏出版社，2002)整理。该部著作以1596年金陵版和1603年江西版《本草纲目》为基础编纂而成。江西版刻本不仅有李建元的纪念文章，还增加了夏良心和张鼎思的序言。

新知文库

01 《证据：历史上最具争议的法医学案例》[美]科林·埃文斯 著　毕小青 译
02 《香料传奇：一部由诱惑衍生的历史》[澳]杰克·特纳 著　周子平 译
03 《查理曼大帝的桌布：一部开胃的宴会史》[英]尼科拉·弗莱彻 著　李响 译
04 《改变西方世界的26个字母》[英]约翰·曼 著　江正文 译
05 《破解古埃及：一场激烈的智力竞争》[英]莱斯利·罗伊·亚京斯 著　黄中宪 译
06 《狗智慧：它们在想什么》[加]斯坦利·科伦 著　江天帆、马云霏 译
07 《狗故事：人类历史上狗的爪印》[加]斯坦利·科伦 著　江天帆 译
08 《血液的故事》[美]比尔·海斯 著　郎可华 译　张铁梅 校
09 《君主制的历史》[美]布伦达·拉尔夫·刘易斯 著　荣予、方力维 译
10 《人类基因的历史地图》[美]史蒂夫·奥尔森 著　霍达文 译
11 《隐疾：名人与人格障碍》[德]博尔温·班德洛 著　麦湛雄 译
12 《逼近的瘟疫》[美]劳里·加勒特 著　杨岐鸣、杨宁 译
13 《颜色的故事》[英]维多利亚·芬利 著　姚芸竹 译
14 《我不是杀人犯》[法]弗雷德里克·肖索依 著　孟晖 译
15 《说谎：揭穿商业、政治与婚姻中的骗局》[美]保罗·埃克曼 著　邓伯宸 译　徐国强 校
16 《蛛丝马迹：犯罪现场专家讲述的故事》[美]康妮·弗莱彻 著　毕小青 译
17 《战争的果实：军事冲突如何加速科技创新》[美]迈克尔·怀特 著　卢欣渝 译
18 《最早发现北美洲的中国移民》[加]保罗·夏亚松 著　暴永宁 译
19 《私密的神话：梦之解析》[英]安东尼·史蒂文斯 著　薛绚 译
20 《生物武器：从国家赞助的研制计划到当代生物恐怖活动》[美]珍妮·吉耶曼 著　周子平 译
21 《疯狂实验史》[瑞士]雷托·U.施奈德 著　许阳 译
22 《智商测试：一段闪光的历史，一个失色的点子》[美]斯蒂芬·默多克 著　卢欣渝 译
23 《第三帝国的艺术博物馆：希特勒与"林茨特别任务"》[德]哈恩斯-克里斯蒂安·罗尔 著　孙书柱、刘英兰 译
24 《茶：嗜好、开拓与帝国》[英]罗伊·莫克塞姆 著　毕小青 译
25 《路西法效应：好人是如何变成恶魔的》[美]菲利普·津巴多 著　孙佩妏、陈雅馨 译

26 《阿司匹林传奇》[英]迪尔米德·杰弗里斯 著　暴永宁、王惠 译
27 《美味欺诈：食品造假与打假的历史》[英]比·威尔逊 著　周继岚 译
28 《英国人的言行潜规则》[英]凯特·福克斯 著　姚芸竹 译
29 《战争的文化》[以]马丁·范克勒韦尔德 著　李阳 译
30 《大背叛：科学中的欺诈》[美]霍勒斯·弗里兰·贾德森 著　张铁梅、徐国强 译
31 《多重宇宙：一个世界太少了？》[德]托比阿斯·胡阿特、马克斯·劳讷 著　车云 译
32 《现代医学的偶然发现》[美]默顿·迈耶斯 著　周子平 译
33 《咖啡机中的间谍：个人隐私的终结》[英]吉隆·奥哈拉、奈杰尔·沙德博尔特 著　毕小青 译
34 《洞穴奇案》[美]彼得·萨伯 著　陈福勇、张世泰 译
35 《权力的餐桌：从古希腊宴会到爱丽舍宫》[法]让-马克·阿尔贝 著　刘可有、刘惠杰 译
36 《致命元素：毒药的历史》[英]约翰·埃姆斯利 著　毕小青 译
37 《神祇、陵墓与学者：考古学传奇》[德]C. W. 策拉姆 著　张芸、孟薇 译
38 《谋杀手段：用刑侦科学破解致命罪案》[德]马克·贝内克 著　李响 译
39 《为什么不杀光？种族大屠杀的反思》[美]丹尼尔·希罗、克拉克·麦考利 著　薛绚 译
40 《伊索尔德的魔汤：春药的文化史》[德]克劳迪娅·米勒-埃贝林、克里斯蒂安·拉奇 著　王泰智、沈惠珠 译
41 《错引耶稣：〈圣经〉传抄、更改的内幕》[美]巴特·埃尔曼 著　黄恩邻 译
42 《百变小红帽：一则童话中的性、道德及演变》[美]凯瑟琳·奥兰丝汀 著　杨淑智 译
43 《穆斯林发现欧洲：天下大国的视野转换》[英]伯纳德·刘易斯 著　李中文 译
44 《烟火撩人：香烟的历史》[法]迪迪埃·努里松 著　陈睿、李欣 译
45 《菜单中的秘密：爱丽舍宫的飨宴》[日]西川惠 著　尤可欣 译
46 《气候创造历史》[瑞士]许靖华 著　甘锡安 译
47 《特权：哈佛与统治阶层的教育》[美]罗斯·格雷戈里·多塞特 著　珍栎 译
48 《死亡晚餐派对：真实医学探案故事集》[美]乔纳森·埃德罗 著　江孟蓉 译
49 《重返人类演化现场》[美]奇普·沃尔特 著　蔡承志 译
50 《破窗效应：失序世界的关键影响力》[美]乔治·凯林、凯瑟琳·科尔斯 著　陈智文 译
51 《违童之愿：冷战时期美国儿童医学实验秘史》[美]艾伦·M.霍恩布鲁姆、朱迪斯·L.纽曼、格雷戈里·J.多贝尔 著　丁立松 译
52 《活着有多久：关于死亡的科学和哲学》[加]理查德·贝利沃、丹尼斯·金格拉斯 著　白紫阳 译

53 《疯狂实验史Ⅱ》[瑞士]雷托·U. 施奈德 著　郭鑫、姚敏多 译

54 《猿形毕露：从猩猩看人类的权力、暴力、爱与性》[美]弗朗斯·德瓦尔 著　陈信宏 译

55 《正常的另一面：美貌、信任与养育的生物学》[美]乔丹·斯莫勒 著　郑嬿 译

56 《奇妙的尘埃》[美]汉娜·霍姆斯 著　陈芝仪 译

57 《卡路里与束身衣：跨越两千年的节食史》[英]路易丝·福克斯克罗夫特 著　王以勤 译

58 《哈希的故事：世界上最具暴利的毒品业内幕》[英]温斯利·克拉克森 著　珍栎 译

59 《黑色盛宴：嗜血动物的奇异生活》[美]比儿·舒特 著　帕特里曼·J. 温 绘图　赵越 译

60 《城市的故事》[美]约翰·里德 著　郝笑丛 译

61 《树荫的温柔：亘古人类激情之源》[法]阿兰·科尔班 著　苜蓿 译

62 《水果猎人：关于自然、冒险、商业与痴迷的故事》[加]亚当·李斯·格尔纳 著　于是 译

63 《囚徒、情人与间谍：古今隐形墨水的故事》[美]克里斯蒂·马克拉奇斯 著　张哲、师小涵 译

64 《欧洲王室另类史》[美]迈克尔·法夸尔 著　康怡 译

65 《致命药瘾：让人沉迷的食品和药物》[美]辛西娅·库恩等 著　林慧珍、关莹 译

66 《拉丁文帝国》[法]弗朗索瓦·瓦克 著　陈绮文 译

67 《欲望之石：权力、谎言与爱情交织的钻石梦》[美]汤姆·佐尔纳 著　麦慧芬 译

68 《女人的起源》[英]伊莲·摩根 著　刘筠 译

69 《蒙娜丽莎传奇：新发现破解终极谜团》[美]让－皮埃尔·伊斯鲍茨、克里斯托弗·希斯·布朗 著　陈薇薇 译

70 《无人读过的书：哥白尼〈天体运行论〉追寻记》[美]欧文·金格里奇 著　王今、徐国强 译

71 《人类时代：被我们改变的世界》[美]黛安娜·阿克曼 著　伍秋玉、澄影、王丹 译

72 《大气：万物的起源》[英]加布里埃尔·沃克 著　蔡承志 译

73 《碳时代：文明与毁灭》[美]埃里克·罗斯顿 著　吴妍仪 译

74 《一念之差：关于风险的故事与数字》[英]迈克尔·布拉斯兰德、戴维·施皮格哈尔特 著　威治 译

75 《脂肪：文化与物质性》[美]克里斯托弗·E. 福思、艾莉森·利奇 编著　李黎、丁立松 译

76 《笑的科学：解开笑与幽默感背后的大脑谜团》[美]斯科特·威姆斯 著　刘书维 译

77 《黑丝路：从里海到伦敦的石油溯源之旅》[英]詹姆斯·马里奥特、米卡·米尼奥－帕卢埃洛 著　黄煜文 译

78 《通向世界尽头：跨西伯利亚大铁路的故事》[英]克里斯蒂安·沃尔玛 著　李阳 译

79	《生命的关键决定:从医生做主到患者赋权》[美]彼得·于贝尔 著 张琼懿 译	
80	《艺术侦探:找寻失踪艺术瑰宝的故事》[英]菲利普·莫尔德 著 李欣 译	
81	《共病时代:动物疾病与人类健康的惊人联系》[美]芭芭拉·纳特森-霍洛威茨、凯瑟琳·鲍尔斯 著 陈筱婉 译	
82	《巴黎浪漫吗?——关于法国人的传闻与真相》[英]皮乌·玛丽·伊特韦尔 著 李阳 译	
83	《时尚与恋物主义:紧身褡、束腰术及其他体形塑造法》[美]戴维·孔兹 著 珍栎 译	
84	《上穷碧落:热气球的故事》[英]理查德·霍姆斯 著 暴永宁 译	
85	《贵族:历史与传承》[法]埃里克·芒雄-里高 著 彭禄娴 译	
86	《纸影寻踪:旷世发明的传奇之旅》[英]亚历山大·门罗 著 史先涛 译	
87	《吃的大冒险:烹饪猎人笔记》[美]罗布·沃乐什 著 薛绚 译	
88	《南极洲:一片神秘的大陆》[英]加布里埃尔·沃克 著 蒋功艳、岳玉庆 译	
89	《民间传说与日本人的心灵》[日]河合隼雄 著 范作申 译	
90	《象牙维京人:刘易斯棋中的北欧历史与神话》[美]南希·玛丽·布朗 著 赵越 译	
91	《食物的心机:过敏的历史》[英]马修·史密斯 著 伊玉岩 译	
92	《当世界又老又穷:全球老龄化大冲击》[美]泰德·菲什曼 著 黄煜文 译	
93	《神话与日本人的心灵》[日]河合隼雄 著 王华 译	
94	《度量世界:探索绝对度量衡体系的历史》[美]罗伯特·P.克里斯 著 卢欣渝 译	
95	《绿色宝藏:英国皇家植物园史话》[英]凯茜·威利斯、卡罗琳·弗里 著 珍栎 译	
96	《牛顿与伪币制造者:科学巨匠鲜为人知的侦探生涯》[美]托马斯·利文森 著 周子平 译	
97	《音乐如何可能?》[法]弗朗西斯·沃尔夫 著 白紫阳 译	
98	《改变世界的七种花》[英]詹妮弗·波特 著 赵丽洁、刘佳 译	
99	《伦敦的崛起:五个人重塑一座城》[英]利奥·霍利斯 著 宋美莹 译	
100	《来自中国的礼物:大熊猫与人类相遇的一百年》[英]亨利·尼科尔斯 著 黄建强 译	
101	《筷子:饮食与文化》[美]王晴佳 著 汪精玲 译	
102	《天生恶魔?:纽伦堡审判与罗夏墨迹测验》[美]乔尔·迪姆斯代尔 著 史先涛 译	
103	《告别伊甸园:多偶制怎样改变了我们的生活》[美]戴维·巴拉什 著 吴宝沛 译	
104	《第一口:饮食习惯的真相》[英]比·威尔逊 著 唐海娇 译	
105	《蜂房:蜜蜂与人类的故事》[英]比·威尔逊 著 暴永宁 译	
106	《过敏大流行:微生物的消失与免疫系统的永恒之战》[美]莫伊塞斯·贝拉斯克斯-曼诺夫 著 李黎、丁立松 译	

107 《饭局的起源：我们为什么喜欢分享食物》[英]马丁·琼斯 著　陈雪香 译　方辉 审校

108 《金钱的智慧》[法]帕斯卡尔·布吕克内 著　张叶、陈雪乔 译　张新木 校

109 《杀人执照：情报机构的暗杀行动》[德]埃格蒙特·科赫 著　张芸、孔令逊 译

110 《圣安布罗焦的修女们：一个真实的故事》[德]胡贝特·沃尔夫 著　徐逸群 译

111 《细菌》[德]汉诺·夏里修斯 里夏德·弗里贝 著　许嫚红 译

112 《千丝万缕：头发的隐秘生活》[英]爱玛·塔罗 著　郑嬿 译

113 《香水史诗》[法]伊丽莎白·德·费多 著　彭禄娴 译

114 《微生物改变命运：人类超级有机体的健康革命》[美]罗德尼·迪塔特 著　李秦川 译

115 《离开荒野：狗猫牛马的驯养史》[美]加文·艾林格 著　赵越 译

116 《不生不熟：发酵食物的文明史》[法]玛丽-克莱尔·弗雷德里克 著　冷碧莹 译

117 《好奇年代：英国科学浪漫史》[英]理查德·霍姆斯 著　暴永宁 译

118 《极度深寒：地球最冷地域的极限冒险》[英]雷纳夫·法恩斯 著　蒋功艳、岳玉庆 译

119 《时尚的精髓：法国路易十四时代的优雅品位及奢侈生活》[美]琼·德让 著　杨冀 译

120 《地狱与良伴：西班牙内战及其造就的世界》[美]理查德·罗兹 著　李阳 译

121 《骗局：历史上的骗子、赝品和诡计》[美]迈克尔·法夸尔 著　康怡 译

122 《丛林：澳大利亚内陆文明之旅》[澳]唐·沃森 著　李景艳 译

123 《书的大历史：六千年的演化与变迁》[英]基思·休斯敦 著　伊玉岩、邵慧敏 译

124 《战疫：传染病能否根除？》[美]南希·丽思·斯特潘 著　郭骏、赵谊 译

125 《伦敦的石头：十二座建筑塑名城》[英]利奥·霍利斯 著　罗隽、何晓昕、鲍捷 译

126 《自愈之路：开创癌症免疫疗法的科学家们》[美]尼尔·卡纳万 著　贾颋 译

127 《智能简史》[韩]李大烈 著　张之昊 译

128 《家的起源：西方居所五百年》[英]朱迪丝·弗兰德斯 著　珍栎 译

129 《深解地球》[英]马丁·拉德威克 著　史先涛 译

130 《丘吉尔的原子弹：一部科学、战争与政治的秘史》[英]格雷厄姆·法米罗 著　刘晓 译

131 《亲历纳粹：见证战争的孩子们》[英]尼古拉斯·斯塔加特 著　卢欣渝 译

132 《尼罗河：穿越埃及古今的旅程》[英]托比·威尔金森 著　罗静 译

133 《大侦探：福尔摩斯的惊人崛起和不朽生命》[美]扎克·邓达斯 著　肖洁茹 译

134 《世界新奇迹：在20座建筑中穿越历史》[德]贝恩德·英玛尔·古特贝勒特 著　孟薇、张芸 译

135 《毛奇家族：一部战争史》[德]奥拉夫·耶森 著　蔡玳燕、孟薇、张芸 译

136 《万有感官:听觉塑造心智》[美]塞思·霍罗威茨 著　蒋雨蒙 译　葛鉴桥 审校

137 《教堂音乐的历史》[德]约翰·欣里希·克劳森 著　王泰智 译

138 《世界七大奇迹:西方现代意象的流变》[英]约翰·罗谟、伊丽莎白·罗谟 著　徐剑梅 译

139 《茶的真实历史》[美]梅维恒、[瑞典]郝也麟 著　高文海 译　徐文堪 校译

140 《谁是德古拉:吸血鬼小说的人物原型》[英]吉姆·斯塔迈尔 著　刘芳 译

141 《童话的心理分析》[瑞士]维蕾娜·卡斯特 著　林敏雅 译　陈瑛 修订

142 《海洋全球史》[德]米夏埃尔·诺尔特 著　夏嬅、魏子扬 译

143 《病毒:是敌人,更是朋友》[德]卡琳·莫林 著　孙薇娜、孙娜薇、游辛田 译

144 《疫苗:医学史上最伟大的救星及其争议》[美]阿瑟·艾伦 著　徐宵寒、邹梦廉 译　刘火雄 审校

145 《为什么人们轻信奇谈怪论》[美]迈克尔·舍默 著　卢明君 译

146 《肤色的迷局:生物机制、健康影响与社会后果》[美]尼娜·雅布隆斯基 著　李欣 译

147 《走私:七个世纪的非法携运》[挪]西蒙·哈维 著　李阳 译

148 《雨林里的消亡:一种语言和生活方式在巴布亚新几内亚的终结》[瑞典]唐·库里克 著　沈河西 译

149 《如果不得不离开:关于衰老、死亡与安宁》[美]萨缪尔·哈灵顿 著　丁立松 译

150 《跑步大历史》[挪威]托尔·戈塔斯 著　张翎 译

151 《失落的书》[英]斯图尔特·凯利 著　卢葳、汪梅子 译

152 《诺贝尔晚宴:一个世纪的美食历史(1901—2001)》[瑞典]乌利卡·索德琳德 著　张婍 译

153 《探索亚马孙:华莱士、贝茨和斯普鲁斯在博物学乐园》[巴西]约翰·亨明 著　法磊 译

154 《树懒是节能,不是懒!:出人意料的动物真相》[英]露西·库克 著　黄悦 译

155 《本草:李时珍与近代早期中国博物学的转向》[加]卡拉·纳皮 著　刘黎琼 译